中国式现代化与浦东 高水平改革开放

沈开艳 邢炜 等著

序　言

　　浦东开发开放，一个伴随改革开放不断推进的伟大事业，一个彰显中国式现代化辉煌成就的成功典范。1990年，面对国际环境的风云变幻，面临全球经济的深刻变革，党中央审时度势、高瞻远瞩，作出了开发开放浦东的重大决策，掀开了中国全面深化改革开放的历史篇章。坚持解放思想、深化改革，坚持面向世界、扩大开放，坚持打破常规、创新突破，三十年栉风沐雨、砥砺前行，浦东奋力创造出一系列全国第一乃至世界第一的非凡成绩。浦东的成长与繁荣，折射的正是中国改革开放的辉煌历程。

　　新时代新征程，浦东再担新重任、再负新使命。党的二十大提出以中国式现代化全面推进中华民族伟大复兴。以习近平同志为核心的党中央作出支持浦东打造社会主义现代化建设引领区的重大战略部署。打造浦东引领区，体现了中国式现代化的总体要求，本质上是为中国式现代化探路破局。浦东担负着率先向世界展现中国式现代化美好前景、制度优势的历史使命，担负着在实现中国式现代化中引领示范、辐射带动的历史使命。自贸区作为浦东改革开放的重要标杆和重要载体。依托自贸区提升战略，推动浦东进一步发挥中国式现代化"试验田""示范地"的作用，创造更高水平、更深层次、更大范围改革开放的新局面，是当务之急，也是时代呼唤。

　　以对标国际高标准经贸规则作为首要战略考量，在把握国际经贸规则的变革趋势中实现跨越、引领未来。当前，CPTPP、DEPA、RCEP等是全球公认的高标准综合性经贸协议，也是对标的重要"参照物"。要把握从"自由贸易"到"公平贸易"转向的趋势，有序推进相关"公平贸易"制度的先行先试。自贸区已经进行了一些尝试，还可以在政府采购、竞争政策、知识产权等方面开展更多更深入的探索。要把握从"边境措施"向"边境后措施"拓展的趋势，继续进行更深层次、更大范围的风险压力测试。自贸区可以在深化涉外经济金融改革，推进海关制度创新等方面先行先试，形成边境与边境后相贯通的制度型开放格局。要把握从传统贸易向数字贸易转型的趋势,积极开展有关数字贸易规则的制度创新。这方面的率先试验,是自贸区的重要方向,应该有所作为,可以大有作为。

以构建更加自由化便利化的制度体系作为重要战略目标,在进一步提高开放度、透明度、便利度上下更多功夫、作更大贡献。要进一步提高开放度。自贸区可以继续缩减负面清单,特别是服务贸易负面清单,扩大服务业开放,争取在会计、法律、争端解决机构等领域逐步扩大开放范围,在自然科学开发服务、跨学科研究和实验开发服务等业务范围进行开放试验,展开更大的压力测试。要进一步提高透明度。投资自由便利除了现有特别管理措施涉及的内容外,还会涉及国民待遇、最惠国待遇、业绩要求等更加具体的内容。自贸区需要逐步将这些具体内容纳入外资准入负面清单。要进一步提高便利度。继续探索国际投资"单一窗口",通过数字化手段实现系统集成创新。同时,探索建立离岸贸易分类管理等制度,形成更加高效的事中事后监管体系。

以创新金融开放管理制度作为重要战略举措,在打造跨境资金自由流动的功能载体上开展更多实验、力求更大突破。在当前极其错综复杂的国际经济金融环境下,要坚持既安全审慎,又主动进取,继续稳妥探索金融领域制度型开放。在继续扩大人民币跨境使用方面,自贸区应该把扩大人民币跨境使用放在突出位置。在风险可控的前提下,试点推进基于本外币一体化、跨境资金流动自由便利的新账户体系。探索境外投资和人民币国际化相结合的制度安排,提升人民币跨境服务能力。在继续推进金融业扩大开放方面,自贸区可以试点和落地诸如降低外资金融机构准入门槛、扩大业务范围等开放措施,完善金融机构体系。可以利用特殊立法权限,探索与国际金融市场接轨的市场体系、交易制度、监管制度等。在继续提高跨境金融监管能力方面,自贸区要继续完善监管体系,强化追踪溯源机制和风险提示机制。同时,加强国际合作,通过签订跨境监管合作协议或框架等措施,协同解决跨境金融监管中的问题。

以建设数字贸易的制度创新高地作为重要战略抓手,在完善数据跨境流动机制上出更多新招、见更大成效。推动构建数字贸易规则体系是当前国际经贸规则的核心内容,自贸区要率先探索安全、自由、有序的数据流动体系,深化数字贸易制度型开放试点。一方面,探索建立数据跨境流动规则体系,推动数据安全流动。自贸区已建立数据跨境流动正面清单,设立数据流动创新试点评估中心。要继续先行先试,探索建立跨境数据低风险流动体系,包括数据分级分类规则、数据跨境流动安全评估规则、数据保护能力认证规则、跨境数据交易规则等。另一方面，探索建立数据分类分级管理机制，推动数据有序流动。自贸区推动跨境数据安全管理，当务之急是实行数据分类分级管理，根据不同风险程度形成便利性措施。同时，在保护个人隐私与企业商业秘密的前提下，进一步探索政府数据公开的高效方式和合理路径。

推进贸易投资自由化便利化、金融开放创新、数字贸易制度创新，既是自贸区发展提升的重大任务，也是浦东高水平改革开放的战略重点。此外，还有许多重要工作需要探索、需要攻坚。面对当今变乱交织的国际局势，站在以中国式现代化全面推进中华民族伟大复兴的历史节点，坚持服务国家战略，坚持胸怀天下，坚持合力推进，一项一项突破，一步一个脚印，自贸区发展提升之路定会越走越宽广，浦东高水平改革开放的前景定会越来越光明。

《中国式现代化与浦东高水平改革开放》这本专著，是上海社会科学院经济研究所与中共上海市浦东新区委员会党校顺应浦东开发开放和建设社会主义现代化引领区的战略需求，在深入调查、全面梳理、系统分析的基础上形成的重大成果，也是继我院经济研究所与浦东新区党校每年创编《上海浦东经济发展报告（蓝皮书）》之后的又一大作。经济研究所作为上海社科院成立最早的研究所，多年来在上海经济发展、改革开放等领域取得了一系列优秀研究成果，形成了较好的社会影响力。希望经济研究所与浦东新区党校展开更多更深入的合作、更广泛的交流，提供更多具有前瞻性、战略性、操作性的研究成果，服务于浦东开发开放，服务于国家和上海的中国式现代化建设。

值此新书付梓出版之际，向作者致以最热烈的祝贺和最诚挚的祝福！

王德忠　上海社会科学院院长
2023 年 12 月

目 录

Ⅰ. 改革开放篇

第一章 浦东新区打造社会主义现代化建设引领区 ········· 3
　一、战略视角下的浦东引领区建设 ················· 3
　二、浦东引领区建设的战略架构 ··················· 5
　三、构筑浦东引领区建设战略优势 ················· 9

第二章 浦东新区高水平改革开放的内涵与逻辑 ············ 12
　一、浦东新区高水平改革开放的提出 ··············· 12
　二、浦东新区高水平改革开放的科学内涵 ··········· 14
　三、浦东新区高水平改革开放的多维逻辑 ··········· 18

第三章 浦东新区社会主义现代化全球城市核心区建设 ······ 23
　一、全球生产分工下的西方全球城市发展 ··········· 24
　二、浦东新区社会主义现代化全球城市核心区的特色 ··· 26
　三、浦东新区社会主义现代化全球城市核心区的发展思路 ····· 32

第四章 浦东新区系统集成改革的实践 ··················· 36
　一、从分散走向整体的系统集成改革 ··············· 37
　二、浦东新区"一业一证"改革的探索与实践 ········· 38
　三、"一业一证"改革的经验与启示 ················· 44

第五章 浦东新区医疗机构对外开放 ··········· 47
  一、浦东新区医疗机构对外开放的背景 ··········· 47
  二、浦东新区医疗机构对外开放的现状与特征 ··········· 49
  三、浦东新区医疗机构对外开放面临的问题 ··········· 52
  四、提高浦东新区医疗机构对外开放水平的思路 ··········· 56

第六章 浦东新区健全完善国际化社区治理 ··········· 59
  一、浦东新区国际化社区的发展现状 ··········· 59
  二、浦东新区国际化社区的治理困境 ··········· 61
  三、浦东新区国际化社区的发展趋势 ··········· 63
  四、浦东新区健全国际化社区治理的主要路径 ··········· 66

Ⅱ. 科技创新篇

第七章 浦东新区战略科技力量协同发展 ··········· 71
  一、国家战略科技力量协同发展的重要意义 ··········· 71
  二、浦东新区战略科技力量发展的主要成效 ··········· 74
  三、浦东新区战略科技力量发展协同的主要问题 ··········· 76
  四、浦东新区战略科技力量协同发展的重点路径 ··········· 78

第八章 浦东新区硬核科技企业孵化服务体系建设 ··········· 82
  一、浦东新区建设硬核科技企业孵化服务体系的意义 ··········· 82
  二、浦东新区硬核科技企业孵化服务体系的主要问题 ··········· 83
  三、浦东新区建设硬核科技企业孵化服务体系的主要路径 ··········· 87

第九章 上海数字经济驱动制造业服务化转型发展 ··········· 92
  一、上海制造业服务化与数字经济发展现状 ··········· 92
  二、上海数字经济驱动制造业服务化的关联效应 ··········· 94
  三、上海数字经济驱动制造业服务化的溢出效应 ··········· 97
  四、上海数字经济驱动制造业服务化的风险约束效应 ··········· 99
  五、上海推进数字经济驱动制造业服务化转型的思路 ··········· 100

第十章　张江科学城创新体系整体效能提升 ……………… **108**
　　一、张江科学城创新体系效能的系统生成机制 ……… 108
　　二、张江科学城创新体系的系统运行现状 …………… 111
　　三、张江科学城创新体系的系统功能发挥 …………… 113
　　四、张江科学城创新体系整体效能提升的路径 ………………………………………………………… 114

第十一章　张江数据要素产业集聚区高质量发展 ……………… **117**
　　一、张江数据要素产业集聚区建设的背景、优势及目标 …… 118
　　二、张江数据要素产业集聚区建设的主要挑战 ……… 122
　　三、推进张江数据要素产业集聚区高质量发展的举措 …… 125

第十二章　全面注册制提升浦东新区政府引导基金投资效能 ……… **129**
　　一、浦东新区政府引导基金的发展历程 ……………… 130
　　二、浦东新区政府引导基金面临的问题 ……………… 131
　　三、全面注册制时代提高浦东新区政府引导基金投资效能的
　　　　路径 ………………………………………………… 133

Ⅲ. 乡村振兴篇

第十三章　上海加快推动新农村建设的探索 ……………… **139**
　　一、加快新农村建设的重大意义 ……………………… 139
　　二、国内新农村建设的探索与实践 …………………… 141
　　三、上海新农村建设的短板 …………………………… 143
　　四、推进上海新农村建设的路径 ……………………… 144

第十四章　浦东新区乡村振兴的路径选择 ……………… **149**
　　一、浦东新区大力推进乡村振兴 ……………………… 150
　　二、浦东新区推进乡村振兴的方式 …………………… 153
　　三、浦东新区推进乡村振兴的特点 …………………… 157

第十五章　浦东新区乡村振兴面临的挑战 ……………… **159**
　　一、浦东新区乡村振兴示范带建设的成效 …………… 159

二、浦东新区乡村振兴面临的新形势 …………………………… 161
　　三、浦东新区乡村振兴面临的瓶颈和挑战 ……………………… 162
　　四、浦东新区进一步推进乡村振兴的实施路径 ………………… 165

第十六章　浦东新区健全完善居村"三会"制度 …………………… **168**
　　一、浦东新区居村"三会"制度的历程与实践 …………………… 168
　　二、浦东新区居村"三会"制度彰显全过程人民民主理念 …… 170
　　三、完善居村"三会"制度实现全过程人民民主 ………………… 174

Ⅳ．城市治理篇

第十七章　上海践行"人民城市"理念打造现代城市治理新样板 …… **181**
　　一、以"人民城市"理念为指引，走中国特色城市发展道路 … 182
　　二、以科技创新为支撑，不断赋能城市治理效能 ……………… 183
　　三、以"绣花"般的功夫，绣出城市的品质 ……………………… 185
　　四、打造人文生态之城，打造人民城市的幸福样本 …………… 187
　　五、以党建为引领，打造共建共治共享的治理共同体 ………… 190

第十八章　浦东新区城市治理中的企业慈善活动与社会责任 …… **192**
　　一、企业社会责任的内涵 ………………………………………… 192
　　二、浦东新区企业参与慈善与履行社会责任的实践 …………… 195
　　三、浦东新区企业社会责任建设存在的困难挑战 ……………… 199
　　四、推进浦东新区企业社会责任建设的若干路径 ……………… 201

第十九章　浦东新区积极探索基层社会治理转型 …………………… **205**
　　一、基层社会治理转型的现实必要性 …………………………… 205
　　二、楼栋空间与基层社会治理的关系 …………………………… 208
　　三、浦东新区社会治理转型中楼栋空间改造探索 ……………… 212

第二十章　浦东新区加强新时代国企基层党建工作 ………………… **216**
　　一、新时代浦东新区国企基层党建工作面临的新挑战 ………… 216
　　二、进一步推进国企基层党建"融合＋引领"的路径 …………… 218

第二十一章　浦东新区探索破解新就业群体党建难题 …………… **226**
　　一、新就业群体特征及其对党建工作的挑战 ………………… **226**
　　二、浦东新区探索新就业群体党建的工作实践 ……………… **229**
　　三、进一步完善新就业群体党建工作的路径 ………………… **232**

作者分工 ……………………………………………………………… **234**

Ⅰ. 改革开放篇

第一章　浦东新区打造社会主义现代化建设引领区

【摘要】浦东引领区建设,是"两个大局"下的战略实践,体现"国之大者"的战略思维,因此引入战略视角分析成为题中应有之义。"全力打造社会主义现代化建设引领区"具备战略基础、战略愿景、战略目标、战略定位、战略布局、战略理念、战略举措、战略支撑等战略要素,已经形成了相对完整的战略体系,引领中国式现代化无疑是这份战略图谱的真正主题和本质。基于此,本章分析了抢抓战略机遇、应对风险挑战、彰显"王牌"效应的相关战略路径。

【关键词】浦东;引领区;战略

浦东引领区建设是"两个大局"下的战略实践,体现"国之大者"的战略思维。对这一议题从战略视角展开研究,是运用战略思维分析和把握问题的具体体现,是马克思主义哲学智慧的生动实践。

一、战略视角下的浦东引领区建设

(一) 引领区建设是"两个大局"下的战略实践

"新征程上,我们要把浦东新的历史方位和使命,放在中华民族伟大复兴战略全局、世界百年未有之大变局这两个大局中加以谋划,放在构建以国内大循环为主体、国内国际双循环相互促进的新发展格局中予以考量和谋划,准确识变、科学应变、主动求变,在危机中育先机、于变局中开新局。"[①]

"加快构建以国内大循环为主体、国内国际双循环相互促进的新发展格局"是党的十九届五中全会根据中国目前发展所处的阶段、面临的环境和条件的变化作出的重大战略部署,这一系统性深层次变革,既是先手棋,也是关键

---

① 习近平:《习近平谈治国理政》(第四卷),外文出版社2022年版,第238页。

招。习近平总书记指出:"要把构建新发展格局同实施国家区域协调发展战略、建设自由贸易试验区等衔接起来,在有条件的区域率先探索形成新发展格局,打造改革开放新高地。"①因此,作为中国改革开放的前沿阵地,浦东责无旁贷肩负着率先探索、服务融入新发展格局的历史担当。

在此背景下,2021年4月23日《中共中央　国务院关于支持浦东新区高水平改革开放打造社会主义现代化建设引领区的意见》(简称《引领区意见》)的出台,明确了浦东引领区的战略地位:从顶层设计的高度,支持浦东通过引领区建设带动上海"五个中心"建设,并更好带动长三角一体化战略、服务全国发展大局,"成为更高水平改革开放的开路先锋、全面建设社会主义现代化国家的排头兵、彰显'四个自信'的实践范例,更好向世界展示中国理念、中国精神、中国道路"。②

(二) 引领区建设体现"国之大者"的战略思维

战略思维是马克思主义立场观点方法在实践中的具体应用,习近平总书记指出,"要通过学习掌握马克思主义立场、观点、方法,提高战略思维能力、综合决策能力、驾驭全局能力,做到知行合一"。③ 事关大势、全局、根本的"国之大者",深刻体现在引领区建设的蓝图中,战略上布局、关键处落子,即为明证。

第一,引领区建设体现从局部把握全局、着眼战略整体的思维。引领区不是"仅就上海、就浦东一地而论",而是以社会主义现代化为指向,是服务强国建设、民族复兴的先行示范,它并没有现成的经验可以照搬照抄,而是在"两个大局"下聚焦国家发展的全局上展开试点探索。

第二,引领区建设体现统筹兼顾、着眼战略重点的思维。"要继续用足用好改革这个关键一招,保持勇往直前、风雨无阻的战略定力……推动更深层次改革,实行更高水平开放,为构建新发展格局提供强大动力。"④作为地方区域,浦东引领区的作用更加侧重"引领"二字,并非面面俱到、无所不包,更多体现在以"功能"为代表的关键领域和关键环节上。除了发展功能之外,国家级、全

---

① 习近平:《习近平谈治国理政》(第四卷),外文出版社2022年版,第233页。
② 中共中央、国务院:《中共中央　国务院关于支持浦东新区高水平改革开放打造社会主义现代化建设引领区的意见》,https://www.gov.cn/zhengce/2021-07/15/content_5625279.htm,2023年9月1日。
③ 习近平:《在纪念朱德同志诞辰130周年座谈会上的讲话》,新华社,2016年11月29日,http://politics.people.com.cn/n1/2016/1129/c1024-28910951.html。
④ 习近平:《习近平谈治国理政》(第四卷),外文出版社2022年版,第232页。

球性的中心节点、战略链接地位的重大功能,全球资源配置、科技创新策源、高端产业引领和开放枢纽门户等功能都是题中应有之义。①

第三,引领区建设体现高瞻远瞩、着眼战略未来的思维。与中国"第二个百年"奋斗目标的时间节点一致,引领区建设的时间表和路线图也剑指未来15年乃至30年。党的十九大报告指出,从2020年到2035年,在全面建成小康社会的基础上,再奋斗15年,基本实现社会主义现代化,此时"浦东引领区现代化经济体系将全面构建,现代化城区全面建成,现代化治理全面实现,城市发展能级和国际竞争力跃居世界前列"。② 2050年,在中国建成富强民主文明和谐美丽的社会主义现代化强国之际,"浦东将建设成为在全球具有强大吸引力、创造力、竞争力、影响力的城市重要承载区,城市治理能力和治理成效的全球典范,社会主义现代化强国的璀璨明珠"。③

可见,浦东引领区建设从整体与局部、全面和重点、当前和长远等辩证关系的维度体现了"国之大者"的战略思维。

二、浦东引领区建设的战略架构

(一)浦东引领区建设的战略基础

引领区建设的国家战略之所以放在浦东,与浦东开发开放30年来的深厚积淀密不可分。"浦东取得了举世瞩目的发展成就,为中国特色社会主义制度优势提供了最鲜活的现实明证,为改革开放和社会主义现代化建设提供了最生动的实践写照。"④

浦东开发开放肩负着国家战略使命,这是其诞生之时的天然基因。20世纪80年代末,面对世界经济全球化的大趋势、科技革命和产业结构的大调整,中国面临着内忧外患的考验。同期上海较南部沿海城市改革滞后,发展空间掣肘,城市问题突出。在这一背景下,邓小平从全球战略的高度提出"关门可不行""要体现出大开放,比过去更开放""要进一步把开放的旗帜打出去"的战略思想。"上海是我们的王牌,把上海搞起来是一条捷径。"浦东开发开放的国

---

① 徐建:《浦东新区打造社会主义现代化建设引领区的全新内涵和推进路径》,《科学发展》2022年1月,第8页。
②③④ 中共中央、国务院:《中共中央 国务院关于支持浦东新区高水平改革开放打造社会主义现代化建设引领区的意见》,https://www.gov.cn/zhengce/2021-07/15/content_5625279.htm,2023年9月1日。

家战略在1990年4月18日随着时任国务院总理李鹏的宣布应运而生。

在三十余年的开发开放历程中，浦东经历了大致基础开发与功能并举(1990—2000年)、全面建设与功能提升(2001—2011年)、深化改革与制度创新(2012—2022年)三个阶段。

第一个阶段主要是打造形象、明确功能，浦东率先开放、快速发展，坚持做到规划先行、基础设施先行、金融先行，十年间，浦东的地区生产总值从1990年的60亿元增长到2000年的近1 000亿元。这十年上海平均地区生产总值增速是20世纪80年代的1.7倍，浦东成为上海发展的新引擎。

第二个阶段主要是深化功能、改革制度，浦东的形态建设和功能开发并重，金融、贸易、航运功能逐步凸显，人口快速集聚。2005年，(国务院批准)浦东在全国率先开展综合配套改革试点，2009年，"两区合并"区划调整和"两个中心"文件出台赋予了浦东新的发展空间。空间上临港新城成为浦东改革发展的新的动力源。2010年上海世博会的召开，让世界见证了"成功的、精彩的、难忘的"盛景，浦东再次站在了举世瞩目的光环下。这十年间，浦东的地区生产总值站上了5 000亿元的平台，占上海比重由22%提升到28%。

第三个阶段浦东全力实施自贸区建设和科创中心建设两大国家战略。从2013年中国第一个自由贸易试验区在浦东挂牌，到2015年扩展陆家嘴金融片区(含世博片区)、金桥开发片区和张江高科技片区等新片区，再到2019年新设临港新片区，建立了与国际通行规则相衔接的制度体系，极大降低了企业成本，切实改善了营商环境，成为各类企业创业创新的沃土。2014年浦东发展动能随着全球科技创新中心核心承载区的新定位而发生深刻转变。2018年，习近平总书记又把三项重大任务交给上海，浦东再次成为多项国家战略的交汇地。

浦东，因改革而生，因改革而兴，是中国改革开放和社会主义现代化建设的一面鲜明的旗帜，其创下的全国多项"第一"，取得的多项成绩，积累的成功经验，都为引领区建设打下了坚实的战略基础。

(二) 浦东引领区建设的战略要素

1. 战略愿景与战略目标

战略愿景的释义是对未来的一种憧憬和期望，是组织努力经营想要达到的长期目标，即要解决"我们期望成为什么"的问题。战略目标则是更为落地的具体目标。如果说浦东引领区建成"社会主义现代化强国的璀璨明珠"还是个抽象的概念,是战略愿景,那么"2035年现代化城区→2050年全球城市重要承载区"则指明了具体的路径、步骤、阶段,是战略目标。

2. 战略定位

战略定位揭示了引领区建设和新发展格局的关系:"推动浦东高水平改革开放,为更好利用国内国际两个市场两种资源提供重要通道,构建国内大循环的中心节点和国内国际双循环的战略链接,在长三角一体化发展中更好发挥龙头辐射作用,打造全面建设社会主义现代化国家窗口。"①

具体是"五大战略定位":"打造更高水平改革开放的开路先锋、自主创新发展的时代标杆、全球资源配置的功能高地、扩大国内需求的典范引领、现代城市治理的示范样板"②,凸显在新发展格局中的"引领"角色。

3. 战略布局

习近平总书记在浦东开发开放三十周年庆祝大会上发表重要讲话,对浦东从五个方面作出部署,即"五个新":"一是全力做强创新引擎,打造自主创新新高地;二是加强改革系统集成,激活高质量发展新动力;三是深入推进高水平制度型开放,增创国际合作和竞争新优势;四是增强全球资源配置能力,服务构建新发展格局;五是提高城市治理现代化水平,开创人民城市建设新局面。"③

4. 战略理念

战略理念是指价值观、信念和行为准则等指导思想。理者,物之固然,事之所以然也。发展是解决一切中国问题的"总钥匙",引领区建设在创新、协调、绿色、开放、共享的新发展理念的指导下,也旨在更好践行人民城市重要理念,提升城市的软实力,奋力打造向世界展示中国理念、中国精神、中国道路的城市样板。

5. 战略举措

浦东正在围绕"两特四区一中心一样板一保障"推进引领区的建设步伐。力争在创新发展上,做突破关键技术和产业转化的新经济革命引领者;在深化改革上,做破局重要领域和关键环节重大牵引改革的系统集成者;在扩大开放上,做衔接国际高标准经贸规则的制度型开放开拓者;在城市治理上,做经

---

①②③ 中共中央、国务院:《中共中央　国务院关于支持浦东新区高水平改革开放打造社会主义现代化建设引领区的意见》,https://www.gov.cn/zhengce/2021-07/15/content_5625279.htm,2023年9月1日。

治理、社会治理、城市治理统筹推进的现代化能者;在文化建设上,做实现高品质生活的现代化城市软实力彰显者。

6. 战略支撑

法治和党建是浦东引领区建设的两大保障。其一,法治是重要保障。目前,浦东已经获得了中央及上海市的立法授权,法治保障体系初步成形。其二,党建是坚强保障,一流党建引领浦东发展,从政治上、思想上、组织上、制度上为引领区干部队伍建设提供全方位保障。

(三) 浦东引领区建设的战略图谱

浦东"全力打造社会主义现代化建设引领区"具备战略愿景、战略目标、战略定位、战略布局、战略理念、战略举措、战略支撑等战略要素,已经形成了相对完整的战略体系。在理论分析层面,我们需要抽丝剥茧分析每一项要素的价值指向和本质,精准明晰这一战略图谱的主线。在实践执行的层面,除了制度落实,还需要各级领导干部自觉树立战略思维、把握战略智慧,才能按照战略图谱的规划,实现既定的战略目标。

分析至此,这一套战略体系的本质得以揭开:就是最终指向"打造社会主义现代化建设引领区",即"三个成为"和"三个更"。[①] 其战略图谱如图1-1所示,引领中国式现代化无疑是这一战略图谱的真正主题和本质。因此,浦东应

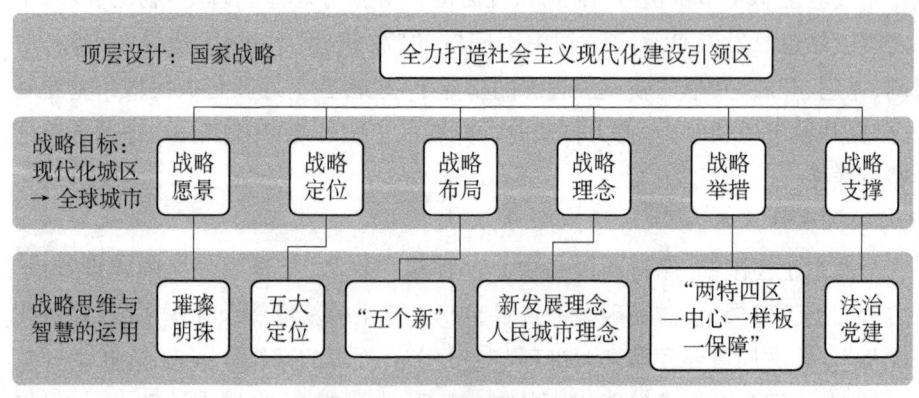

图1-1 社会主义现代化建设引领区战略图谱示意

---

① 浦东引领区建设,要"成为更高水平改革开放的开路先锋、全面建设社会主义现代化国家的排头兵、彰显'四个自信'的实践范例,更好向世界展示中国理念、中国精神、中国道路"。

继续着力做强高水平改革开放、高质量发展、高品质生活、高效能治理、高素质干部队伍等战略支点,服务和融入新发展格局,构筑战略优势。

三、构筑浦东引领区建设战略优势

(一)要以啃最硬骨头精神打破全球要素流动堵点,提升浦东高端要素集聚辐射能力

一是着力构建金融开放高水平规则与制度。推动金融稳步快速开放,积极发展离岸金融,发展人民币离岸交易、跨境贸易结算和海外投融资业务。推动海内外资本积极参与股票、债券、期货等市场交易活动,创新金融产品体系,提升浦东全球金融中心的国际影响力。积极发展与"一带一路"共建国家和RECP成员国的金融、贸易平台,发展全方位多层次国际经贸业务。二是加快航运贸易高端服务业的开放步伐。加快国际船舶管理服务创新改革,大力推进航运金融服务、海事服务等高端服务业发展,支持航运交易所提升"上海航运指数"的影响力,加快提升离岸贸易、数字贸易、服务贸易的国际竞争力。三是建立全球高端人才"直通车"。加快落实海外"高精尖缺"人才审核权限下放,进一步提升人才出入境、居留、资格证书认可等便捷程度。四是抢抓数字经济智能经济的先机。加快推进数据交易所与国际数据港的建设,大力推进数据开放与管理,加快发展数字技术、数字产业,积极制定数字经济、智能经济的"浦东标准",引领国家标准与国际标准建设。五是对内开放要有更大的力度。充分利用浦东金融优势与开放优势,积极引进国企、民企总部,针对企业的国际业务比重,精准制定支持政策,促进浦东跨国公司加快构建全球生产网络。

(二)要以挑最重担子担当打造双循环的战略链接,强化浦东价值链产业链管控功能

随着中国日益走向国际舞台的中央,浦东要积极创新思路,支撑上海打造国内大循环中心节点和国内国际双循环战略链接,进而提升浦东的全球价值链和产业链管控能力。一要更高水平推进对内对外双向开放,积极提升双循环的中心节点与战略链接地位。对内开放首先要加强浦东与长三角合作,提升长三角价值链水平;对外开放要提升浦东构建全球价值链的能力与全球网络节点的地位,在促进"双循环"良性互动中提升浦东高端要素集聚功能。二要抓住中国深度融入经济全球化机遇,提升金融航运贸易中心的新内涵。要大力打通人民币国际化的双向通道,加快发展金融贸易航运的重大交易平台与高端服务业,建设人民币资产全球配置中心。要紧抓"一带一路"高质量发展与RECP实施机遇,积极打造服务"一带一路"的桥头堡,构建RECP的经济领头羊。三要抢抓数字技术智能技术的新机遇,率先占领数字价值链、产业链的全球制高点。积极落实习近平总书记关于"要牵住数字关键核心自主创新这个牛鼻子"重要论述,加速打造数字经济、智能经济高地,推动传统经济数字化、智能化改造,利用新技术革命的机遇,实现浦东核心功能跃迁。

(三)要以创更大奇迹信心突破国外科学技术封锁,提升浦东自主创新的全球引领力

一是必须突破一批关键核心与"卡脖子"技术。继续推动张江科学城的重大科研装置建设,积极探索重大科技基础设施的运行机制,促进围绕重大科研装置的研发集群发展,突破一批关键技术、"卡脖子"技术。围绕关键技术的创新链,落实引领区意见中相关优惠政策,吸引国内外创新企业的集聚,推动集成电路、生物医药、人工智能形成世界级产业集群。二是主动筑强长三角优势创新链。主动融入长三角战略,积极推进长三角自贸试验区联盟、长三角技术中心的建设,推动集成电路、生物医药等有关政策与长三角地区对接,促进浦东与长三角创新链的融合与重构,提升产业链的国际竞争力。三是增强区域整体创新体系国际竞争力。拓宽基础研究、应用研究和产业化双向快车道,加快落实中央意见中有关创新激励机制政策,促进浦东区域创新体系提高国际竞争力。四是国有资本在自主创新中要发挥更大的作用。推动国有资本加大投资创新创业的力度,做大做强"引领区基金",探索国有资本直接投资科技产业的途径,更好发挥国有资本在自主创新中的作用。

(四)要以舍我其谁的勇气推动更高水平改革开放,显现浦东治理体系的全球影响力

一是加快系统集成改革的力度与步伐。以《全面与进步跨太平洋伙伴关系协定》等国际经贸规则为标准,积极推进制度型开放,在投资准入、新型贸易、高端服务、数据流动、国际商事争端解决等方面实施更深更大的压力测试,为全国探索经验,为浦东全球资源配置提供更加开放的制度环境。二是加强政策系统集成创新,促进价值链的高端产业发展。深入研究国家和上海市给

予浦东全方位改革开放相关政策,加大政策的系统集成创新与微观设计,分别制定实施大企业开放式创新中心、全球运营商计划、全球资产管理中心、跨国公司总部等高端产业的专项政策体系,提升价值链的高端产业、核心环节的国际水平。三是大力发展国际功能性社会组织。推进国际经济组织集聚计划,吸引有关国际商会、行业协会等国际组织,打造国际经济组织专业集聚区。四是提升浦东区域治理体系国际影响力。持续深入推进"一网统管",拓展管治范围和领域,增加政府服务内容,提升治理功能,凸显"中国治理"的优越性,提升浦东治理对全球资本、人才、技术的吸引力。

综上所述,浦东是上海面对百年未有之大变局,抢抓战略机遇、应对风险挑战的一张"王牌"。从开发开放第一天起就"站在地球仪旁思考"的建设者们,在"三个新"的时代背景下,更要树立战略思维和全球视野,统筹国内国际两个大局,保持战略定力和坚定信念,构筑战略优势,坚定不移走自己的路,继续解放思想、扩大开放、创新突破,努力把这张"王牌"打得更加有力、更加出彩。

参考文献

习近平:《习近平谈治国理政》(第四卷),外文出版社2022年版。
徐建等:《中国式现代化的浦东样本》,上海人民出版社2022年版。
中共中央、国务院:《中共中央 国务院关于支持浦东新区高水平改革开放打造社会主义现代化建设引领区的意见》,2021年4月23日。

第二章　浦东新区高水平改革开放的内涵与逻辑

【摘要】推动浦东高水平改革开放,勇当更高水平改革开放的开路先锋,是国家对浦东引领区建设五大战略定位的第一定位,也是叠加多个国家战略使命责任一身的浦东的第一责任,更是浦东全面贯彻党的二十大精神、全面深化改革开放、为中国式现代化提供浦东样本的自觉担当。浦东高水平改革开放内涵丰富,且蕴含着价值逻辑、理论逻辑、历史逻辑、实践逻辑等内在统一、相互贯通的多维逻辑体系。迈入中国式现代化浦东新阶段,深刻认识和把握浦东高水平改革开放的内涵与逻辑,有助于我们更好把握规律,找准其优化路径,实现精准施策,确保浦东高水平改革开放事业行稳致远、永不停步,实现高质量发展及可持续发展。

【关键词】浦东高水平改革开放;科学内涵;多维逻辑

一、浦东新区高水平改革开放的提出

党的二十大报告先后提及"改革开放"11次,强调"坚持社会主义市场经济改革方向,坚持高水平对外开放",且基于经济建设视角从"构建高水平社会主义市场经济体制、建设现代化产业体系、全面推进乡村振兴、促进区域协调发展、推进高水平对外开放"等五个方面对"加快构建新发展格局,着力推动高质量发展"进行了部署,还把"坚持深化改革开放"作为推进中国式现代化必须牢牢把握的五个重大原则之一,强调:深入推进改革创新,坚定不移扩大开放……[①]当然,不只是经济建设方面,党的二十大报告其他方面都涉及改革开

[①] 习近平:《高举中国特色社会主义伟大旗帜,为全面建设社会主义现代化国家而团结奋斗——在中国共产党第二十次全国代表大会上的报告》,人民出版社2022年版,第16页。

放这个关键一招,这些为新征程上推动中国改革开放事业高质量发展或者说推动中国高水平改革开放提供了基本遵循与行动指南。

《习近平新时代中国特色社会主义思想学习纲要(2023年版)》指出:"改革开放是决定当代中国命运的关键一招,也是决定中国式现代化成败的关键一招。"[①]作为新征程上中国社会主义事业新发展阶段与新时代坚持和发展中国特色社会主义的根本动力,高水平改革开放是现有改革开放的升级,是进入新发展阶段、贯彻新发展理念、构建新发展格局、推动高质量发展的强大动能与必由之路,是创造高品质生活、实现高效能治理的必然要求与必备条件。

面对百年未有之大变局,浦东新区依然是代表上海作为中国面向世界打出的一张"王牌"。从第一个国家级新区到国内首个自贸区,从临港新片区到引领区;从综合配套改革试点到综合改革试点……新时代以来浦东坚持以制度创新为核心,全面深化改革开放,为中国改革开放试制度、探新路、出经验,走在中国高水平改革开放的最前列。

进入强国建设、民族复兴的新征程,推动浦东高水平改革开放,勇当更高水平改革开放的开路先锋,是党中央对浦东引领区建设的第一定位,也是浦东的第一责任,更是浦东学习贯彻党的二十大精神、全面深化改革开放、为中国式现代化提供浦东样本的自觉担当。

实际上,关于浦东高水平改革开放这个问题,正式出现在习近平总书记两次重要讲话和《中共中央 国务院关于支持浦东新区高水平改革开放打造社会主义现代化建设引领区的意见》中。特别是2021年7月15日公布的该意见文件中"高水平改革开放"被提到了8次,这赋予了浦东新区改革开放新的重大任务,这是浦东开发开放史上具有重大里程碑意义的大事,也是从国家层面正式吹响了浦东高水平改革开放的号角,开启了浦东正式迈向高水平改革开放、打造社会主义现代化建设引领区的新征程。[②] 2022年6月25日上海市第十二次党代会召开,时任上海市委书记李强强调"以落实国家重大战略任务为牵引,推动改革开放向纵深发展。要坚持走解放思想、深化改革之路,面向世界、扩大开放之路,打破常规、创新突破之路,打好浦东社会主义现代化建设

[①②] 中共中央、国务院:《中共中央 国务院关于支持浦东新区高水平改革开放打造社会主义现代化建设引领区的意见》,https://www.gov.cn/zhengce/2021-07/15/content_5625279.htm,2023年9月1日。

引领区这张'王牌',为经济社会发展注入强大动力。"会上特别提出了彰显"社会主义现代化"的特征之一的"高水平改革开放走出新路"这个重要表述。2023年7月4日十二届上海市委三次全会审议通过《中共上海市委关于深入学习贯彻习近平新时代中国特色社会主义思想　深化高水平改革开放　推动高质量发展的意见》,这对浦东高水平改革开放提出了最新的更高要求。

2023年是中国具有特殊意义的一年,因为2023年是全面贯彻党的二十大精神的开局之年,是中国改革开放45周年,是党的十八届三中全会召开10周年以及中国自贸区建设10周年,也是浦东具有特别意蕴的一年,因为这些都与高水平改革开放的浦东高度关联、密不可分。

毋庸置疑,从中国首个国家级新区浦东开发开放到社会主义现代化建设引领区浦东高水平改革开放,预示着新时代新征程浦东、上海乃至中国改革开放已进入一个新发展阶段。基于此,我们提出"浦东高水平改革开放"这一重大理论和实践问题。我们认为,深刻认识和把握浦东高水平改革开放的内涵与逻辑,有助于我们更好把握规律,找准其优化路径,实现精准施策,确保新时代新征程浦东高水平改革开放事业行稳致远、永不停步、永续发展。

二、浦东新区高水平改革开放的科学内涵

要科学把握"浦东高水平改革开放"的基本内涵,首先,就必须了解改革开放的基本要义。习近平总书记指出:"改革开放是决定当代中国命运的关键一招,也是决定实现'两个一百年'奋斗目标、实现中华民族伟大复兴的关键一招。"改革开放已成为当代中国最鲜明的特色、当代中国共产党人最鲜明的品格。[1] 这里的改革,即对内改革,就是在坚持社会主义制度的前提下,自觉地调整和改革生产关系同生产力、上层建筑同经济基础之间不相适应的方面和环节,促进生产力的发展和各项事业的全面进步,更好地实现广大人民群众的根本利益。这里的开放,即对外开放,是加快中国现代化建设的必然选择,符合当今时代的特征和世界发展的大势,是必须长期坚持的一项基本国策[2]。一句话,改革开放就是对内改革与对外开放的有机统一,是我们党的一次伟大觉醒,是中国人民和中华民族发展史上一次伟大革命。

---

[1][2] 中宣部:《习近平新时代中国特色社会主义思想学习纲要》,人民出版社2023年版,第82页。

(一) 基本含义

基于改革开放理论,我们认为:浦东高水平改革开放是指中国特色社会主义进入新时代以来特别是肩负着国家战略使命的浦东在进入而立之年、迈入新征程、融入和服务新发展格局等新背景下着眼于全面深化改革与全面扩大开放[①]的高度贯通、相辅相成、辩证统一、一体融合、双向促进即高水平改革与高水平开放双向促进的有机整体与系统工程。[②] 这里的全面深化改革,意味着在前进道路上,要进一步解放思想、进一步解放和发展社会生产力、进一步解放和增强社会活力,在更高起点、更高层次、更高目标上推进全面深化改革;这里的全面扩大开放,意味着更大范围、更宽领域、更深层次的国际化高水平开放。浦东高水平改革开放是从最初浦东开发开放到浦东作为引领区改革开放的升级,是立足新发展阶段、贯彻新发展理念、构建新发展格局、推动浦东经济社会方方面面高质量发展和建设社会主义现代化建设引领区的强大动能与必由之路,是创造浦东人民高品质生活、实现浦东高效能治理的必然要求与必备条件。推动浦东高水平改革开放,简而言之,就是要浦东开创新时代改革开放新局面,勇当中国新发展阶段高水平改革开放的开路先锋。

(二) 构成维度

浦东高水平改革开放的第一个构成维度——高水平的全面深化改革(简称"高水平改革")。这里的高水平改革即全国性的全面的深层次改革(也就是全面深化改革),主要是基于高质量发展视角而言,是以高质量发展这个全面建设社会主义现代化国家的首要任务来引领浦东经济社会改革发展稳定大局。这意味着在中国式现代化浦东新篇章的前进道路上,要进一步解放思想、进一步解放和发展社会生产力、进一步解放和增强社会活力,在更高起点、更高层次、更高目标上推进全面深化改革,是涉及经济、政治、文化、社会、生态等诸多领域的深层次改革,是能够很好满足浦东人民日益增长的美好生活需要的改革,是体现新发展理念的改革,是创新成为第一动力、协调成为内生特点、绿色成为普遍形态、开放成为必由之路、共享成为根本目的的改革,是以经济体制改革为重点且核心问题是处理好政府和市场的关系的改革,是以系统集成性的

---

① "全面扩大开放"这6个字出自习近平总书记2020年10月14日在深圳经济特区40周年庆祝大会上的讲话——"当前,世界经济面临诸多复杂挑战,我们决不能被逆风和回头浪所阻,要站在历史正确的一边,坚定不移全面扩大开放,推动建设开放型世界经济,推动构建人类命运共同体。"
② 南剑飞:《加快推动浦东高水平改革开放》,《江南风》2023年第1期。

制度创新为鲜明特征的更加注重系统性整体性协同性的改革即首创性改革。①

浦东高水平改革开放的第二个构成维度——高水平的全面扩大开放（简称"高水平开放"）。这意味着更深层次、更宽领域、更大力度的国际化高水平开放，包括一是从要素流动型开放向制度型开放全面拓展，加快建立与国际通行规则相衔接的制度体系，为中国深度参与全球经济治理积累经验；二是从投资贸易便利化向自由化全面拓展，包括高水平建设上海自贸区临港新片区，打造更具国际市场影响力和竞争力的特殊经济功能区；三是从面向主要经济体国家为主向"一带一路"国家全面拓展，当好服务"一带一路"建设的桥头堡；四是从扩大对外开放向统筹推进对内对外开放两维度，更好地引领长三角、服务全国、辐射亚太以及全球其他地区。② 应当指出：高水平开放，更加注重增强对全球产业链供应链价值链的吸附力、掌控力、引领力，以率先突破助力整体突围，更加注重制度型开放特别是以服务贸易为重点的引领性开放。

浦东高水平改革开放的第三个构成维度——高定位目标的改革开放。这里的"高定位"是指高水平改革开放的开路先锋，这里的"高目标"即以高水平改革开放打造社会主义现代化建设引领区，引领带动上海"五个中心"建设，更好服务全国大局和带动长三角一体化发展战略实施。那么，何为开路先锋？何为引领区？开路先锋的主要观测指标？引领区的主要判断指标有哪些？这些问题值得浦东、上海乃至全国思考研讨，特别是学界。非常遗憾，文献检索发现：有关高水平改革开放（改革与开放贯通融合一体化）方面高质量期刊（选取依据南大 CSSCI 期刊和北大中文核心期刊）研究类文献为零；目前，聚焦浦东，以"浦东高水平改革开放"为关键词的期刊上的研究类文献为零；截至 2023 年 8 月 29 日，中国知网检索到相关学术期刊文献包括：何立峰的《支持浦东新区勇当更高水平改革开放开路先锋　打造社会主义现代化建设引领区》，《中国产经》，2021 年；荣蓉、韩英彤、白琳的《商业银行助力浦东新区高水平改革开放》，《中国外汇》，2021 年；曹啸、卜俊飞的《从浦东新区高水平改革开放看国际金融中心建设》，《中国外汇》，2021 年；小浦的《浦东人大为高水平改革开放提供法治保障》，《上海人大月刊》，2021 年；郭继的《努力成为更高水平改革开放的开路先锋，浦东必须继续走好"三个之路"》，《上海党史与党建》，2021 年；翁

---

① 南剑飞：《加快推动浦东高水平改革开放》，《江南风》2023 年第 1 期。
② 李强：《高举浦东开发开放旗帜　奋力创造新时代改革开放新奇迹》，《人民日报》2020 年 4 月 18 日，第 6 版。

祖亮的《打造社会主义现代化建设引领区 奋力创造新时代浦东高水平改革开放新奇迹》,《旗帜》,2020年,共计6篇。应当指出:上述有关浦东高水平改革开放的期刊文献,总体围绕国家政策解读及其相关推进路径展开,真正的学术研究成果,非常匮乏,亟待今后学者们加强研究。同时,应指出:引领区建设两年多来,相关报纸主要是上海本地主流媒体如《文汇报》《解放日报》等给予了跟踪报道,其内容多涉及浦东高水平改革开放的文件解读与做法成效等宣传性文字。但是,这为本研究提供了一定参考。

(三)总体特征

第一,浦东高水平改革开放是国家战略定位,必须长期保持浦东在国家全局中的战略定力。浦东高水平改革开放,是引领区中央文件规定的国家战略定位,是引领区五大战略定位之一,也是引领区五大战略定位之首,是其他四大战略定位(自主创新发展的时代标杆、全球资源配置的功能高地、扩大国内需求的典范引领、现代城市治理的示范样板)之纲,对其他四大战略定位起总统领和总牵引即统揽全局、协调各方作用。当然,其他四大战略定位,也是推动浦东高水平改革开放的关键环节与配套措施,并与其协同支撑构建新发展格局,打造引领区建设的核心目标。

第二,浦东高水平改革开放内涵丰富外延广泛。它不只是全面深化改革一个方面,也涉及高水平开放方面;它不只是一个开放方面(虽然在实践中存在更侧重于高水平对外开放方面的现象与做法,且开放也是改革;当然,新发展格局下还包括对内开放),而是改革与开发两个方面的双向促进彼此互动;它不只是经济领域的改革开放(虽然经济领域改革开放是关键点,因为经济建设是国家中心工作),而是经济社会发展方方面面各环节各过程的深层次高水平改革开放;浦东高水平改革开放,绝不是简单的高水平改革+高水平开放,而是新时代新征程以制度创新为核心的深层次改革与高水平扩大开放的有机衔接与深度融合的一体化改革开放,即高水平的制度创新型改革开放。

第三,浦东高水平改革开放的目标指向性突出。推动浦东高水平改革开放,是强化上海"四大功能"(全球资源配置功能、科技创新策源功能、高端产业引领功能、开放枢纽门户功能)、深化"五个中心"(国际经济中心、国际金融中心、国际贸易中心、国际航运中心、全球科技创新中心)建设、推动高质量发展、打造引领区的关键一招,故浦东高水平改革开放的目标指向性突出,即必须服从和服务于高质量发展和引领区建设。

第四，浦东高水平改革开放是长期性的国家层面的总要求。推动浦东高水平改革开放，不只是作为其重要载体的上海自贸区及临港新片区（涉及浦东地域的片区）的首要要求，而是整个引领区即浦东全域（行政区划范围之内）的根本要求。不仅仅是对浦东一地的要求，而是以浦东为试验田、逐步复制推广到全国的总要求；不是一时一事的要求，而是必须长期坚持的总要求——因为改革不停顿，开放不止步。

三、浦东新区高水平改革开放的多维逻辑

从1990年最初的浦东开发开放到2020年习近平总书记首次正式提出的浦东高水平改革开放，从2013年的上海自贸区到2019年的临港新片区再到2021年中央文件提出的引领区浦东，既彰显了浦东改革开放的阶段性、渐进性、持续性、飞跃性成就，也隐含了浦东改革开放的多维逻辑。完整把握其价值逻辑、理论逻辑、历史逻辑、实践逻辑即完整把握浦东高水平改革开放的价值意蕴、理论依据、发展历程、运行机理，以便更有效地找准浦东高水平改革开放的优化实现路径，从而为全面打造引领区提供强大动能。

（一）价值逻辑

主要解决"为什么要推动浦东高水平改革开放"这个问题即价值意蕴，主要表现在：

首先，推动浦东高水平改革开放，是全面贯彻党的二十大精神和自觉落实习近平新时代中国特色社会主义思想主题教育工作要求的一项重大政治任务。2022年10月16日，习近平总书记在党的二十大报告中指出，"高质量发展是全面建设社会主义现代化国家的首要任务，发展是党执政兴国的第一要务"，并且把"坚持深化改革开放"作为推进中国式现代化必须牢牢把握的五个重大原则之一。党的二十大还明确要求以县处级以上领导干部为重点在全党深入开展主题教育。2023年3月30日全党自上而下分两批开展学习贯彻习近平新时代中国特色社会主义思想主题教育。推动浦东高水平改革开放，正是落实习近平总书记在主题教育中强调的"学思想、见行动"的自觉担当。基于此，我们认为，迈上全面建设社会主义现代化国家新征程，加快推动浦东高水平改革开放，勇当更高水平改革开放的开路先锋，是党中央对浦东引领区建设的第一定位，也是浦东的第一责任，更是新征程浦东深入全面贯彻党的二十

大精神、全面深化改革开放、努力为中国式现代化提供浦东样本和开展学习贯彻习近平新时代中国特色社会主义思想主题教育的主动担当与行动自觉。①

其次，推动浦东高水平改革开放，是深入学习贯彻习近平总书记重要讲话精神和落实引领区中央文件的现实要求。关于浦东高水平改革开放这个问题，习近平总书记先后两次提及。一是2020年8月20日，习近平总书记在合肥主持召开扎实推进长三角一体化发展座谈会并发表重要讲话时特别指出，推动浦东高水平改革开放，支持浦东在改革系统集成协同高效、高水平制度型开放、增强配置全球资源能力、提升城市现代化治理水平等方面先行先试、积极探索、创造经验，对上海以及长三角一体化高质量发展乃至我国社会主义现代化建设具有战略意义。②二是2020年11月12日，习近平总书记在浦东开发开放30周年庆祝大会发表重要讲话，要求浦东"努力成为更高水平改革开放的开路先锋、全面建设社会主义现代化国家的排头兵、彰显四个自信的实践范例，更好向世界展示中国理念、中国精神、中国道路"③。此外，2021年7月15日，《中共中央 国务院关于支持浦东新区高水平改革开放打造社会主义现代化建设引领区的意见》正式公布，且在该文件中"高水平改革开放"被提到了8次，这赋予了浦东改革开放新的重大任务，为浦东推进新时代高水平改革开放指明了前进方向、擘画了宏伟蓝图、提供了根本遵循、提出了总体要求，这是浦东开发开放史上具有重大里程碑意义的大事。这就要求浦东务必胸怀"国之大者"，推动浦东高水平改革开放，以高水平改革开放为总牵引以高质量发展为总要求，全力打造引领区浦东。④

再次，推动浦东高水平改革开放，是作为中心节点和战略链接的浦东加快构建新发展格局和推动中国经济高质量发展的必由之路；推动浦东高水平改革开放，是开启新方位、新定位、新征程下浦东创造新奇迹的行动自觉；推动浦东高水平改革开放，是贯彻落实上海市委和浦东新区委有关重要会议精神（例如2022年6月25日的市第十二次党代表大会精神、2023年7月4日的市委十二届三次全会精神、2023年7月11日的浦东新区区委五届四次会议精神）

---

① 南剑飞:《加快推动浦东高水平改革开放》,《江南风》2023年第1期。
② 习近平:《在合肥主持召开扎实推进长三角一体化发展座谈会上的讲话》,2020年8月22日, https://news.dayoo.com/china/202008/22/139997_53504941.htm?from=groupmessage。
③ 习近平:《在浦东开发开放30周年庆祝大会上的讲话》,2020年11月12日,https://www.gov.cn/xinwen/2020-11/12/content_5560928.htm。
④ 南剑飞:《加快推动浦东高水平改革开放》,《江南风》2023年第1期。

和相关部署的责任担当。①

（二）理论逻辑

浦东高水平改革开放主要源于两大理论：一是中国人民与时俱进、不断传承发展的中华优秀传统文化特别是其核心理念、人文精神及传统美德重要构成板块之人本思想（例如"民为邦本、为政以德"）和创新思想（例如"革故鼎新"）等；二是中国共产党人与时俱进、不断传承发展的马克思主义中国化时代化理论，特别是其最新理论成果习近平新时代中国特色社会主义思想，是上述两大理论与浦东改革开放30多年生动实践的高度融入与系统整合的结晶。具体涉及全面深化改革、对外开放、创新发展、美好生活等理论，是上述理论彼此交叉、相互叠加、综合作用转换下的必然。应当指出：全面深化改革与对外开放是浦东高水平改革开放的两大理论基石，创新发展特别是科技创新与制度创新是浦东高水平改革开放的战略性保障，而美好生活特别是不断提升浦东、上海乃至全国人民高品质生活是浦东高水平改革开放的出发点和落脚点；不断提升浦东、上海、全国乃至世界人民的获得感、幸福感是中国式现代化引领区浦东高水平改革开放的必然要求与最终归宿。推动高水平改革开放，是新时代新征程全面深化改革、对外开放、创新发展、美好生活等理论创造性指导、创新性推动浦东发展实践的题中应有之义。脱离了美好生活这个目标指向，浦东高水平改革开放就失去了应有价值；脱离了创新发展这个根本支撑，浦东高水平改革开放就成了空中楼阁；脱离了全面深化改革与对外开放即全面深化改革开放这个关键一招，浦东高水平改革开放就无从谈起。无疑，对于这些理论的理解越全面、越准确、越完整、越深入，推动浦东高水平改革开放就越稳健、越有力、越有效、越持久。

（三）历史逻辑

主要解决"浦东高水平改革开放的昨天、今天和明天"，即发展历程问题，具体表现在：

1. 浦东改革开放的第一阶段：浦东开发开放早期即浦东高水平改革开放的积累期

时间起止：从1990年4月18日正式宣布开发开放浦东到2013年8月17

---

① 南剑飞：《加快推动浦东高水平改革开放》，《江南风》2023年第1期。

日中国(上海)自由贸易试验区成立前。这一时间段,可以称之为浦东开发开放早期即浦东高水平改革开放的积累期,又可以细分为四个阶段:第一阶段从1990年4月至1992年底,是浦东开发开放的正式起步阶段;第二阶段从1993年初到2000年上半年,是浦东开发开放进入大规模推进基础设施建设的阶段;第三阶段从2000年下半年至2010年,浦东开发开放转入基础开发和功能开发并举的阶段;第四阶段从2010年开始到2013年8月17日中国(上海)自由贸易试验区成立前,是浦东开发开放进入全面建设外向型、多功能的现代化新城区阶段[①]。

2. 浦东改革开放的第二阶段:浦东开发开放中期即浦东高水平改革开放的过渡期

时间起止:从2013年8月17日中国(上海)自由贸易试验区成立到2021年7月15日《中共中央 国务院关于支持浦东新区高水平改革开放打造社会主义现代化建设引领区的意见》正式公布前。这一时段,可称之为浦东开发开放中期即浦东高水平改革开放的过渡期,又可以细分为三个阶段:第一阶段从2013年8月自贸区成立至2019年8月临港新片区成立前,是浦东开发开放的初次深化阶段;第二阶段从2019年8月临港新片区成立到2020年11月浦东开发开放30周年庆祝大会召开前,是浦东开发开放的再次深化阶段;第三阶段从2020年11月浦东开发开放30周年庆祝大会召开至2021年7月15日《中共中央 国务院关于支持浦东新区高水平改革开放打造社会主义现代化建设引领区的意见》正式公布前,是浦东开发开放的第三次深化阶段,是对浦东开发开放30周年的总结(含习近平总书记肯定的举世瞩目的成就)与引领区浦东高水平改革开放的首次部署即预开启阶段。

3. 浦东改革开放的第三阶段:浦东开发开放后期即浦东高水平改革开放的进入期

时间起止:从2021年7月15日《中共中央 国务院关于支持浦东新区高水平改革开放打造社会主义现代化建设引领区的意见》正式公布至今,到2050年把浦东建设成为在全球具有强大吸引力、创造力、竞争力、影响力的城市重要承载区,城市治理能力和治理成效的全球典范,社会主义现代化强国的璀璨明珠。《关于支持浦东新区高水平改革开放打造社会主义现代化建设引领区的意见》从九方面对新征程上国家层面支持浦东高水平改革开放,打造社会主

---

① 邵煜栋、舒抒:《上海是我们的王牌,回忆浦东开发开放这30年》,《档案春秋》2020年第4期。

义现代化建设引领区进行了全面部署。这一阶段,可以称之为浦东开发开放后期即浦东高水平改革开放的进入期,是新征程上国家层面确认的浦东高水平改革开放的正式进入阶段。

(四) 实践逻辑

主要解决"浦东高水平改革开放"的实现路径即运行机理问题,其关键点在于牢牢把握好浦东高水平改革开放的根本要求,抓住关键、聚焦重点。主要涉及:一是务必牢牢把握好"高水平"这个根本要求(包括高水平的改革和高水平的开放),二是务必抓住关键,即始终把激活创新"第一动力"作为抓牢"改革开放"关键一招的核心指向;三是务必聚焦重点,即推动浦东高水平改革开放的重点在于把握好"两特四区一中心一样板一保障"。①

2023年7月10日下午,上海市委书记陈吉宁在浦东新区开展专题调研,要求浦东在深化高水平改革开放、推动高质量发展上更好走在前列、示范引领、树立标杆。这为因改革开放而生、而兴、而强的浦东高水平改革开放提出了最新的更高要求。无疑,深刻认识和把握浦东高水平改革开放的内涵与逻辑,有助于我们更好把握规律,找准其优化路径,实现精准施策,确保浦东高水平改革开放事业行稳致远、永不停步,实现高质量发展及可持续发展,为全面建成社会主义现代化强国、全面推进中华民族伟大复兴贡献浦东智慧、浦东力量。

---

① 南剑飞:《加快推动浦东高水平改革开放》,《江南风》2023年第1期;权衡:《强化"四大功能",深化"五个中心"建设》,《文汇报》2023年7月16日,第5版;南剑飞:《论实现新时代浦东高质量发展的绿色低碳循环模式》,载高国忠《高水平改革开放,推动高质量发展:改革开放精神与新时代浦东开发开放文集》,上海交通大学出版社2022年版,第135—145页;南剑飞:《成都市国家创新型城市建设优化研究》,载中共北京市怀柔区委党校《构建国际一流的科技创新生态》,中共中央党校出版社2021年版,第163—172页。

第三章　浦东新区社会主义现代化全球城市核心区建设

【摘要】在全球现代化与城市化发展过程中,城市现代化对社会现代化发挥了主导和引领作用,西方马克思主义城市地理学对资本主导的城市空间生产矛盾进行了批判。浦东社会主义现代化建设引领区是在社会主义生产关系主导下的全球城市核心区的发展过程,浦东新区城市的空间生产在城市发展的根本动力、政府与市场关系、产业结构演变、城市发展的价值导向等方面表现出中国特色。浦东社会主义现代化建设引领区要在现代化生产力发展、城市全球资源配置力、推动长三角全球城市群建设与人民城市建设方面进一步努力。

【关键词】现代化建设引领区;城市的空间生产;全球城市

现代化是一个国家与地区从不发达走向发达的社会整体运动,是一个复杂的历史现象与过程,涉及由工业革命引起的经济、政治、文化、科技、思维等社会生活的方方面面的深刻变革。[1] 从空间上看,现代化是城市主导的社会生产的空间运动,是社会景观城市化与现代化。20世纪以来,伴随着工业化的发展,全球城市化进程呈现加速发展的态势。18世纪中期,全球城市化水平仅为3%,1920年为14%,此后开始加速,1950年达到29.2%,1980年达到39.2%。[2] 特别是20世纪中期以来,大城市发展表现出更加显眼的趋势,处于世界城市体系顶端的全球城市在全球经济中的影响力日益突出。西方资本主义全球城市发展是在资本主导下的全球空间生产的表现,是资本矛盾的空间修复,一定程度上缓解了资本与工人阶级之间的矛盾。浦东建设社会主义建

---

[1] 中国式现代化研究课题组:《中国式现代化的理论认识、经济前景与战略任务》,《经济研究》2022年第8期。

[2] 宁越敏:《论世界大城市的发展趋势——兼论我国大城市的发展问题》,《城市问题》1990年第8期。

设引领区的发展既是一个区域现代化的过程,更是建设社会主义全球城市核心区的发展过程,是通过发挥全球城市核心区的辐射与带动作用,引领长三角乃至全国的现代化过程。

一、全球生产分工下的西方全球城市发展

现代城市的快速发展起因于工业资本主义的发展,开启了人类城市化与工业化相互共生与扩展的历史进程。1770年到1850年曼彻斯特逐步成了第一个资本主义工业充分发展的大都市与制造工厂——"世界的烟囱"。随着工业革命持续深入发展,人类社会生产都得到了飞速发展,先后经历了四次科技革命长波,全球生产的空间格局也发生了巨大变革。大城市在全球化空间格局中的地位日益凸显,全球城市的影响力也在增强。

(一)基于新的国际劳动分工世界城市假说

弗里德曼1986年发表了世界城市假说,他认为世界城市是关于新国际劳动分工的空间组织形式。随着新的生产技术在生产过程中不断运用,分工发展引起生产活动的集聚与扩散活动发生新的变化。由于一种产品中的劳动力成本与管理成本在整个生产过程中占据了很大份额,在利润的驱动下,企业将低技能与无创意的生产环节转移到边缘与半边缘的国家与地区,与此同时,高端生产环节与管理环节向发达国家城市集聚,并引发劳动力的全球流动与集聚,形成新的国际劳动分工。世界城市是全球工业与服务业集中地,是资本集聚地,也是资本与劳动矛盾的集结地。

弗里德曼世界城市假说主要内容包括相互联系的7个方面:(1)世界城市在全球经济社会中的地位与作用取决于它在新的国际劳动分工中承担的功能,最主要体现于城市内部产业结构的变化。(2)世界城市是全球性资本的生产与交易的集中地与关键节点,世界城市是全球城市等级体系的金字塔顶端,引领全球其他城市的形成与发展。(3)世界城市的产业部门与就业结构变化直接反映了它的全球性控制作用变化。(4)世界城市是全球资本巨头集中地与积累地。(5)世界城市是对国际移民最具吸引力的目标与积聚地。(6)世界城市是工业资本主义的主要矛盾(空间的和阶级的分化)的焦点。(7)世界城市的社会成本增长速度呈现加速增长的趋势,往往超过了国家或者地方政府的财政承担力。

(二) 全球城市假说——全球资本与生产管控中心

20世纪70年代以来,石油危机的冲击引发了全球性的经济危机,全球空间生产的格局发生了重大调整。随着布雷顿森林体系的解体、金融管制的放松,资本全球运动加快,一方面,外商直接投资依然保持快速增长的趋势,并且开始从原材料、资源型产业与初级加工产品转向技术密集型与服务业。到1999年,全球4.1万亿美元的外商直接投资中2/3投向了金融和贸易相关的活动。① 从空间上看,发达国家之间的外商直接投资成为国际资本流动的主要目的地,同时发展中国家的外商直接投资也有所增长,东南亚取代了拉丁美洲成为发展中国家的重要外商直接投资目的地。另一方面,随着发达国家的金融管制放松,禁止银行进入证券市场的规定取消,金融流动与金融创新的步伐加快,全球金融创新与发展进入了大繁荣时期,其中发展最快的是证券业与金融服务公司业务。仅仅在美国,1980年证券总值为220亿美元,到1986年增长到2690亿美元,1998年增长到8450亿美元。

沙森是全球城市理论研究最具权威性的学者之一,他于1991年提出了全球城市学说,主要有4个方面的内容:(1)全球城市是全球经济组织高度集中的节点;(2)全球城市是金融业与高端服务业的主要集中地,金融服务业成为全球城市的支柱产业;(3)全球城市是新产品、新技术、新模式的创新场所;(4)全球城市主要通过对金融和服务业主要环节、创新活动的控制实现全球性生产的控制。

弗里德曼世界城市假说描述了后工业化时代资本主义全球化运动过程,反映了全球城市的生产活动集聚规律与资本对全球经营的现实要求。而沙森全球城市学说则是进一步发展了弗里德曼世界城市假说中的第二和第三点,主要集中围绕全球虚拟经济泛滥化条件下,把注意力集中在服务经济上,即金融、保险、房地产(FIRE)产业,全球城市通过集聚生产者服务经济及其组织机构,缓解制造业衰退的财政危机,并利用远程通信和信息技术,实现对全球经济的控制功能。

(三) 基于信息流动空间的全球城市理论

1996年,卡斯特尔提出全球流动空间理论,他认为全球城市系统不是金字塔结构而是呈网络结构,全球的城市是一个具有全球性广泛联系和作用的网

---

① [美]丝奇雅·沙森:《全球城市》,周振华译,上海社会科学院出版社2001年版,第30页。

络系统。全球城市是各种物质流的节点,这些节点组成了全球城市网络。更加重要的是,在传统的商品、资本、服务与劳动流的基础上,卡斯特尔更加注重信息技术的发展,引发的世界城市之间的信息流爆发,并对商品与资本流动起到催化的作用。2001年卡斯特尔根据世界城市在全球城市网络中的节点地位,提出了高度通达城市、主导中心城市、控制中心城市与门户城市四种类型,其中高度通达城市有10个,它们被称为全球城市。

卡斯特尔不但将全球城市注意力从空间位置主导转向流动空间主导,同时也非常注重信息化带来的城市的社会分化,从而产生了都市二元主义。与工业和商业的兴衰过程一样,从工业生产工程向信息化数字化生产过程转变,弹性生产的日益兴起与解构化资本—劳动关系相互重叠,城市中的劳动力分化现象日益严重,形成了新的二元都市主义:基于信息的正规经济和基于传统的夕阳经济产业的劳动力在功能上相互连接,但是在社会上、组织上与空间上分化更加严重。

二、浦东新区社会主义现代化全球城市核心区的特色

经济全球化是人类社会历史大趋势,浦东开发开放是我国政府主动顺应经济全球化浪潮,积极实施对外开放,发展社会主义全球大都市的积极作为。浦东不但充当我国改革开放的排头兵,为中国特色社会主义先行先试,而且在开放中不断提升城市自身竞争优势,增强了浦东全球城市的国际影响力,提升中国道路自信与制度自信,显现中国特色社会主义全球城市的特点。

(一)坚持服务国家战略、国家意志,是推动浦东全球城市核心区发展的根本动力

浦东开发开放是中国特色社会主义整体实践运动的一部分,是建设社会主义全球城市的主动探索、积极作为与创新发展。与资本主导下的西方全球城市发展有着本质差异。浦东社会主义现代化全球城市建设与西方全球城市的差异在城市建设的具象上有所体现,但更重要的是,浦东全球城市建设把国家战略意志与战略目标作为城市发展的基本目标,把推动国家改革开放试验、发展和完善社会生产关系、推动国家生产力整体的发展作为浦东全球城市发展的历史任务。因此,国家战略意志与战略意图成为浦东全球城市建设的根本动力。1990年4月18日,国务院宣布开发开放浦东。同年6月,国务院进

一步明确指出,"开发和开放浦东是深化改革,进一步实行对外开放的重大部署……有计划、有步骤、积极稳妥地开发和开放浦东,必将对上海和全国的政治稳定与经济发展产生极其重要的影响"。党的十四大报告明确要求,开发开放浦东的宗旨就是要尽快把上海建成国际经济、金融、贸易中心之一,从而带动长三角乃至长江流域新飞跃。之后在党的十五大、十六大、十七大、十八大、十九大报告中都对浦东发展作出明确要求(限于篇幅这里不作论述)。在浦东改革开放30周年庆祝大会上,习近平总书记提出了浦东社会主义现代化建设引领区的论断,浦东在中国式现代化新征程上的战略使命更加综合更加全面。

开发开放浦东的国家战略意志与战略意图确立以后,国家改革开放重大战略举措、重大平台、重要设施相继叠加到浦东,成为推动浦东城市发展的根本动力。1990年,浦东就成为国家要素市场改革与建设的集中地,是我国渐进式改革开放由商品市场向资本、技术、土地、信息、人才等要素市场进军的关键节点,是改革开放不断向更深层次、更宽领域的国家重大举措。之后我国证券、期货、金融期货、产权交易、房地产、人才等重大市场平台相继落户浦东。2005年浦东新区进行综合配套改革试点获批,国务院对浦东综合配套改革试点提出了"三个着力、四个结合"的总体要求,即着力转变政府职能、着力转变经济运行方式、着力改变二元经济与社会结构,这三个方面任务直接指向当时国家经济社会改革发展的难点。2013年中国(上海)自由贸易试验区在浦东正式成立,成为我国第一个自由贸易试验园区。上海自由贸易试验区是我国进入新时代,不断走向世界舞台中央,更深层次融入经济全球化的重大举措与重要试验。自由贸易试验区的成立是我国深入对外开放进行的压力测试与风险检验,也是浦东全球城市建设的新机遇。2015年浦东国家科技创新中心核心区建设启动,意味着浦东再次成为我国经济高质量发展的领头羊。

(二) 始终坚持守正创新,合理发挥市场与政府手段推动现代化城市发展

浦东新区区委区政府在坚持社会主义制度优势的基础上,敢于善于改革创新,充当改革开放的排头兵,既激发市场经济配置资源的基础作用,又积极发挥政府调节手段的作用,实现了产业跨越式升级,城市功能的高能级上升,创造了浦东奇迹。一是发挥政府大规模高标准推动基础设施与公共产品建设的优势,为市场经济主体创设基本条件。浦东开发开放之初,政府在科学规划基础上,大力推进现代化基础设施建设。在最初的5年时间里,浦东新区政府在国家与上海市的支持下,大规模推进以交通、能源和通信项目为主的第一轮十大重点基础设施工程及配套设施项目建设。1995年到2000年浦东开启了第二轮基础设施建设,投入970亿元,以现代化城市为建设骨架,建设航空港、深水港、信息港等,夯实了浦东外向型功能的基础,构筑了上海跨越世纪的国际大都市框架。当前新区政府正在进行新基础设施建设,2000年以后随着浦东产业结构逐步升级,对技术创新的基础设施平台需求增加,从中央到地方对浦东重大共性技术创新设施建设迅速增加,浦东国际一流的重大科技设施群已经显现。浦东2022年启动了《新型数据中心"算力浦江"行动计划(2022—2024年)》,建成了全国首个算力交易集中平台,构建了算力中心为核心的算力网络调度体系,并入选了全国建设信息基础设施和推进产业数字化成效明星城市。二是着力构建高水平市场经济体制,充分发挥市场配置资源的效率作用。浦东开发开放的历史就是一部市场经济体制发展史。浦东开发之初就把高水平的国家要素市场作为发展目标。首先是激发土地要素市场活力,启动浦东大规模开发的闸门。创新土地要素市场的开发模式,通过"资金空转、土地实转"的方式把土地注入开发公司,开发公司再利用土地资本筹集资金,按照政府的规划意图进行大规模的土地开发,高标准建设基础设施,有力推动了城市的形态开发与城市功能构建,由此开创了以企业为主体推进浦东开发建设的新模式。[1] 之后,随着各类要素市场在浦东新区设立与运行,浦东成为了全球要素市场最为集中的地区,资金、技术、人才、数据等各类要素市场的全球资源配置力与影响力显著提升。2013年设立上海自由贸易试验区以来,对接最高水平、最高标准的市场经济体制成为浦东改革开放的目标。随着临港新片区的设立,开放的领域将进一步扩大,市场化水平更加进一步提升,全球资源配置功能与配置效率更加突出。三是持续推进政府管理创新与政府服务创新,提升政府服务效率。浦东开发开放在政府管理方面实行"小政府、大服务"的新型管理模式,一手约束权力,打造"小政府";一手提升社会活力,共建"大社会"。"小政府"是指管委会的编制小,"大社会"是指按社会发展的要求,相应地健全社会服务机构,该模式对推进政府职能的转变和市场经济运行机制的培育起到了积极的作用。[2] 又如,2014年浦东市场监管体制改革取得重要进展,即将原有的工商分局、质监局与食药监分局"三合一",实现了"1+1+1

---

[1] 中共上海市委宣传部、求是杂志社文化编辑部:《探索中国特色社会主义道路的成功实践》,《求是》2008年第18期。
[2] 周铁昆:《浦东新区开发开放17年的历史回顾与现状分析》,《经济前沿》2007年第12期。

大于3"的效果,初步构建更加统一高效的市场管理体制。在后续的政府管理体制改革过程中,浦东又进一步创新,把专利、新闻出版部门的版权和工商部门的商标等实现"新三合一",建立全国首家单独设立的知识产权局,实现了专利、商标、版权的集中管理和执法,强化了知识产权的保护,为创新型经济发展营造了良好的监管环境。①

(三) 坚持高层次高能级发展高端产业,浦东城市产业结构表现出突变性和引领性

浦东开发开放之初,在沿江地区布局有石油加工、钢铁、船舶等少数重型工业以外,其余大部分为农村地区。为更好地担当上海国际大都市功能转型与带动长三角与长江流域发展的历史使命,浦东以"高科技先行"和"金融贸易先行"为目标,充分发挥市场配置资源作用,充分发挥政府调节手段的优势,充分利用国内外资源,实施产业跨越式发展。因此,浦东城市产业结构演变表现出高层次突变性的特点,与经典城市的产业结构演进模式有着显著差异。

首先,聚焦先进制造业发展,技术水平快速提升。开发开放之初,浦东紧紧盯住全球先进制造业趋势,坚持长远目标与实际基础相结合,积极有所为有所不为,夯实产业发展基础,注重引进高科技产业和先进制造业,逐步实现了产业的高端化发展。例如,浦东信息技术制造业几乎在一片空白的基础上迅速成为全国领先,全球影响力显著的集成电路产业基地,集成电路设计、制造、封装测试以及生产设备完整的产业链条,产业集群的竞争优势不断增强,对我国经济高质量发展起到了有力支撑。生物医药产业走过了引进国内外制药企业、国内外药物研发中心合作生产阶段,以及自主创新阶段,成为具有自主研发能力与全球影响力的"药谷"。

其次,聚焦金融贸易航运现代服务业,建设具有全球影响力的资源中心。建设全球现代金融贸易中心是浦东开发开放的初始目标,大力发展高端的现代服务业成为浦东产业发展的重点之一。随着全国第一家金融贸易产业园设立与浦东深水港、航空港的建设,浦东现代服务业发展取得了快速发展。最初,以我国原金融管理部门的"一行三会",中国人民银行上海总部、证监会上海局、保监会上海局落户浦东,大批国内外金融、贸易、航运等机构与公司纷至沓来。随着跨国公司总部、贸易公司总部等相关政策的实施与完善,浦东集聚

---

① 尤存:《时代中国的浦东样本——浦东开发开放26周年纪实》,《百年潮》2016年第7期。

全球跨国公司开展全球经营的条件日臻成熟,浦东现代化服务进入了快车道。另外,受益于国家的支持,国家证券市场、外汇市场、期货市场的设立与运营,浦东已经成为全球资金市场最为齐全的城市,全球金融航运贸易高端资源的配置能力日益增强。

最后,城市产业跨越式与突变式跃迁,城市产业结构演变表现出非常规性。1990年浦东三次产业结构为3.7%∶76.2%∶20.1%,其中第二次产业又以石油加工、钢铁、船舶为主导,是典型上海市中心城区向郊区扩散的重大粗型产业。2021年浦东三次产业演变为0.1%∶25.1%∶74.7%,其中制造业以电子信息制造等现代化工业为主导,第三产业以现代金融服务业为主,金融业占到地区生产总值的30.6%。从第二产业看,区域产业结构突变性非常显著:1991年至1996年的主要产业:石油加工及炼焦业、化学原材料及化学制品制造业、烟草加工业、纺织业、食品加工与制造业、服装及其他纤维制品制造业。1997年至1999年的主要产业为:化工、造船、汽车、家电、通信设备、轻纺、建材、食品。2000年至2009的主要产业为:电子信息、石油化工及精细化工、汽车制造、成套设备制造、精晶钢材制造业、生物医药制造。2021年产值位居前列的产业依次为:汽车制造、电子信息产品制造、成套设备制造、石油化工及精细化工、生物医药制造业。[①]

(四) 坚持自立自强,持续提升社会主义全球城市核心区全球影响力

全球城市是经济全球化的产物,浦东勇当国家改革开放的排头兵,积极融入经济全球化的同时,坚持统筹发展和安全,不断完善事中事后监管制度,化解经济发展的风险,掌握改革、开放与发展的主导权。坚持自立自强,在引进国内外资源的同时,加强自主创新,提升城市的全球资源配置力,展示中国道路自信、制度自信。

在深入对外开放的同时,加强经济发展与城市建设的监管制度建设,把握城市发展的自主性。从2005年以来,浦东新区积极探索适应现代经济与社会发展的行政管理体制,以扁平化管理为导向,不断优化政府组织管理结构,不断探索"大部门制""大管委会"与"大市镇"的行政管理体制,以方便老百姓和增加老百姓的改革"获得感"为终极目标,不断推进政府职能转变,促进简政放权,提高政府办事效能。2013年负面清单管理制度实施以来,浦东新区不断探

---

① 资料来源:作者根据历年《浦东新区统计年鉴》整理得。

索事中事后监管体制,初步建立了多个部门综合统一的监管模式。通过一体化的途径,将原来按生产、流通、消费环节划分的分段监管模式改为以对象为中心的一体化监管模式,完善了市场监管领域的行政审批和综合执法体制。2017年《浦东新区证照分离改革试点深化方案》出台,"六个双"综合监管制度也建立起来,事中事后监管制度不断系统化、便捷化、智慧化。借鉴国际经验,海关、检验检疫、海事等口岸监管部门推出了100多项创新举措,初步建立起"一线放开、二线安全高效管住、区内自由"的通关监管模式,基本建立起以贸易便利化为核心的单一窗口贸易监管制度体系。

加强自主创新自主发展能力建设,浦东全球城市的辐射力与影响力初步显现。不断加强具有中国特色的金融贸易航运中心的制度建设,有效防范了对外开放风险的同时,全球资源配置力逐步增强。浦东已经成为全球要素市场最为齐全最为密集的地区之一,2021年浦东集聚了1162家金融机构,拥有股票、期货、债券等13家要素市场,"上海金""上海油"等中国的价格在全球市场资源配置中的作用日益突出。2021年浦东港口集装箱吞吐量4 267万标箱,已连续14年保持世界第一。"全球最大航空枢纽连接度指数"中上海机场排名第14位,国际航点占比为45%。全球人力资源的吸引力不断提升。浦东在全球人才集聚上走在全国前列,浦东对全球高端人才吸引力与集聚力正在显现。自主创新的全球引领力加快提升。浦东创新集群已具有国内影响力,集成电路、生物医药、人工智能、飞机制造等产业集群的国际竞争力影响力初步显现,大飞机C919顺利实现商业飞行,中国芯、创新药、未来车进入创新喷发期,2021年浦东授权专利数达37 534件,自主可控能力显著提高,对我国现代产业体系建设起到支柱作用。

(五) 政府主导城市发展方向,确保人民为中心的发展价值目标

一是始终把握城市建设与发展的目标导向。浦东城市发展基本目标在于推动国家经济发展质量的提升,在于增强全球卓越城市的目标,在于带动长三角乃至全国的发展。上海市委市政府一开始就明确了浦东开发开放的"开发浦东、振兴上海、服务全国、面向世界"目标导向。上海市委市政府、浦东区委区政府始终根据党和国家领导人的指示精神以及党中央国务院文件部署,制定浦东经济社会发展的实施方案,把浦东服务全国发展大局的贡献,对全国改革开放的示范突破作用作为检验发展的标准,并进行科学的考核与评估。经过32年的发展,浦东服务长三角、服务全国的作用不断显现。一批省部楼在浦东始终发挥着对外开放的窗口作用,国内外企业总部集聚浦东,全球总部经济、头脑经济加速集聚。浦东各类金融市场全球影响力逐步提升,为国内外企业发展提供了资金资源的配置功能,浦东国际贸易航运中心为全球货物与人员出入境提供便捷通道。

以科学严密的城市规划引导规范资本的有序合理发展。浦东现代化城市的建设是按照政府科学严密的规划进行的,通过规划引导资本与企业的发展,控制城市按照资本的意志肆意扩张,体现了城市发展人本价值。浦东开发开放伊始,开始吸取国内外城市发展的经验教训,引入绿色发展理念,"采取轴向开发、组团布局、社会生活多中心、用地布局开敞的城市模式"[1],全面考量城市经济发展与人的生态、社会需求,避免资本主导下城市肆意扩张的弊端。之后浦东坚持不懈推进城市规划体制机制改革,着力解决规划的多头管理,满足人们生活需求日益多样化的难题。2010年浦东开始实施"两规合一"的管理体制改革,即在编制土地利用总体规划的同时,结合同步编制的城乡规划的成果,解决两个规划在编制实施过程中的矛盾。2020年以来,为了进一步推动城市发展更加适合人的发展需要,浦东新区政府大力探索"两规融合、多规合一"的规划体系建设,科学严密统筹谋划人口发展、经济布局、环境保护、国土利用、城镇化格局与人的生活需要,推动现代城市规划体系的形成。

三、浦东新区社会主义现代化全球城市核心区的发展思路

(一)着力加快现代产业体系的构建,凸显社会主义全球城市的生产力优势

现代化首先是经济现代化,现代化城市必须首先推动现代产业的发展。我国已经进入高质量发展阶段,提升浦东自主创新能力既是发挥浦东创新优势、提高城市全球创新能力的要求,也是新时代浦东发挥引领作用的根本所在。浦东自主创新能力。一是积极探索新型举国体制运用,建设全球创新策源地。中央已经实施上海建设具有国际影响力的技术创新战略,在张江科学城等地方建设具有国际先进水平的重大科研装置,重大科技设施建设是当代技术创新活动日益社会化、全球化条件下国家积极围绕浦东国家重大科技基础设施的新型举国体制应用,加快浦东汇聚国内外创新资源的集聚能力建设,

---

[1] 邵辛生:《上海浦东新区总体规划初探》,《城市规划》1992年第6期,第11—14页。

突破一批关键技术、"卡脖子"技术和原始性创新技术,建设全球自主创新的标杆。围绕关键技术的创新链,落实《引领区意见》中相关优惠政策,吸引国内外创新企业的集聚,推动集成电路、生物医药人工智能形成世界级产业集群。二是主动构筑国内价值链创新链,做强产业链链主。充分利用浦东全球城市核心区的优势,做大做强浦东企业研发总部、跨国公司总部,深入实施大企业总部计划,做大做强企业链链主。积极响应国内、国际双循环,大力发展浦东企业与国内企业之间的生产经营联系,构筑国内企业之间的价值链与创新链,提升国内企业价值链的国际竞争优势。三是增强浦东区域整体创新体系国际竞争力,提升浦东全球城市区域创新体系的国际竞争力。拓宽基础研究、应用研究和产业化双向快车道,加快落实中央意见中有关创新激励机制政策。着力完善全过程创新孵化体系、全链条科技公共服务体系、全覆盖科技投融资体系、全方位知识产权体系,提高浦东区域创新体系国际竞争力。四是进一步发挥国有资本在自主创新自主可控中的作用。推动国有资本从城市基础设施开发与开发区园区建设,向投资创新型、交易平台型、新型基础设施领域转移,加大国资(包括各层级的国有资本)投资具有共性技术创新平台和重大交易平台的力度,做大做强浦东"引领区基金",积极探索国有资本投资科技产业的途径与模式,更好发挥国有资本在自主创新中的作用。

(二) 坚持夯实实体经济根基,提升城市资源全球配置能力

以大数据、人工智能为标志的新一轮科技革命深入发展,生产的全球化、网络化、社会化水平加速提高,全球城市资源配置方式、种类与能力发生显著变化,一是着力构建金融、贸易、航运高端服务业高水平规则与制度。推动金融稳步快速开放,积极发展离岸金融,发展人民币离岸交易、跨境贸易结算和海外投融资业务。推动海内外资本积极参与股票、债券、期货等市场交易活动,创新金融产品体系,提升浦东全球金融中心的国际影响力。加快国际船舶管理服务创新改革,大力推进航运金融服务、海事服务等高端服务业发展,支持航运交易所建设,提升"上海航运指数"的影响力,加快提升离岸贸易、数字贸易、服务贸易的国际竞争力。二是建立全球高端人才集聚地。加快落实国家海外"高精尖缺"人才审核权限下放政策,进一步提升人才出入境、居留、资格证书认可等便捷程度,加快国内外高端人才创新创业的环境建设,积极打造全球创新优势。三是积极构建以浦东为节点的全球城市网络。以更加开放的姿态积极加入国际城市之间各类组织,积极开展多渠道、多途径的城市之间的合作交流，建设与完善浦东与国际城市之间人流、物流、信息流、数据流与资金流的渠道，提升全球资源的集聚扩散效率。

（三）主动提升长三角国际大都市群全球竞争力，打造我国新发展格局的新高地

习近平总书记 2020 年在扎实推进长三角一体化发展座谈会上强调，浦东引领区建设"对上海以及长三角一体化高质量发展乃至我国社会主义现代化建设具有战略意义"，因此浦东现代化引领区建设需要积极主动融入长三角国家战略，发挥浦东全球城市核心区作用，推动长三角国际大都市城市群加快提升全球竞争力，构建我国新发展格局的新高地。一是主动融入长三角，加快推动长三角社会主义现代化大都市群的合作制度建设。主动融入长三角战略，积极推进长三角自贸试验区联盟、长三角技术中心的建设。二是推动长三角城市群构建全球最便捷最现代化的基础设施群。推动以浦东国际机场、洋山深水港为核心的长三角机场群、港口的分工合作，打通基础设施之间的区域堵点与节点，推进基础设施的智慧化水平，积极开展三省一市之间各类基础设施的业务优化，提升城市群的国际竞争力。三是重点推动长三角发展质量的提高。推动集成电路、生物医药、人工智能等有关政策与长三角地区对接，促进浦东与长三角产业链的融合与重构，提升产业链的国际竞争力。

（四）深入推进对外开放，积极探索践行人类命运共同体的全球合作形式

全球投资贸易规则是"二战"后在发达国家主导下构建的有利于资本流动的规则，短期内又难以发生重大改变，浦东全球城市核心区建设要积极探索践行人类命运共同体理念的全球经贸合作形式。一是要抢抓数字技术智能技术的新机遇，掌握数字技术与数字规则的主动权。积极落实习近平总书记关于"要牵住数字关键核心自主创新这个牛鼻子"重要论述，加快推进数据交易所与国际数据港的建设，加速打造数字经济、智能经济高地，推动传统经济数字化、智能化改造，大力探索数字技术、数字贸易规则，建设全球数字经济高地。二是积极探索新型合作平台与合作方式。积极发展与"一带一路"共建国家及 RECP 成员国的金融、贸易平台，发展全方位多层次国际经贸业务，探索践行人类命运共同体理念的新型国际合作方式与合作规则。三是大力发展国际功能性社会组织。推进国际经济组织集聚计划，吸引有关国际商会、行业协会等国际组织，打造国际经济组织专业集聚区。

(五)继续推动城市整体系统集成改革,彰显以人民为中心的城市发展价值

一是加快系统集成创新,促进价值链的高端产业发展。深入研究国家和市给予浦东全方位改革开放政策,加大政策的系统集成创新与微观设计,分别制定实施大企业开放式创新中心、全球运营商计划、全球资产管理中心、跨国公司总部等高端产业的专项政策体系,提升价值链的高端产业、核心环节的国际水平。二是积极构建中国特色的大都市治理体系。持续深入推进"一网统管",拓展管治范围和领域,推进经济治理、社会治理和城市治理有机衔接,构建具有中国制度特色的现代化大都市治理体系,充分体现"人民城市人民建,人民城市为人民"的发展理念,彰显"中国治理"的优越性,提升浦东治理对全球资本、人才、技术的吸引力。

参考文献

包亚明:《后大都市——城市和区域的批判性研究》,上海教育出版社2006年版。

[美]尼尔·史密斯:《不平衡发展——自然、资本与空间生产》,刘怀玉、付清松译,商务印书馆2021年版。

[美]丝奇雅·沙森:《全球城市》,周振华译,上海社会科学院出版社2001年版。

熊小果:《资本空间生产全球化与构建人类命运共同体——基于空间政治经济学视角》,《宁夏社会科学》2022年第5期。

张佳:《全球空间生产的资本积累批判——略论大卫·哈维的全球化理论及其当代价值》,《哲学研究》2011年第6期。

第四章　浦东新区系统集成改革的实践

【摘要】"一业一证"是浦东探索从政府供给侧转向企业需求侧的系统集成改革成功案例,也是浦东引领区建设的重要成果之一,推进了政府跨部门业务流程的革命性再造,为当前我国持续深化"放管服"改革、优化营商环境提供了实践范本。本章从改革系统集成的角度,结合浦东"一业一证"改革的实践探索,深入探讨改革的路径、实施效果,进行经验总结,以期深化对"一业一证"改革的认识,为全国各地探索"一业一证"改革提供有益借鉴。

【关键词】系统集成;"一业一证"改革;行业综合许可证

2020年11月12日,习近平总书记在浦东开发开放三十周年庆祝大会上的重要讲话中强调,浦东要在改革系统集成协同高效上率先试、出经验。8个月后,《中共中央　国务院关于支持浦东新区高水平改革开放打造社会主义现代化建设引领区的意见》(简称《引领区意见》)正式发布,赋予浦东新区改革开放与创新发展的重大使命,并提出浦东要加快进行改革系统集成,积极推进"一业一证"改革。《引领区意见》为浦东进一步深化改革指明了前进方向,同时明确了基本原则和具体改革路径。

浦东在全国率先探索"一业一证"改革,2019年7月31日,苏宁小店、鲁能JW万豪侯爵酒店、一兆韦德三家企业拿到了各自行业的首张行业综合许可证。时至今日,全国大多数地方政府陆续开展了"一业一证"改革,作为深化"放管服"改革、优化营商环境的重要举措。相较于实践,学界关于"一业一证"的理论研究成果比较少,大多集中在两个方面:一是探讨"一业一证"改革的实施成效、问题等;二是从不同行业的角度对改革进行阐释。总体而言,研究较为分散,没有形成关于"一业一证"改革的一般性归纳研究,缺乏系统的总结和阐释。因此,本章在既有研究的基础上,从改革系统集成的角度对浦东"一业一证"改革试点进行梳理,以期深化对"一业一证"改革的认识,为全国各地探索"一业一证"改革提供有益借鉴与思考。

一、从分散走向整体的系统集成改革

党的十九大以来,习近平总书记在中央深改委会议、全国各地视察调研等重要场合,频繁提到加强改革"系统集成"。全面深化改革,是关乎党和国家各项事业发展全局问题的重要战略布局,这项非常宏大的工程,不是单靠零敲碎打改变,更不是碎片化修补,而必须是全面性的系统改革和提升,是全领域改革与提升的联动集成。因此,注重于改革各项措施的系统集成,是推进改革再深入、将改革进行到底的必然要求和最有效方式。

所谓系统集成(system integration,SI),最初是计算机科学和信息技术的专业词语,作为一种新兴的服务方式,通常是指将软件、硬件以及通信技术整合在一起,能够提供一种解决方案来满足用户在信息处理方面的需求。这些被整合的部分原先都是各自独立的系统,当它们被整合到一个统一的平台上时,可以相互协作,形成一个高效且协同工作的整体,这种整合不仅提高了系统的效率,还实现了整体优化的目标。系统集成既是一种思维方式,又是一种工作方法。作为一种思维方式,体现了大局意识、全局观念,可以激励我们在探索问题、推动社会发展时,有更加开阔的视野和积极合作开拓的心态,在实际工作中更强调协调、配合,服务大局和社会整体利益。作为一种工作方式,系统集成激励我们在新的发展阶段,规划设计推进重要领域和关键环节的重大改革,以处理好各项措施的充分联动与衔接配合。

什么是改革的系统集成?其实习近平总书记在浦东开发开放30周年庆祝大会上的重要讲话中就已经作出了阐释,即"从事物发展的全过程、产业发展的全链条、企业发展的全生命周期出发来谋划设计改革"。正所谓"善弈者谋势,不善弈者谋子",要下好这步"先手棋",既要有大局意识、全局观念,也要充分发挥各项改革举措的联动作用,从而提高改革的系统性、整体性、协调性。

随着公共问题的日益多元化、复杂性和不可预测性,世界各国的政府机构都面临着严峻的挑战,需要重新审视其治理策略和组织框架,再加上互联网、大数据分析、人工智能等新型技术的发展日新月异,各国政府都越来越意识到,依靠单个政府部门资源难以解决问题,也无法解决整体公共服务的需要,部门资源禀赋的不同将导致部门资源产生跨界交换的新需求,唯有实现部门协同管理才能处理复杂多变、频发、跨界的公共服务问题。世界各国开始了新一轮政府治理的探索,"整体性治理理论""数字时代治理理论"等逐步在西方兴起,着重强调公共服务的重新整合,这些理论虽然在一定程度上能缓解公共管理碎片化的状况,但仍面临着局限性和实践中协调困难等问题。"一业一证"改革是一次重塑政府职能结构的内生性革命,在治理理念、组织架构、体制机制、运作流程、管理方式、技术工具等层面上取得集成式突破创新,改革的背后是政府各部门的打通壁垒、高效集成,这一探索为世界各国政府解决公共服务碎片化问题提供了可资借鉴的中国智慧。

二、浦东新区"一业一证"改革的探索与实践

浦东的率先探索与其长期以来在行政审批制度方面一直坚持改革是分不开的。作为我国首个综合配套改革试验区,浦东从 2005 年开始,经过十多年的探索,积累了丰富的改革经验,在综改时期率先开展六轮政府行政审批制度改革,并首创了告知承诺制度,有效促进了政府职能从重审批向重监管转变,为"一业一证"改革试点打下了扎实的基础。

(一)"一业一证"改革的探索历程

纵观浦东证照改革的推进实施历程,改革事项和实施范围逐步扩大和拓展。从改革的内容来看,大体可分为以下四个阶段:

1. 从"先证后照"到"先照后证"的重大转变

在改革前,企业要进入市场开展经营活动必须先拿到许可证,才能领取营业执照,也就是"先证后照"。根据《行政许可法》第十二条规定,对六类事项可以设定行政许可,其中包括"企业或者其他组织的设立等,需要确定主体资格的事项"。一些特定行业需要先确定主体的经营资格才能被许可设立,比如,设立商业银行必须先通过银保监会的前置审批,获得批准后才能向市场监管部门申请领取营业执照。这就是通常所说的"先证后照"。

上海自贸区成立后推出了"先照后证"改革,证照的办理顺序发生变化,企业能够便捷拿到营业执照,获得法律主体资格后,即可开展一般性经营活动,但要进入特定行业或领域,还需到审批部门申领各类许可证,才能获得经营资格。"先照后证"实施后,减少了筹备企业过程中的投资风险,不断降低投资创业的制度性成本,但企业许可经营资格的问题仍未得到解决,许多特定行业或

领域存在着各类许可限制,"办照容易办证难""准入不准营"的"玻璃门"现象成为新的经营障碍。

2. 从"先照后证"到"证照分离"的根本性转变

针对这一问题,自2015起,浦东率先开展"证照分离"试点工作,通过取消审批、备案管理、实行告知承诺制度,优化准入服务这四种方式最大限度地减少审批事项、优化审批流程,降低企业创新创业门槛,并在全国复制推广。"证照分离"改革聚焦加快破解办证难的问题,针对涉企经营许可事项分类推进改革,并采用分类监管、信用监管、动态监管等方式,对所有市场主体"宽进"以后的经营行为实行最为有效的过程监督和后续管理。

3. 深化"证照分离"改革,推动"照后减证"

在推开"证照分离"改革的基础上,重点解决办证多等问题,尽可能取消减少拿到营业执照之后的许可审批。通过"照后减证",让更多微观主体"照后能营、持照即营"。

4. 开展"一业一证"试点

证照改革从"先照后证"到"照后减证",从浦东新区先行试点到全国自贸区复制推广再到"证照分离"全覆盖,改革不断深化拓展,大幅度减少了市场主体登记注册的限制。比如,注册资金从实缴到认缴,经营场所限制也在逐步放松,企业名称网上自选,一系列改革让企业注册便利化程度大大提高。"先照后证"和"证照分离"改革极大地降低了市场准入的门槛,也激发了市场的活力。但企业进入市场后"准营难"的问题依然存在,单个审批事项改革仍面临不少瓶颈和制约,不是每个企业有了营业执照就可以开业,如果要开展经营,市场主体通常还需要申请各类经营许可证,办证程序繁琐、时限长,改革还不能完全解决"照后减证"和"准入不得营"等企业经营的根本问题、行业管理的根本难题。随着改革进入深水区,亟须探索"照后减证"的新路径,从"政府侧"单个事项改革转向"企业侧"行业准入,帮助企业快速打开市场的大门。2019年6月,上海市委、市政府发布《关于支持浦东新区改革开放再出发实现新时代高质量发展的若干意见》,明确浦新区东率先实施"一业一证"改革试点。2019年7月,浦东新区在前两次改革的基础上,再次推出"一业一证"改革,将一个行业准入需要办理的多张许可证整合为一张行业综合许可证。

作为一项全国首创性改革,浦东选择在便利店等十个领域进行了率先试点,对于逐步实施"照后减证"、破解"准入不准营"、增强市场经济主体获得感有着重大意义。"一业一证"改革试点实施后,受到中共中央办公厅、国务院办公厅高度重视,得到市场的高度肯定,并收到较好的社会影响。中央深改委《改革动态》和中央办公厅《每日汇报》分别刊载浦东"一业一证"改革有关做法和成效。

2020年11月14日,经国务院办公厅正式批复《上海浦东新区开展"一业一证"改革试点大幅降低行业准入成本总体方案》,在"证照分离"改革后,再一次对浦东新区首创性改革给予充分肯定和支持,也是国家对浦东长期以来持续推进市场准入改革的肯定。该方案强调了要让行业综合许可证在全国范围内行之有效,研究总结试点经验,完善后向全国推广。"一业一证"改革试点时间从批准之日起至2022年底。和此前的试点比较,本次由国务院审批的"一业一证"的领域覆盖面更广,受益主体类型也更多,在第一批试点的31个领域中还涉及了互联网医院、会计师事务所、数据中心、建筑工程施工等领域。改革试点的批准事项也不再仅限于浦东新区以及上海市所能管理的事权领域,而是首次把全国事权范围列入其中。2020年12月17日,上海道同信息技术等企业代表,获颁我国首批具有全国法律效力的行业综合许可证。由此,浦东新区的"一业一证"改革,从地方自主试点逐步上升至全国范围的探索,并真正步入了2.0阶段。

从以上四个阶段的渐进式改革发展历程可以看到,证照改革的实质是将主体资格登记与经营资格登记相分离,提升市场主体获取经营资格的透明度、稳定性和可预期性,同时又倒逼政府部门再造审批行为、强化事中事后监管,让政府与市场各司其职、充分发挥各自的优势和作用,并扬长避短,实现资源优化配置。这也正是"一业一证"改革的核心要义。

(二)"一业一证"改革的主要内容

"一业一证"改革的核心是"六个一"的流程再造,具体包括一帽牵头、一键导航、一单告知、一表申请、一标核准、一证准营。

1. 再造行业管理架构,实现"一帽牵头"

探索一个行业由一个部门牵头、多个部门协同的企业全生命周期服务机制。"一帽牵头"改变了以往各审批部门各自为战的局面,实行了一个领导机构主导、各有关机构参加的协同审批、监督、管理机制。牵头机构负责要求各协同机构,联合梳理本行业企业涉及申请事务的申请标准、受理条件、申请时间、申请材料和批准要件等,梳理申请业务流程,并建立了适用于企业准入的统一的具体操作细则。同时,还负责梳理行业管理的主要问题,确定管理原则与规范,并负责实施综合监督执法,形成责任明晰、分工协作的综合管理机制。

2. 再造审批事项指引方式,实现"一键导航"

着力解决市场主体"不知道要办什么证"的困扰,以便捷高效办成"一个行业准入"为目标,重构审批事项指引方式,由原来的部门审批项目录索引,转为以行业小类为基础的"百度"式模糊检索查询,即企业申领行业许可证时,可以在"一网通办"网站上查询相关行业名称,并解答企业运营范围等一些简单提问,便可有对应的审核事宜以供参考,免去自行查找的烦恼。同时,鼓励企业依据需求,自主搭配审核事宜,形成自选"一业一证"服务套餐。

3. 再造行业审批要件,实现"一单告知"

以企业准入涉及的场地、基础设施、资金、人员和内部管理制度等为基本单元要件,对一个行业涉及多个许可证的审批要件进行标准化集成,由"以事项为中心"的审批条件,转为"以要素为中心"的审批条件,对准入中所涉及多种申请事项的批准要件作出同类整合,并以通俗易懂的文字语句或以文书样本形态表达,形成一张与市场主体需求精准匹配的告知单,一次性告知市场主体必须具备的许可条件和应当提交的材料。

4. 再造审批申报方式,实现"一表申请"

在对所有审批条件进行分类集成的基础上,将一个行业涉及的多张审批申请表合并集成为一张申请表。企业准入方面的多个许可表格集合作为一个综合的表格,申请者按照系统提示进行填写即可。另外,建设智能化系统从申请材料中抓取数据自动填写申请表,信息会在系统中自动产生,企业此前已经在信息系统中审核过的资料或者报送过的资料,不需要重复填写。

5. 再造许可审核程序,实现"一标核准"

在"一单告知"和"一表申请"的基础上,建立行业综合许可规范化审核程序,整合审前服务、申请受理、材料审核、现场勘验等基本程序环节,实行多部门联合办理、单独审批、限时完成,实现一个行业一套统一的审核程序。

6. 再造行业准入方式,实现"一证准营"

通过"企业侧"对某个行业准入关联到的多张许可证归并为一张行业综合许可证,并集成相关的行业许可证信息,在行业综合许可证上标明基本信息,市场主体凭行业综合许可证即可开展相关经营活动。综合许可的行政复议和行政诉讼主体仍为原审批部门。

(三)"一业一证"改革取得的主要成效

从试点效果来看,"一业一证"不仅"提速",更是"提质",不仅"减证",更是"简政",大幅度削减了审批过程和时间,精简审批事项,显著提高政府行政效率和企业办事效率。

1. 有效破解企业"准入不准营"堵点问题,激发了市场主体发展活力

95∶5,这是浦东实行"一业一证"后最直观的对比。以苏宁易购的"苏宁小店"为例,改革之前,苏宁的任何一家门店,都需要办理《食品经营许可证》等五项许可,且每个项目许可都要求单独申请,到各个部门及窗口提交资料,过程复杂、资料多、费时长。流程上,一共要提供5套申请材料,填写9个表单、313个信息、42份资料。整套流程走完大约需要95个法定工作日。改革后,企业只需提交经营便利店一份综合申请表,市场监管、烟草专卖、食药监等行政部门便可根据统一审核的标准并联审查,在5个工作日内办结,从而大大地减少了企业的取证时限(见表4-1)。

表4-1　"一业一证"改革前后对比(以上海苏宁小店为例)

	改革前	改革后
办理证件	食品经营许可证、酒类商品零售许可证、药品经营许可证、第二类医疗器械经营备案凭证、烟草专卖零售许可证5张许可	1张"行业综合许可证"
办理时间	95个工作日	5个工作日
申请材料	42份	10份
网上填表	9张	1张

在全国的行业综合许可证上,除了企业的基本信息外,还有二维码,这个二维码集成了5张许可证。原本单纯堆砌的工作表格和申请条件被拆分成最小单位,根据"千企千面"的市场主体特点加以自主选择,在"一业一证"专窗生成了定制化告知单、申报表和相关材料列表,实现"企业点菜、政府端菜"。

2. 有效降低企业开办成本,实现"高效办成一件事"的服务目标

要让改革发挥"1+1>2"的乘数效应,关键在于系统集成,协同高效。"一业一证"改革通过优化再造行业准入业务流程,将一个行业准入涉及的多张许可证整合为一张"行业综合许可证",大幅压减审批环节和时限,简化审批手续,有效提升了行政效能和办事效率。在制度设计之初,就在不断加大"放"的力度同时,坚持"放""管""服"同步谋划、同步推进,首创行业综合许可及配套行业综合监管制度,并依托"一网通办"优化服务方式。经过流程再造,原来企业多项审批业务合并为一张许可证就能"闯天下",企业要提交的资料、所填的信息以及办理的时间大大压减,大大提升了企业的办事效率。改革对于企业来说最实在的就是节省时间、人力成本,行业综合许可证在全国范围有效,势必会帮助企业实现更好发展。

3. 有效创新政府管理和服务理念,充分发挥法治对改革的引领和保障作用

在推进"一业一证"改革过程中,浦东新区人大充分运用市人大对浦东的决定授权,积极探索依法行政的途径,以保证"重大改革于法有据"。2019 年 7 月 30 日,按照上海市人民代表大会常务委员会《关于促进和保障浦东新区综合配套改革试点工作的决定》和《关于促进和保障浦东新区改革开放再出发实现新时代高质量发展的决定》,制定印发《浦东新区人民代表大会常务委员会关于进一步优化营商环境探索"一业一证"改革的决定》,该决定对"一业一证"改革试点的基本内容和工作原则、行业综合许可证的主要特点及其法律关系、改革试点单位的职责划分等问题进行了明确规定,为有关复议部门和人民法院提供了参考,有效解决了改革创新措施的合法性问题,为支撑"一业一证"改革试点先行迈出关键一步。2021 年 9 月 28 日,上海市人民代表大会常务委员会通过了首个关于浦东新区的法规《上海市浦东新区深化"一业一证"改革规定》。该规定在巩固浦东新区近几年的市场准入制度的基础上,更深入地推进了改革创新,行业综合许可证整体升级。

4. 有效提升政务服务职能化水平,让线上系统真正"管用、爱用、受用"

浦东在改革试点过程中,依托"一网通办"中"一业一证"线上申办模块,做实做细做深"六个一"。推进部门行政审批系统与"一业一证"模块实时对接,按行业综合形成材料清单和申请表式,推进收件、审批、发证系统建设,确保按节点实现在线申请功能,成熟一个上线一个,全面推进网上办、单窗办。同时,推进远程身份核验全覆盖,拓展自助办理事项和自助终端覆盖面,做优企业专属网页,让线上申办系统更加便捷实用。

改革从来就不是一蹴而就。虽然"一业一证"改革取得了积极成效,但从进一步优化营商环境、促进经济社会发展的要求来看,从企业群众和相关实际部门的反映看,仍有不小差距。如,"一业一证"的流程还需进一步优化,各职能部门协作仍有薄弱环节,行业综合监管制度还有待进一步探索等,需要持续深化推进。

三、"一业一证"改革的经验与启示

从浦东"一业一证"改革的探索实践来看,不管是改革方案的制定还是流程梳理,不管是部门间的协调还是信息系统的整合,始终以政府职能转变为抓手,注重增强改革的系统性、整体性、协同性。

(一)抓住顶层设计这个关键

"一业一证"改革是一项系统工程,涉及法律法规、部门协同、流程优化等方方面面,需要科学规划,尤其是对行业综合许可证主体和载体等方面需要进行统筹安排。目前需要进一步考虑和研究行业综合许可证的变更、撤销以及注销方式,可以直接在综合许可证上操作,而不再是使用单项许可证进行调整。同时,将行业综合许可证电子执照数据与电子证照系统对接,同步推送至电子证照库,增强二维码使用的便利度和准确性;并与微信、支付宝对接,支持在微信、支付宝查询,下载综合许可证的电子证照。建立综合许可证跨区域互认通用机制,对于行业综合许可证已涵盖的事项信息,不再要求企业提供额外的证明文件,推进综合许可证在更大范围内使用。

(二)抓住协同高效这个关键

"一业一证"改革关系审批、监管、服务全过程的深刻变革,需要各部门相互配合、协同推进,体现改革的整体性和系统性。一是强化各部门之间的业务协同。基于对当前改革实践的观察,由于缺乏有效的联合机制和渠道,部门之间的协同力度还不大,需要强化信息推送,深入推进跨部门、跨层级联合机制,形成工作合力。二是强化各部门间的信息集成。实行"一业一证"改革后,政府必须建立部门协同、信用信息共享等机制,借助于大数据、人工智能等新技术,将分散在各部门的政务信息资源纳入统一的信息共享库,为推进协同审批、加强事中事后监管做好信息支撑,同时上下层级之间相关数据系统无缝对接,提高市场主体办事便捷度,实现政府零距离服务供给。

(三)抓住增强企业和群众对改革的获得感这个关键

市场主体的感受度是衡量改革成败的重要标准。浦东"一业一证"改革试点的成功经验之一就是尊重企业自主经营的权利。从"先照后证"到"证照分离"，改变了"先证后照"时期企业无所适从的状态，尤其是推进审批服务便民化，极大提高了办证效率。但对于一些关系群众切身利益的行业，政府部门需做好主动跨前的行政指导服务。"证照分离"改革制度设计的初衷，就是要解决企业办证难的问题，对政府职能是否到位进行再审视。"一业一证"的内涵不是对若干许可证简单的物理叠加，而是以企业便捷高效办成"一件事"为目标，以"一张行业综合许可证"来提升行业的准入便利度。因此，后续改革仍要持续回应企业实际诉求，与"一网通办""一网统管"等审批服务便民化措施紧密结合，把"一业一证"改革从政府管理角度真正转向以企业便利度为本位，让更多行业和群体切实受益。

（四）抓住在法治轨道上推进改革这个关键

"一业一证"改革涉及审批流程再造和监管制度创新，在全国和各省、市层面均无直接的法律依据支撑，为此，需要根据改革情况适时修改完善有关法律法规。比如，山东"一业一证"改革试点经验虽然被纳入《中国营商环境报告2020》一省份一案例和国务院办公厅深化放管服改革典型案例，但也面临着一些亟待解决的问题。如在市场主体端，存在着综合许可证在外省的效力问题，即跨省互认的问题；在政府端，存在着行政审批部门的法律地位、法律责任不明确的问题，即行政许可法定赋权的问题等，亟须在深化改革的过程中加以解决。

从表面上看，"一业一证"是行政许可由"多证"变成"一证"。实质上讲，"一业一证"是以优化营商环境和激发市场主体的活力为主线，紧紧抓住业务流程的革命性再造，实现管理理念和服务方式的重大改革创新。具体表现在两个层面：

一是从企业角度出发，可以明晰企业经营所需的各种经营许可，尤其是一些涉及不同审批层级的行政许可。如，浦东公布的首批 31 个试点行业就有涉及市级事权和国家事权的事项，以实施主体和责任主体为原则，这些上级政府部门受理出证的事项，原本不属于本级公布办理的范围，而实施了"一业一证"改革后，一单告知就能彻底解决由于管理层级造成的信息分散化问题。

二是从政府部门来讲，倒逼政府服务理念的管理模式发生转变，把更多行政资源从事前审批转到加强事中事后监管，引发政府刀刃向内的自我革命，最终的目的就是要构建现代化市场监管体系。

需要说明的是，本章试图通过对浦东"一业一证"的案例研究将系统集成改革的概貌特征囊括其中,难免存在以"一管窥全豹"的限制性,还需要后续持续的跟踪观察。但毋庸置疑,浦东"一业一证"作为系统集成改革的典型案例,是对长期以来形成的审查办证体系进行的改革攻坚,也是浦东多年以来一直坚持的改革逻辑与方向。展望未来,浦东将着眼于改革系统集成、协同高效的发展新格局,在继续深化"一业一证"改革的基础上,不断强化部门协同,探索各项改革的主体集成、过程集成、要素集成,创新政府服务管理方式,为企业提供全生命周期的服务,提高改革的系统性、整体性、协调性,努力打造系统集成服务引领区。

参考文献

曹胜:《证照改革的实践逻辑与政策过程》,《中国行政管理》2021年第9期。

陈振明:《全球政府治理变革浪潮的回顾与反思——了解政府改革与治理的区域类型》,《公共管理与政策评论》,2021年第4期。

高卫红、曾文婷:《市场监管领域"一业一证"改革探索——以厦门"一业一证"改革为例》,《中国市场监管研究》2022年第4期。

彭云:《"证照分离"改革:历程、分类与推进思路》,《中国市场监管研究》2021年第2期。

《上海市浦东新区深化"一业一证"改革规定》,2021年9月28日上海市第十五届人民代表大会常委第三十五次大会批准。

俞晓波:《"放管服"改革需多方合作协同推进》,《社会科学报》2021年7月29日,第3版。

第五章 浦东新区医疗机构对外开放

【摘要】全球高端医疗服务业发展成为大势所趋,浦东拥有通过开放促进高端医疗发展的机遇。近年来,国家和上海市不断出台文件,加快医疗服务业开放步伐,提供有力开放政策支持。本章从股权结构、地理区位、机构种类、患者来源等方面梳理了浦东医疗机构对外开放的现状与特征,并探讨了浦东外资医疗机构发展在市场准入、床位设置要求、设备配置、进口药械、人才发展、医院评级等方面所面临的瓶颈与挑战,最后提出了相应对策建议。

【关键词】外资;医疗机构;对外开放;医疗服务业

一、浦东新区医疗机构对外开放的背景

(一)全球高端医疗服务业发展的经验

世界银行资深经济顾问 Shahid Yusuf 曾指出,纽约、伦敦、东京这三大全球城市的就业与繁荣的驱动力主要来自包括医疗行业在内的生产性服务业。美国波士顿地区汇聚了全美顶级医疗资源,健康服务产业是其第一支柱产业,就业人数占就业总人数约30%,每1000人口中医生数量高达16人(上海该数据为3.2人),在创造高端就业岗位和贡献税收方面具有其他产业无法比拟的绝对优势。

另如,新加坡凭借其尖端医疗技术、先进医学检测设备以及优质医疗服务,逐步发展成为利润丰厚的新兴医疗市场。新加坡已有13家医院和医疗机构获得国际联合委员会品质认证(JCI),占获得认证的亚洲医疗机构的1/3。新加坡的医疗保健业已跻身世界一流水平,2019年前每年前往新加坡求医问诊的人数超40万人。

（二）浦东通过对外开放，促进高端医疗发展的机遇

随着浦东经济高质量发展的持续推进，医疗服务业也向更高水平迈进。浦东始终是上海开放先行者，党的十八大以来，从自贸试验区到临港新片区、再到引领区，浦东坚持以制度创新为核心，全面深化改革开放，为上海和全国的改革探索新路、积累经验。因此，浦东应勇当更高水平改革开放的开路先锋，率先加快发展高端医疗服务业。

上海作为拥有近2500万常住人口的特大型城市，人口结构和医疗服务需求均呈现多样化、复杂化格局，单一的公立医疗系统显然不能满足庞大的多元化市场需求，各种专业细分领域的高端医疗机构在上海都拥有一定市场空间。早在2015年，上海高端医疗服务需求便已达到165亿—186亿元。

外资医疗机构作为中高端医疗服务的重要提供者，其目标客户包括本土居民、在沪境外人士甚至海外患者等。上海外资医院凭借优良的就诊环境、软硬件设施和服务质量，吸引着来自长三角、全国各地甚至世界各国的患者。2019年前，在和睦家等外资医院的患者中，1/3以上为外籍或港澳台人士。

外资医院不仅成为上海抢滩全球高端医疗市场的重要参与者，还发挥了吸纳和借鉴国外先进技术的连接功能。例如，上海和睦家医院与美国斯坦福大学露西尔帕卡德儿童医院等机构实行合作；上海永远幸妇科医院复制日本总院的基本模式，将集团在全球近30年的诊疗经验引入上海等。

（三）浦东医疗机构对外开放的政策支持

近10年来，我国医疗机构对外开放的力度和维度得到全面提升。有关外资医院放松市场准入、放宽股权结构限制、加强社会基本医保对接等政策的全面出台，反映了我国在医疗服务业领域坚持高质量高水平开放的基调与立场。上海也依据中央文件，出台大量地方性法规和规范性文件，如2013年出台的《关于进一步促进本市社会医疗机构发展实施意见》、2018年上海"健康服务业50条"、2018年上海"健康服务业50条"、2019年新虹桥"十条新政"等，不断推进中央精神的落地。上海还充分发挥和结合自身在自贸区建设、国际医学园区等方面的优势，在社会办医政策上积极先行先试，不断突破束缚外资医疗机构发展的政策瓶颈和制度障碍，有效推动了上海和浦东医疗机构的高质量高水平对外开放。

此外，浦东还拥有一些较为独特的政策优势。如2021年上海临港新片区针对境外回流高端人才，对其超过15%的个人所得税税负部分差额实行补贴。

这对于降低高收入群体的个税税负、吸引境外高端医疗人才具有重要意义，无疑为外资医疗机构的发展创造了有利条件；2021年6月，十三届全国人大常委会审议了《关于授权上海市人民代表大会及其常务委员会制定浦东新区法规的决定（草案）》议案，提出为建立完善与支持浦东大胆试、大胆闯、自主改相适应的法治保障体系，推动浦东新区高水平改革开放，打造社会主义现代化建设引领区，决定授权上海市人大及其常委会根据浦东改革创新实践需要，制定实施浦东新区法规。"立法权"赋予了浦东改革、探索的更大自由空间，也有利于医疗卫生领域更及时地破除制度障碍和瓶颈，加快制度创新，减少医疗机构对外开放的阻力。

二、浦东新区医疗机构对外开放的现状与特征

随着上海居民收入水平的不断提高和人口老龄化程度的日益加剧，医疗健康领域消费市场急剧扩大。显然，以公立医院为主体的医疗服务体系已难以满足市场多层次、多元化需求。浦东新区积极引入以中高端医疗服务为主的外资医疗机构，形成了国际化、特色化、高水平的一系列机构品牌。截至2023年5月，全市共有32家外资医疗机构，其中9家位于浦东新区，占比高达28%（见图5-1），位于各区之首，扩展了浦东高端医疗服务市场的供给容量和规模，丰富了上海医疗机构发展的多样化格局。

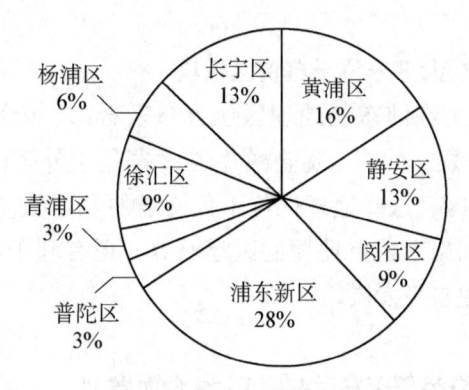

图5-1 2023年上海外资医疗机构的区域分布

资料来源：上海市卫健委网站，https://wsjkw.sh.gov.cn/fwjg/20180601/0012-55887.html。

作者通过走访调研上海和睦家医院、永远幸妇科医院、莱佛士医院等外资医疗机构,了解其发展现状与特征、瓶颈和挑战,并在此基础上提出政策建议。

(一) 股权结构:以港资合资为主

截至 2023 年 5 月,在浦东外资医疗机构中,中外合资(包括港澳台与非港澳台资)的医疗机构共有 6 家,占比达 67%。其中,港资与境内合资 4 家,中日合资 1 家;外商独资医院共 3 家,其中港资独资医院为上海莱佛士医院和上海东方联合医院,非港澳台独资医院为日资永远幸妇科医院。在 6 家合资医疗机构中,4 家外资持股比例为 70%,1 家外资比例为 55%,1 家外资比例为 21%。

表 5-1　浦东新区外资医疗机构注册登记类型及数量占比

类型	数量	占外资医疗机构比重
中外合资(不含港澳台资)	1	11.11%
港澳台与内地合资	5	55.56%
港澳台独资	2	22.22%
外商独资	1	11.11%

资料来源:外资医疗机构类型数量数据来自上海市卫健委网站 https://wsjkw.sh.gov.cn/fwjg/20180601/0012-55887.html;注册登记类型及各资金持股比例来源于企查查 App。

(二) 地理区位:大部分位于自贸区板块

从外资医疗机构在浦东的地理区位分布来看,大部分位于自贸区板块。其中,4 家位于经济发达的陆家嘴金融片区,2 家位于外高桥保税区片区,1 家位于前滩的世博片区。这些地理区位不仅交通便利,周边生活和商业设施齐全,有利于为居民和患者提供便捷的医疗服务。还有利于医疗机构利用自贸区的政策红利,加快自身发展。

(三) 机构种类:类型丰富,综合与专科全面发展

从机构类型来看,浦东新区外资医疗机构的发展呈医院与门诊、综合与专科全面协同发展的格局。截至 2023 年 5 月,在浦东外资医疗机构中,医院 6 家,约占总数的 67%;门诊部 3 家,占 33%。综合性医疗机构数量 6 家,专科

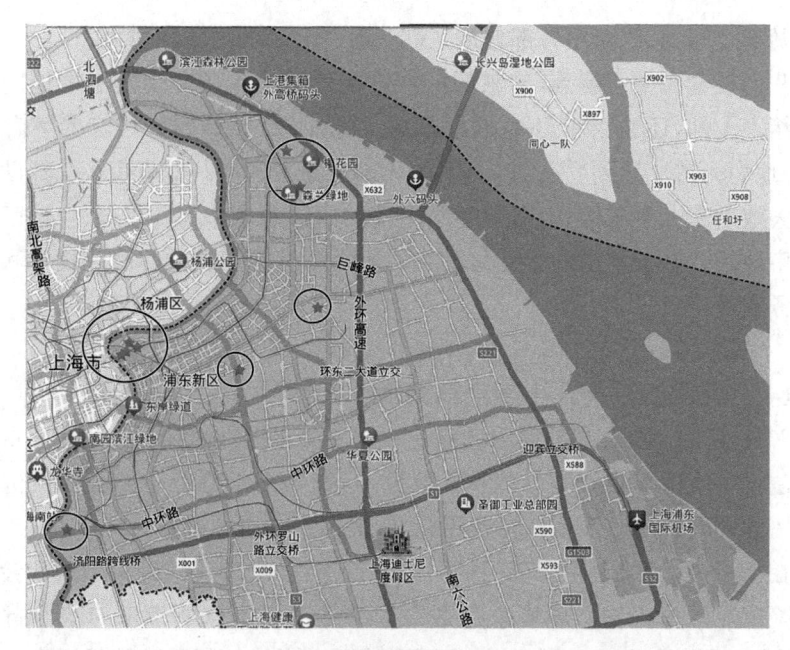

图 5-2 浦东外资医疗机构的地理区位分布

资料来源：https://map.baidu.com/search/。

机构 3 家，其中专科机构涵盖了妇产、眼科、口腔等热门领域，包括永远幸妇科医院、德视佳眼科门诊部、品众口腔门诊部。

表 5-2　浦东新区不同类型外资医疗机构的数量及占比

类型	数量	占外资医疗机构比重
综合医院	5	55.56%
综合门诊部	1	11.11%
专科医院	1	11.11%
专科门诊部	2	22.22%

资料来源：上海市卫健委网站 https://wsjkw.sh.gov.cn/fwjg/20180601/0012-55887.html。

（四）患者来源：根植本土，辐射全国

上海作为中国医学技术水平最发达的城市之一，在全国医疗领域有着举足轻重的地位和影响力，对外省市（尤其是欠发达地区）的患者有着较大的吸引力。因此，上海医疗机构的服务对象人群不仅局限于上海，而是涵盖整个长

三角乃至全国,甚至对国外部分地区都有着一定影响力和辐射力。

我们在调研中了解到,浦东新区外资医疗机构除服务生活于本地的居民和外籍人士外,还为大量外地患者服务。例如,永远幸妇科医院的患者群体中,外地病人占比达到60%左右,其中大部分是在国内其他省市接受辅助生殖治疗失败后来上海求医;上海和睦家医院的门诊患者中有15%来自长三角的外省市地区。患者来源的多元化反映了外资医疗机构过硬的医疗技术和较高的服务质量。

(五) 医保定点:接入社会医保,深耕本土市场

2018年,上海推出"健康服务业50条"(《关于推进健康服务业高质量发展加快建设一流医学中心城市的若干意见》),鼓励高水平社会办医疗机构参照公立医院同等价格政策或病种费用标准,提供基本医疗服务。

在上海市医保、卫生等部门的大力支持下,一批外资医院被纳入社会办医疗保险定点医疗机构。外资医院更看重的是医保定点所带来的政府背书意义,而非医保资金本身。同时,社会医保的引入亦使外资医院的目标客户由原来覆盖面较窄的外籍人士等高端人群向更多普通医保用户拓展,使其社会知名度和接受度都大幅提升。目前,浦东地区外资医疗机构中,仅有阿特蒙医院被医保纳入,结算等级为二级医院。

三、浦东新区医疗机构对外开放面临的问题

本课题组通过走访调研上海和睦家医院、永远幸妇科医院、莱佛士医院等外资医院,发现目前仍存在诸多束缚和制约外资医院发展的制度瓶颈。因此应对标国内外先进经验,对相关制度与政策尽快加以调整,满足外资医院发展的需求,加速浦东高端医疗服务业发展。

(一) 市场准入方面的政策障碍

外资医疗机构在市场准入环节仍存在一定障碍。近年来,上海市和浦东新区政府致力于打造更高水平的市场化、法治化、国际化的营商环境,努力建立更加公平公正公开的市场环境,加强对外商投资合法权益的保护。在外资医疗机构的准入审批方面不断试点、改革,社会办医的政策也朝着更透明、更公开的方向发展。政府不断减少审批层级,大幅缩短审批时间,节省市场准入

成本，100张床位以下外资医疗机构设置的审批权已下放至区级政府层面。原则上，100张床位以上外资医疗机构的设置不受政府规划限制。

然而，从与国际接轨的政策水平来看，政府在外资医疗机构市场准入审批的政策透明度、稳定性和一致性等方面仍需提升。具体而言，在市场准入的具体细则向社会及时充分进行公开方面，行政效率还有待提高；准入政策在一定时期内保持相对制度化和稳定性方面，仍存在进步空间。无疑，这些政策局限性给外资医疗机构的市场准入带来一定障碍和困扰。

(二) 较高的床位设置要求制约了医院业务开展和科目发展

当前，外资医疗机构在开展诊疗业务和申请新增临床科目时，面临较高的床位设置要求，达到这些要求存在一定困难。例如，很多外资医院已具备开展四级小儿外科/妇科内镜诊疗的技术能力，但难以满足"必须拥有10张专用床位/至少60张妇科床位"的规定，因此无法开展此类业务。此外，新增科目申请亦需具备一定数量的专用床位。例如，新设神经外科、心血管外科都需要配备10张专用床位，这对于空间规模受限的外资医院而言，无疑形成了较大发展瓶颈。

实际上，此类规定是参照公立医院的床位规模制定的，在实践中难以适用于床位规模有限的非公医疗机构，因此对部分外资医院形成了较大的发展障碍。

(三) 医用设备配置准入方面仍面临较大障碍

近年来，国家和上海卫健委、发改委等部门出台诸多文件，提出对社会办医乙类大型医用设备配置实行告知承诺制，推广上海自贸区社会办医疗机构乙类大型医用设备管理模式，优化设备配置准入管理制度。然而，外资医院普遍反映，在医用设备配置准入方面仍遭遇各种障碍、困难重重，政策实际落地困难、执行不畅。当前，上海乙类医用设备的额度配置规则为公立与非公医疗机构共同竞争获取。由于额度竞争重点参考医院业务量、专业水准等指标，因而对外资医院较为不利。很多医院也因未获得额度而被迫闲置已购置设备。

值得借鉴的是，2021年4月深圳出台《关于加快推动医疗服务跨境衔接的若干措施》，探索取消社会办医疗机构乙类大型医用设备配置规划及配置许可，并实行备案管理，此举值得上海学习效仿。

（四）进口药械的准入和开展先进临床研究通道仍未畅通

目前，国内新药新耗材审批已大大加速，但与国外药械市场仍未能保持同步。我们调研了解到，上海在进口药械的准入方面至今未取得实质性突破。外资医院的患者有使用国际领先治疗手段的迫切需求，但上海地区大部分医院仍无法使用在国外上市的药品和医疗器械，严重影响了境外患者对择期疾病治疗的选择。在先进临床研究通道方面也面临梗阻，如受限于对于CAR－T治疗的机构准入限制，目前部分外资医院虽已具备了开展治疗的软硬件条件，但尚未能展开临床实践。

在此方面，海南博鳌、深圳等地已走在全国前列。2021年9月海南出台文件，支持公众及时使用临床急需进口药品和医疗器械，简化进口申请流程、支持电子化通关、鼓励临床使用。香港大学深圳医院作为"港澳药械通"的首个试点机构，已引进至少13种临床急需进口药品和4种进口医疗器械，其中包括恩曲替尼、劳拉替尼等全球抗癌新药，推动了肿瘤治疗从传统的"部位治疗"迈入"基因治疗"。

（五）人才发展方面遭遇制度瓶颈

人才是外资医院发展的核心竞争力。然而，由于我国在医师执业资格认定、专业科目设置和职称对接等方面，与境外体制的衔接与互认存在不足，导致外资医院在人才发展方面仍遭遇一些制度障碍与瓶颈。

一是诊疗专业和科目的执业认定上境内外体制衔接不足。首先，根据现行政策规定，一名医师只能选择一个类别（及下属专业）作为执业范围进行注册，并从事执业活动，不得跨科执业。但境外部分医师可能同时拥有2个以上执业资质，如部分医院的外籍医师同时拥有内科、外科行医执照，但无法在本地同时注册这两个执业范围，因此限制了其专业能力的发挥。其次，由于境内外在医学科目设置上存在差异，部分外籍医师获得执业许可的路径尚不明确。例如，和睦家医院拥有优秀的非精神科临床心理师，但无法开展此项诊疗业务；一些外资医院中，来自非境内的医护技及管理人员在执业路径上仍不明确，如外籍护士、康复专业技师、整脊师等。他们无法正常参与临床诊治和管理工作，大大限制了其积极性和事业发展。

二是境内外职称资质对接通道尚未完全打通。境内医师分为住院医师、主治医师、（副）主任医师三档职称，这种职称体系与境外差异较大。由于缺乏对接机制，境外获得资质的医师在本地执业过程中遭遇重重困扰，有的甚至严重影响了其业务开展和事业发展。首先,本地患者较为看重外资医院医师的职称等级,却对境外等级体系不甚了解。例如,境外的顾问医师(consultant)相当于本地高职级的主任医师,但在本土患者中的知晓性和认可度并不高;其次,资深外籍医师因无相应职称无法开展相关工作,如住院查房、申请备血量等均需一定职称级别以上医师才可执行。

值得参考借鉴的是,2019年粤港澳大湾区对具备条件的港澳医师直接认定内地医师资格;2021年8月,深圳首次为香港大学深圳医院37位港籍知名医生直接认定颁发正高级职称证书,为港籍医生获得手术和科研教学项目资质等方面提供了便利,打破了两地执业壁垒。

(六) 医院等级评定的政策空白

外资医疗机构在等级评定上仍存在制度空白。根据我国《医院分级管理标准》,医疗机构等级分为三级,每级再划分为甲、乙、丙三等,其中三级医院增设特等级别,共分为三级十等。从全国范围来看,当前仅有天津、上海、西藏、青海和宁夏没有对非公立医院进行分级,上海在此方面显然已落后于大部分省市。

医疗机构等级评定具有十分重要的意义。一方面,有利于政府在规范的框架下实施监管,对不同级别的医疗机构提出相应的科研方向、人才技术力量、医疗硬件设备等资质要求;另一方面,外资医疗机构也可根据自身机构级别,做到对标自查、实现有章可循。此外,还有利于高等级医疗机构加强对外宣传,扩大其市场影响力。我们调研了解到,外资医疗机构评级制度的缺失还给外资医疗机构的发展带来其他一些不利影响。如很多医疗技术的准入及医疗行为的许可都要求医院具有一定级别资质,而外资医院由于缺乏等级认证,无法获取相应资质,因而与公立医院处于不对等竞争地位,限制了外资医院的发展空间,不利于其发挥对公立医院的有益补充功能。

(七) 不能设置分支机构加重了医院的投资和税负成本

根据相关管理办法规定,外资医疗机构不能设置分支机构,集团内部子机构只能以独立法人申请设置,这对于企业的经营成本和效率都造成了较大的负面影响。其一,新机构申请设立的审批程序过于复杂、限制种种,提高了外资医院的投资成本,同时也影响了外资医院的经营效率;其二,合资医疗机构的同一品牌经营范围内的所有医疗机构作为独立法人,均需独立纳税,因而降低了其财务回报,削弱了医疗机构现金流表现,冲击了外资医院落地发展的意愿和热情。国际上多数国家通行的做法是同一实际控制人范围内多家公司采用合并纳税的方式。

四、提高浦东新区医疗机构对外开放水平的思路

浦东新区可大力培育具有国际竞争力的高端医疗服务业,并有望使其成为区域发展的重要名片。在后疫情时代,浦东高端医疗产业将迎来更大发展机遇,应鼓励和支持外资医院的发展,突破其发展瓶颈与束缚,对标境内外先进制度和经验,由此才能吸引更多跨国医疗机构前来投资兴业、开展全球化战略布局,为浦东新区城市能级和核心竞争力的全面提升作出贡献。

(一)完善市场准入方面的监管政策

全面提高政府治理能力和监管水平,增强改革创新意识和服务意识,将医疗机构的对外开放作为上海高端服务业对外开放中的重要一环,不断优化外资办医营商环境。在全面防范医疗行业开放风险、坚守人民群众生命健康安全的前提下,尽量将审批和监管环节后置,避免在市场准入环节"误伤"行业优质竞争者。进一步提升审批和监管政策的公开透明度、稳定性和可预期性,全面加强行业开放框架的清晰度和可操作性。

(二)根据实际情况放宽床位设置要求,支持医院业务开展

从外资等非公医院的运营现状和特征出发,调整大部分医院难以达到的一些床位设置要求规定,改变将床位数量作为业务开展和科目拓展的硬性考核指标,更注重专业技术能力等其他核心软实力的考察。同时,在保证患者健康安全的前提下,允许外资医院多科室共享床位的做法,支持其提高运营效率。

(三)优化医用设备配置审批制度,畅通设备准入环节

一是简化审批流程,缩短审批时限,减少人为因素对审批结果的影响,切实贯彻中央和上海有关政策文件要求,对社会办医的医用设备配置申请给予公平参与竞争的机会。二是学习深圳等地经验,探索取消社会办医疗机构乙类大型医用设备配置规划和许可,实行备案管理。同时对相关部门的审批工

作绩效展开考核,并畅通非公医疗机构有效申诉渠道。

(四) 推动更广泛获取药械进口权,加快诊疗手段的国际化接轨

一是积极向中央申请更大范围的先进医疗药品和器械的进口权,提高外资医院与国际治疗手段的同步性。参照海南博鳌、深圳等地的经验,试点允许国际医疗旅游机构使用境外上市新药和医疗器械(如抗癌新药等),以及开展先进的临床研究(如 CAR-T),使医疗服务与国际更快接轨,满足复杂疾病的先进技术治疗需求。

二是参考博鳌模式制定相关政策,进行零星非上市医疗器械的准入,以此吸引更多境外患者来沪就诊。此举也能获取更多临床数据,推动外资医院科研发展。

(五) 调整相关人才制度,激励人才充分发展

一是放宽对医师注册和执业范围的限制,加强境内外诊疗专业对接。在维护患者健康安全的前提下,允许医生多专业注册、多范围执业,给予外资医院人才更大的发展空间。针对当前执业许可路径尚不明确的岗位和专业,通过客观公正、多方共议的方式,予以规范和明确,尽快对符合条件和资质的医疗技术人员给予官方执业许可,保障其开展相应医疗业务的权利。

二是畅通境内外职称对接通道。出台创新性举措打破壁垒,加强境内外职称的对接机制,为境外医生顺利执业和业务开展提供便利。可参考粤港澳大湾区的经验,直接对外资医院中执业的高职级医疗人才进行官方认定,为其颁发高级职称证书。

(六) 建立外资医院等级评定机制

应加快推出对外资等非公医疗机构的等级评定制度,填补上海外资医疗机构在等级评定上的制度空白,扭转上海在此方面落后于大部分其他省份的局面。完善相关规定,更好地体现政策改革的与时俱进,使外资医疗机构可根据自身机构级别,做到对标自查、实现有章可循。同时,还有利于实力较强的外资医疗机构加强对外宣传,扩大其市场影响力。

(七) 探索允许外资医院开设分支机构,降低其经营和税负成本

探索允许外资医院开设分支机构,改变当前合资医疗机构同一品牌经营范围内所有机构需独立纳税的现状,借鉴国际上多数国家通行的同一实际控制人范围内多家公司合并纳税的模式,从而吸引更多大型国际医疗品牌入驻浦东。

参考文献

上海市统计局:《2020年上海市国民经济和社会发展统计公报》,2021年。

上海市统计局:《2021年上半年上海市国民经济运行情况》,2021年。

上海市统计局:《上海统计年鉴》,中国统计出版社2019年版。

上海市卫健委:《上海市外资医疗机构》,https://wsjkw.sh.gov.cn/fwjg/20180601/0012-55887.html,2023年11月16日。

上海市医保局:《医保定点医院查询》,http://ywtb.sh.gov.cn:18018/ac-product-net/YBYYQuery/index.do,2023年11月16日。

徐崇勇、许明飞、康琦等:《上海市国际健康旅游发展策略研究》,载上海市卫生健康委员会等组编《上海卫生健康政策研究年度报告(2019)》,科学出版社2020年版。

第六章　浦东新区健全完善国际化社区治理

【摘要】在实地调研和综合分析浦东国际化社区发展和治理现状以及人口国际化趋势的基础上,梳理国际化社区治理在居民个体、社区服务和城市环境等不同层面存在的问题,并从发展导向、开发周期、开发时序及融合趋势等方面展开理论思考,提出进一步提升治理能力的对策建议:明确发展目标、强化治理创新;搭建枢纽平台、整合多方资源;优化社区规划设计,营造近悦远来的城市氛围;运用技术赋能,强化精准服务;拓展境外人员服务站功能作用。

【关键词】国际化社区;人口国际化;国际人才;社区治理

"十四五"期间,浦东加速打造"社会主义现代化建设引领区",必将面临国际人才发展和涉外综合治理等方面的机遇与挑战:一方面,国际人才为浦东建设"五个中心"核心区提供有力支撑;另一方面,国际移民对浦东社会服务能力与社区治理水平提出更高要求。后疫情时期,境外人员来沪数量逐渐恢复,应在实地调研和综合研判基础上,增加政策供给、强化制度创新,助力国际化社区提升治理能力和水平,以实现"近者悦,远者来"。

一、浦东新区国际化社区的发展现状

(一) 国际化社区历经二十多年发展,已成为浦东开发开放的一张特色名片

20世纪90年代中后期,为配套金桥出口加工区、花木行政文化副中心建设,相继开工建设碧云国际社区和联洋-花木国际社区,均引入"社区规划"理念,突出生态理念,布局大型开放绿地,设施配置更具有针对性,如外籍人员子女学校、国际医院(诊所)、各类宗教场所等。

2000年以来,随着内、外销房政策并轨,浦东涌现出大量高标准、国际化、

生态型国际社区,如东和公寓、森兰国际社区、康桥国际社区、唐镇国际社区等,为境外人口和境内中高阶层人士提供高质量居住空间,并呈现出境内外人士社区融合的新趋势。

表 6-1　　　　　　　　浦东代表性国际社区基本情况

社区	碧云社区	联洋社区	花木社区	东和公寓
设立时间	1997 年	1999 年	2004 年	2005 年
背景	金桥开发区	城市副中心	城市副中心	陆家嘴金融城
面积	400 公顷	200 公顷	200 公顷	5 公顷
容积率	1.0	2.0	2.0	1.7
特征人群	欧美	欧美	欧美	日本
配套设施	国际学校、教堂、商业综合体 星级酒店、高尔夫球场			日本人学校 日式商店、诊所

(二) 近年来浦东已开展一系列实践,积极探索国际社区治理新模式

一是以服务促管理,不断开拓国际社区治理新局面。依托家门口服务站建设,实现"三驾马车"协同治理居民区管理难点,同时整合属地社会资源,推进多元主体参与治理,在"润物细无声"中发挥党建引领作用。二是模式创新,设立境外人员服务站。2012 年首创于联洋国际社区并逐渐推广至全区、全市的境外人员服务站,通过对境外人士的全过程服务,解决了以往管理中存在的信息不全、管理断层等问题,同时有利于加强涉外管理,得到受众欢迎和社会认可,成为国际社区治理的新模式。三是专业支撑,培育具有鲜明特色和特长的涉外社工队伍。近年来,陆家嘴、花木、金桥配备了具有多种语言交流能力的涉外社工,这一群体既有出色的语言沟通能力,又逐渐积累国际化社区管理服务经验,综合素质高、业务能力强、办事效率高,有力提升了国际社区治理能力和水平。

(三) 新时期特别是百年未有之大变局叠加疫情因素,浦东的人口国际化呈现若干新趋势、新格局

人口普查数据显示:(1)境外(含港澳台)人口规模,浦东新区占比约为全市的 1/5,花木、陆家嘴、张江、金桥、潍坊、塘桥、康桥、洋泾等街镇的境外人口占全区的比重接近九成,集聚特征显著。(2)浦东新区的境外人口按来华目的分,主要包括商务、就业(含高端制造业和研发)、学习、定居、探亲等,其中商务、就业分别占 20.06% 和 28.81%,二者合计约占一半比例。(3)境外人口按照居留时间,一年以下的占 23.25%,一年及一年以上的达到 76.75%,其中,2 年到 5 年的占比最高。同时考虑居留时间与来华目的,就业人群在浦东占比最高且居留最稳定。

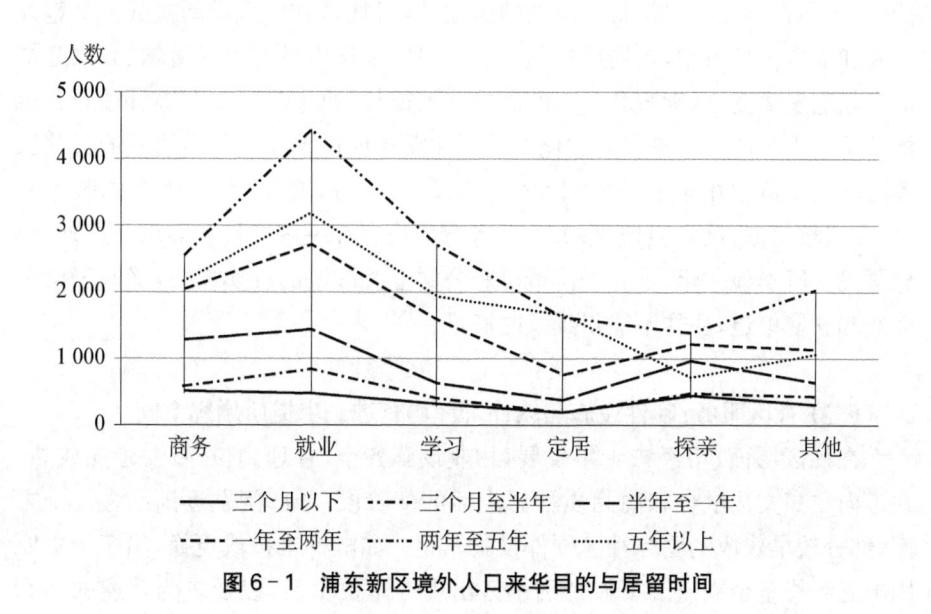

图 6-1 浦东新区境外人口来华目的与居留时间

据 2020 年第七次全国人口普查数据,浦东新区境外人口总数 33 964 人,与第六次全国人口普查(简称"六普")期间相比,减少 11 475 人。其中,港澳台人口 11 860 人,对照"六普"数据(11 736 人),有小幅度增长;外籍人口 22 104 人,比"六普"数据(33 703 人)显著下降 34.42%。以欧美人士居住为主的金桥碧云国际社区为例,2018 年末登记境外人口约 8 000 人;2022 年 6 月,登记境外人口约 3 400 人,流失率超过 50%。后疫情时代如何保持对国际人才的持续吸引力、提升城区发展的黏性和韧性,值得浦东深入思考并精准发力。

二、浦东新区国际化社区的治理困境

(一)外籍居民:集聚性、流动性和异质性带来服务和管理难度

在个体层面,浦东的外籍居民以欧美日韩人士为主,受教育程度较高、经济条件相对较好,居民自主性高,比较注重隐私,维权意识强,居民间存在文化差异,总体上能够和谐共处。与此同时,这些居民也给服务和管理带来挑战。一是高度集聚产生的隔离效应。数据显示,浦东容纳80%境外人口的105个居委里,中国人数量仅占其总量的10%(户籍人口和来沪人员分别为8%、2%),其隔离程度不低于欧美城市的群体差异,由此造成的社区参与度总体较低,社区融入不足。二是日益增加的流动性,对社区管理提出新挑战。受签证影响和成本预算限制,短期项目制(如三个月)来华人员数量显著增加,家庭结构也相应发生变化,别墅和公寓的需求此消彼长,业主与居委会等管理服务机构关系较为疏离。三是多元文化的异质性需求值得关注。外籍居民的公共服务需求主要集中在亲子教育、社区活动、家政服务、文化活动、体育休闲等方面,在宗教信仰、饮食、日常事务办理等方面也存在一些个性化需求。此外,部分居民了解本地文化、社会经济情况和公共卫生政策的现实需要,受制于语言障碍和获取渠道,往往不能得到及时满足。

(二) 社区服务:硬件设施与软件管理均有进一步提质增容空间

在社区层面,历经二十年发展,物业设施齐全、管理到位,日益走向成熟。在迈向更高文化融合和高品质社区生活的新阶段,局部问题逐渐凸显。一方面,部分较早建成的国际社区硬件设施老化。如电梯维护或更换,出于历史原因缺乏维修基金支持。又如个别小区出现停车位不足,以及较为普遍的违章搭建、违规经营等问题。另一方面,管理资源和措施还有待进一步整合和优化。以外籍人员租进/退租登记为例,出入境管理部门及其派出机构(服务站)与居委会之间,目前尚存在信息不联网、不共享,各自统计和多头填表的问题,消耗了大量基层治理资源,且易造成实际登记底数不清的困境。此外,境外人员服务站工作人员(涉外社工)属于外语专业人才,目前的激励机制和津贴额度,与其市场价值尚有差距,不能很好地稳定队伍并充分发挥其才能。

(三) 城市环境:在空间结构和细节营造上尚有差距

在城区尺度,浦东历经三十多年开发开放,已基本建成功能集聚、要素齐全、设施先进的现代化新城,但与纽约、伦敦、巴黎、东京、新加坡、香港等国际化大都市甚至浦西中心城区相比,在空间结构和城市微观治理上,均有不小的差距。一是街坊和道路尺度偏大,适宜车行而不宜步行,"车轮上的城市"尤其不利于培育社区商业氛围,进而影响日常人际交流的频率和深度。二是国际化氛围和"国际友好型"设施有待提升:主要大型公共设施甚至境外人士办事场所,尚缺乏外语指示牌或设置不准确清晰;绝大多数常用政务和生活类 App 只有中文版而无英语版或其他语种。三是夜间市场发育不足,尤其与黄浦、静安、徐汇、长宁等中心城区相比,在休闲娱乐场所配置、商业设施的品牌布局、节庆活动、内容营销等方面存在不小差距,以至于一部分本来居住在浦东国际社区的外籍人士,下班后需长距离跨江休闲娱乐,进而移居至浦西生活。

三、浦东新区国际化社区的发展趋势

(一)发展导向:政策引才与环境引才并举

区域与城市之间竞争的根本在于人才,海外高水平人才更是争夺的焦点。新时期,面对周边城市和地区的"抢逼围",浦东人才战略面临选择:拼重金还是拼环境?政策引才还是环境引才?上海市第十二次党代会报告提出"营造高品质人才生态",其核心并不在于水涨船高、随波逐流地加码人才政策,而是摒弃"给钞票、给房票"的要素投入模式,倡导"做环境、做氛围"的城市品质提升模式。唯有如此,才能最大限度地优化营商环境,吸引国内外人才和境外人士长期居留。

有鉴于此,《关于新时代浦东新区全面推进社会主义现代化建设引领区人才发展的实施意见》所体现的鲜明的"人才新政"亮点有三。一是引领。在中国永久居留证的推荐办理上,强调加快实施外籍高层次人才永久居留推荐"直通车"制度,实施范围从自贸区扩展到浦东全域,并拓展至集成电路、生物医药、人工智能等紧缺岗位。二是精准。实行梯度保障的人才公寓和租房补贴政策,根据居住偏好提供不同类型的人才公寓房源。三是便利。优化海外人才出入境、停居留和工作准入的审批制度,建设国际人才驿站,为人才提供创业首站、职业发展首站服务,建设统一的人才安居信息服务平台,汇聚安居房源等。

(二)开发周期:既要逆势而上,也要顺势而为

百年未有之大变局下,要站在构建"双循环"发展新格局高度审视未来中国城市的国际化和国际社区建设。以金桥碧云国际社区为例,1997 年开工建设时,正值亚洲金融危机爆发,金桥出口加工区面临招商、资金等多重压力,原工业区配套生活区项目,升级为以国际化为市场定位的国际社区。与之相配

套,为建设较低密度的公寓、别墅产品,园区主动调整规划,容积率由2.5降至0.78。1999年建成后,迅速成为高端国际社区典范,吸引大量欧美企业高管和高净值人士入住,也开启了金桥从出口加工转向产城融合的新发展阶段。又如,位于临港新城、目前在建的世界顶尖科学家社区,以高校、科研院所、联合实验室为基础,配套科学家公寓、双语学校、国际医疗中心等设施,打造以科创为主题的城市单元,是培育临港新片区和新城建设的重要动力机制,也是上海建设国际科创中心的重要空间载体。

同时也要看到,国际社区的建设和运维,既有赖于政府规划引导,又受到市场机制的深刻影响,要尊重住宅产品的价值规律和生命周期。陆家嘴集团投资建设的东和国际公寓,客群定位为在沪工作居住的日本人。该国际社区在成功运营15年后,因租赁市场形势发生变化,于2020年逐渐退租并转为商品房公开销售。由于其较好的区位条件、配套环境、户型设计,以及建成之日每户均已办理独立产证的优势,深受市场欢迎,得以成功转型。

新形势下,规划建设国际社区,市场定位和产品结构要根据客群特征、家庭结构和居留时间等有所调整。传统意义上的国际社区,境外人口占比较高,例如碧云社区,入住客户以欧美企业高管为主,占比基本在95%以上。近年来,随着经济结构调整、签证制度收紧(客观上限制了部分高技能、大专以下学历境外人才)以及项目制合作方式等,碧云社区的外籍客户比例已下降至50%左右。与此同时,具有国际视野、海外生活经历、高品质环境需求的本地客户,逐渐成为主流消费人群;与之相应的主流产品也由别墅转为长租/短租公寓。

(三) 开发时序:配套设施尤其教育设施先行

在开发时序上,作为国际社区的旗舰项目,配套设施先行,是塑造国际社区品牌、吸引客群入住以及后续良好运维的有效保障。在商业、教育、医疗、文化、体育以及宗教等各类境外人口常用配套设施中,尤应以教育设施为先。一方面,需求调查显示,几乎所有的境外家庭住户,均希望其子女就读国际幼儿园或国际学校,而且国际学校与社区的空间相邻关系(物理距离、可达性、封闭性等)也会影响择居决策。另一方面,浦东的国际化社区开发经验也证实,国际学校分布与境外人口分布在空间上高度吻合,二者呈现出较强的空间关联性。

以金桥碧云国际社区为例。作为碧云社区本体的别墅和商业街项目1999年开工并建成,平和双语学校等教育配套项目早在1997年就先期动工并开门办学。又如前滩，2010年上海世博会后，陆家嘴集团在前滩地区整体开发新兴金融区项目。首批开工的先导性功能项目，即包括与英国合作的惠灵顿国际学校。开发运营上，采取合作分成模式，由陆家嘴集团投资建设校区，英国惠灵顿公学依据实际招生数和学费收入按约定比例分成。此后，陆家嘴集团还采用校区租赁模式吸引上海纽约大学入驻。事实证明，前滩地区在塑造功能、集聚人气、营造商业氛围以及实现土地的高溢价回报等方面取得成功，与"教育设施先行"的规划策略高度相关。

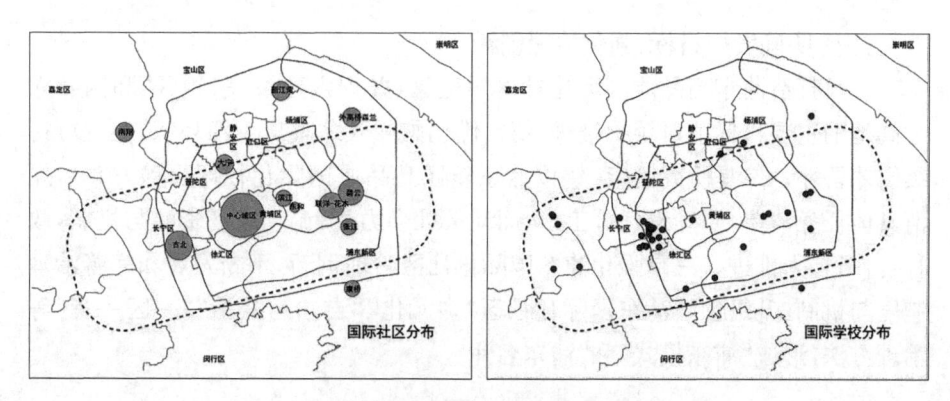

图6-2 上海国际社区与国际学校分布格局

（四）未来趋势：从集聚隔离到多元融合

调研发现，境外人口的择居选择与分布格局，除受到社会网络、就业机会、住房市场等影响，政府主导开发的国际社区才是其空间集聚的决定性因素。浦东以国际社区为代表的境外人口聚居区，是实施开发开放和经济全球化战略的政策结果。后疫情时期，这一政策设计以及实施评估后的逐步完善，仍将在吸引国际人才方面发挥积极作用。

在"全球城市"目标下规划建设国际化社区，是新时期我国大城市实现高质量发展的重要路径之一。建设国际社区以及提供国际化水平服务和设施，是吸引国际人才的有效策略。境外人口"小集聚、大融合"的空间分布格局，对新建国际化社区的规划设计规范、审批流程、审批标准提出新的要求，承认差异性，倡导兼容性，推广普适性，同时还要预防化解一哄而上建设国际社区以及由此产生的空置及金融风险。

同时，也要关注此类国际化空间对地方产生的经济社会影响。当前，我国城市的国际社区规划尚以"门禁社区"为主，空间隔离明显，溢出效应有限。从国际经验看，跨国精英阶层及其社区的兴起，往往加剧了城市的社会极化问题。有鉴于此，应树立建设"人民城市"的价值观，从全体人民的福祉和追求美好生活的需要出发，积极运用空间规划工具和社会治理手段，促进城市公平、融合发展，营造"近者悦，远者来"的高品质国际化住区。

四、浦东新区健全国际化社区治理的主要路径

（一）明确发展目标、强化治理创新

一是打造浦东高品质国际化社区示范区，并列入建设"引领区"和国际人才高地的重要目标项目统筹推进，切实优化国际人才宜居生活环境，促进可持续引才留才。二是研究制定《建设浦东新区高品质国际化社区行动方案》，厘清具体任务清单，明确责任分工，全面动员社会力量，调动市场资源与机制，政社合作，合力推进。三是强化浦东国际化社区治理创新，不断发展和完善治理制度与机制，升级创新浦东国际化社区"多元化""自治与共治""一区一策"等治理方法，形成"浦东模式"和"浦东名片"。

（二）搭建枢纽平台、整合多方资源

在充分发挥浦东新区海外人才局、区人社局、区民政局、上海市公安局浦东分局出入境管理办公室等机构各自职能基础上，集成相对分散的公共服务资源。一是依托"一网通办"网上平台和浦东国际人才港线下空间，开设"一站式、全口径、高品质"的综合服务平台，集合教育、医疗、住房、金融等国际人才全方位、全周期需求的政策资源，形成统一的政策服务平台，实现方便快捷的政策查询和事务办理，通过大数据和云计算技术实现人才政策"一端通查""一键匹配""一网通办"，让政策主动对接国际人才和国际社区居民。二是研究探索设立"浦东国际人才集团"和"浦东国际人才基金"的必要性与可行性。前者可以发挥市场优势，打破体制机制限制，整合人才资源服务资源，更好实现人才要素的高效配置；后者可以通过前期引导资金投入，撬动市场资源，吸引金融机构和社会资本支持人才事业发展。

（三）优化社区规划设计，营造近悦远来的城市氛围

"给钞票、给房票"的要素投入引才模式，要与"做环境、做氛围"的城市品

质提升模式相结合,才能最大限度地优化营商环境,吸引国际居民长期居留。一是打造"缤纷社区""美丽庭院"的"升级版"和"国际版"。在功能上,把以居住为主的传统国际社区升级为以居住为基础、兼顾创意创业的全球化的创意社区、知识社区和人才社区。在公众参与上,通过涉外社工和志愿者等群体,依托"国际议事厅""洋委员工作室""太太服务团"等平台或品牌,吸引国际居民为社区治理建言、参与社区改造。二是实施社区周边道路、环境及设施改造,引导社会机构和市场主体开办展览展示演艺场所、健身场所、个性化博物馆、特色酒吧咖啡店等商业配套设施,进一步营造国际化社区氛围,满足居民多层次需求。三是改造、增设若干高品质、国际化商业空间。借鉴黄浦、徐汇、长宁营造国际化氛围的成功经验,总结浦东滨江大道、红枫路商业街区的探索实践,研究东郊宾馆向周边国际化社区开放部分场地和设施,沿世纪公园跑步道增设夜间消费场所,以及相配套的停车空间改造和人性化管理措施,助力于打造一批高品质、引领型的国际化示范社区。

(四) 运用技术赋能,强化精准服务

一是研发针对国际人才和国际社区居民的生活类、便民式、多语种 App。App 可根据国别、性别、婚姻家庭状况、年龄、职业、居留时间,为使用者定期推送和定制相应的公共服务、就业就医就学以及消费购物信息,兼容微信支付等日常金融服务,并可收集问题查询、服务投诉等供服务部门及时处理反馈。二是印制发放针对居住生活在浦东的国际居民的指南手册,指导其迅速便捷办理出入境手续,掌握保险购买、租房入住、国际学校入学和国际医院就医等生活信息。三是全市率先在"浦东发布"等官方政务媒体对涉外内容进行多语种发布,发布内容紧密围绕与国际居民生活工作密切相关的公共卫生、就业信息、出入境政策、商业商务展会活动等,既贴近需求、服务外籍居民,也展示出浦东对外开放的良好形象。

(五) 拓展境外人员服务站功能作用

一是全面评估和总结境外人员服务站设立、运行十年来的成功经验和当前困境,为该项治理创新的可持续运行提供理论思考、实践支撑和政策支持。二是稳定和发展涉外社工队伍,在角色定位、职责分工、晋升通道、专项津贴等方面加大工作力度,进一步拓展业务范围、优化激励机制。三是以完善"人口登记"为抓手,开展部门协作,打通服务国际社区居民的"最后一公里"。首先,

出入境管理部门作为"信息中枢",在确保国家安全前提下,与属地社区共享境外人员基本信息,做到无缝衔接。其次,要发挥居委和境外人员服务站的"毛细血管"作用,由涉外社工和志愿者定期上门核实信息,收集、发现问题并及时反馈。最后,让后台数据跑起来,为社区居民"画像",匹配需求,对接资源,定制服务,引导外籍居民积极参与社区活动和基层治理。

参考文献

曹慧霆、罗翔:《浦东新区发展国际社区空间策略研究》,《北京规划建设》2016 年第 4 期。

柳森、姚凯:《近悦远来,营造高品质人才生态》,《解放日报》2022 年 8 月 8 日,第 11 版。

罗翔、曹慧霆、赖志勇:《全球城市视角下的国际社区规划建设指标体系探索——以上海市为例》,《城乡规划》2020 年第 2 期。

上海市浦东新区人民政府、上海市规划和自然资源局:《上海市浦东新区国土空间总体规划(2017—2035)》,2019 年。

沈洁、罗翔、李志刚:《在沪境外人口的空间集聚与影响机制》,《城市发展研究》2019 年第 12 期。

沈洁、王丰、罗翔:《建设全球中心城市:国际趋势与上海前景》,《上海城市规划》2014 年第 6 期。

中共中央、国务院:《中共中央　国务院关于支持浦东新区高水平改革开放打造社会主义现代化建设引领区的意见》,2021 年。

Ⅱ. 科技创新篇

第七章　浦东新区战略科技力量协同发展

【摘要】国家战略科技力量是推进高水平科技自立自强的重要支撑,加强国家科技力量的协同发展在新时代新征程上具有重要的现实意义。浦东经过多年的努力和探索,已经集聚了较强的国家科技力量,但主体间的协同创新发展还不够。接下来,为了应对引领区建设的新要求,浦东应进一步凝聚共识,厘清战略定位和特色优势,构建并优化合作网络,加快推动区域内战略科技力量协同发展。

【关键词】科技自立自强;战略科技力量;协同发展

2023年2月21日,习近平总书记在中共中央政治局第三次集体学习时强调,要强化国家战略科技力量。国家战略科技力量协同发展是助力国家战略科技力量自身能力和体系能力的重要路径,也是浦东加快建设具有全球影响力科技创新中心核心区的现实路径。

一、国家战略科技力量协同发展的重要意义

随着我国科技实力的不断提升,关于"国家战略科技力量"的研究成为我国学术界的研究热点,根据中国知网上检索搜集到的现有研究成果,可以梳理成以下四个方面。

一是关于内涵研究。伴随着实践层面的探索推进,国家战略科技力量的内涵随之不断拓展。学者们大多认为所有国家战略科技力量均具有特殊内涵,并非泛指市场所有研究力量,主要包括国家实验室、国家科研机构等。

二是关于实践层面的研究。一方面就发达国家而言,诸多研究表明,美国等西方科技强国建设过程中,有一个宝贵的重要经验,那就是几乎所有的国家都会根据不同时代背景、外部形势和国家需要,着力发展该国的战略科技力

量。另一方面就我国而言,学者们回顾了我国推进战略科技力量发展演进的进程,得出普遍结论——经过多年积累,国家战略科技力量建设具备了比较雄厚的基础,表现出较强的国家意志。

三是关于新时代推进思路研究。学者们一致认可,步入新时代,大国博弈愈加激烈,国家战略科技力量成为提升我国国际竞争力的重要"基石"。因此,学者们对发展壮大国家战略科技力量提出了诸多建议。如坚持走中国特色自主创新道路,注重聚焦政策突破,注重强化国家战略科技力量的培育和建设。

总而言之,现有研究中策略分析和政策解读较多,缺少偏重系统化和理论化的研究探索,缺乏对重点区域的深入实证研究。因此,本研究拟从国家目标和国家利益最大化的视角出发,以浦东为重点案例,着重探究不同国家战略科技力量之间的协同机制,为综合性国家科学中心建设进程中发挥国家战略科技力量的整体性建制化优势提供一定借鉴。

国家战略科技力量协同发展是指在国家层面推动不同科研机构、高校、企业等科技实力的协同合作,共同参与科技创新活动,以促进国家科技实力的提升和创新竞争力的增强。这种协同发展模式旨在整合各方资源,促进知识共享,加速科技成果的转化和应用,以支持国家的战略目标和经济发展。当前全球科技竞争的日益激烈,强化国家战略科技力量协同不仅对中国科技高水平自立自强具有重要意义,更是顺利推进全面建设社会主义现代化国家目标的重要战略举措。

(一) 加强国家战略科技力量协同发展的理论基础

一是创新生态系统理论。该理论强调创新是一个系统性、综合性的过程,需要多方面的参与者合作共创,因此为构建多方合作的创新平台提供了理论指导,有利于国家战略科技力量协同发展。不同领域、不同机构的合作,能够在更广泛的范围内集聚创新资源,促进知识和技术的流动。在全球化创新时代,不同国家战略科技力量的竞争不再是单一维度的竞争,而是基于创新生态系统的体系化竞争与合作。通过创新生态系统的构建,国家战略科技力量能够更好地整合各类创新资源,推动科技创新的多元发展。

二是协同共生理论。该理论强调主体之间存在紧密的共赢和共生关系。在国家战略科技力量的协同发展中,协同共生理论为不同实体的合作提供了理论基础。科技创新常常涉及多个创新主体之间的合作,而这种合作不仅仅是为了自身利益,更是为了实现共同目标。例如,国家级大科学工程如"蛟龙"号深海探测器,就需要海洋科研机构、船舶制造企业等多个实体单位加强合作、共同完成。协同共生理论强调的是多方利益的协调,实现各方合作的共赢。在国家战略科技力量协同创新中,协同共生理论为不同实体提供了一个共同协作、共同分享成果的平台。通过合作,各类战略科技力量在协同中实现了区域价值创造和组织繁荣。

三是整合式创新理论。与协同共生理论有所不同,整合式创新理论强调不同创新主体和要素之间的融合与整合,为实践中跨学科、跨领域的合作提供了指导。现代科技创新往往需要多个学科的交叉与融合,不同领域的知识和技术相互渗透,产生具有颠覆性影响的创新成果。例如,在新材料领域,通过材料学、化学、物理等多个学科的融合,实现了一系列重大技术突破。整合式创新理论强调的是整体性思维,即将分散的创新要素有机结合,形成创新合力。主体间的协同创新可以将不同领域、不同机构的创新要素有机结合,实现了创新资源的最优配置。

(二) 加强国家战略科技力量协同发展的现实需求

进入新时代,推进国家战略科技力量协同发展的现实需要主要体现在以下三方面:

第一,服从国家战略。国家战略是一个国家长远发展的指导蓝图,科技创新作为国家发展的重要引擎,必然要与国家战略有机结合。不同的国家战略领域需要有相应的科技支撑,从经济增长、国防安全到环境保护等,都需要强大的科技力量。加强国家战略科技力量的协同创新,可以使各个科研机构、高校、企业等紧密合作,共同攻克战略性难题。例如,新能源、人工智能、生物医药等领域都是国家战略的重要支撑点,只有协同创新,才能实现科技成果的最大化效用。在国家"双一流"建设的背景下,不同高校、科研院所的合作能够形成更有力的科技创新合力,为国家战略提供坚实支撑。

第二,推动创新主体有序竞争。在市场经济体制下,创新主体之间的竞争和合作相辅相成。加强国家战略科技力量的协同发展,旨在促进创新的同时,保障创新主体之间的有序竞争。过度的竞争可能导致资源的浪费,阻碍创新成果的应用。国家战略科技力量协同创新能够在一定程度上规范创新主体之间的竞争行为,避免不健康的恶性竞争。与此同时,它也能够鼓励创新主体之间的合作,实现资源共享和互补,能够带来更多创新的可能性。这种有序竞争的创新模式,可以在保障公平竞争的前提下,推动科技创新的快速发展。

第三,提升原始创新能力。作为所有科技创新的核心,原始创新是从基础研究出发,突破现有技术的局限,掌握核心关键技术,从而为国家提供长期的技术竞争优势。然而,原始创新往往需要跨越学科、领域的合作,需要集结多方面的智慧和资源。国家战略科技力量协同创新的模式能够更好地实现这种跨界合作,促进原始创新的发展。例如,在我国的大科学工程如"蛟龙"号、FAST 射电望远镜等研发过程中,不同机构的合作为原始创新提供了现实基础。

加强国家战略科技力量协同发展,是应对日益激烈的全球科技竞争的必然选择。服务国家战略、有序竞争、推进原始创新,这些现实需求相互交织,构成了协同创新的内在逻辑。通过搭建合作平台、不同实体之间的合作,我们可以更好地实现科技创新的跨越,推动国家战略科技力量在全球科技舞台上的崛起,为科技强国建设注入源源不断的活力。

二、浦东新区战略科技力量发展的主要成效

开发开放以来,尤其是进入新时代以来,浦东坚持创新驱动发展战略,积极引进培育国家战略科技力量。以张江综合性国家科学中心为牵引,浦东推动形成了由国家实验室、大科学设施和高端科研机构策源提升,研发与转化功能型平台丰富,区域创新创业蓬勃发展的良好格局,打造了从理论研究创新到成果量产化与产业化的完整框架体系。

(一) 国家实验室勇担国家战略使命

2017 年 9 月 27 日,张江实验室正式揭牌,主要面向集成电路信息技术、类脑智能和生命健康科学等前沿科技领域,目标是全力打造成为跨学科、多功能的一流国家实验室。作为新型科研事业单位,张江实验室坚持"四个面向",紧紧围绕国家长远目标和战略需求,着力聚焦战略性和基础性的重大科学问题和前瞻性的关键核心技术开展深入研究。目前,张江国家实验室已步入新的发展阶段,关键战略科技平台已正式启动运行,其中合肥国家实验室上海分部、临港实验室生物医药基地顺利落地。

大科学设施是张江实验室建设的重要科研仪器,也是加快建设张江国家

综合性科学中心的重要支撑和抓手。截至2023年10月,浦东已建、在建、拟建的大科学设施共14个,占全市总量的70%。其中张江科学城经过多年建设,区域内的光子大科学设施集群已经建成发展成为全球规模最大、种类最全、功能最强的平台。如上海光源是全国曝光率最高的大科学设施,性能也达到了国际上同步辐射光源最好的水平。上海光源的建成和使用改变了我国的同步辐射应用格局,实现了质的突破与飞跃。大科学装置打破了我国以前对国外技术的依赖,如蛋白质结构的解析,之前都要去美、日完成,现在国家蛋白质科学研究(上海)设施能够满足国内80%以上研究用户的需要。

(二)高水平研究型大学加快成为基础研究策源地

截至目前,浦东高校从无到有,已经聚集了上海科技大学、上海中医药大学等16家本科以上高校,占全市比重近四成。其中,"双一流"学科已经成功创建了4个,其中包括:上海中医药大学2个,分别是中医学、中药学专业,上海科技大学的材料科学与工程专业,上海海洋大学的水产专业。

浦东高水平研究型大学积极参与国家战略研究。以国家自然科学基金为例,从2020到2022年三年间,上海中医药大学、上海海事大学、上海海洋大学、中科院上海高等研究院获得立项数量累计为667项,立项金额总量为34145.7万元。其中,从重点项目来看,立项金额达200万元以上项目中,上海中医药大学累计共有8项,中科院上海高等研究院有5项,上海海事大学有4项,上海海洋大学有3项,合计金额达6925.52万元。

值得一提的是,上海科技大学建校不足10年,2022年2月14日便成功入选全国第二轮"双一流"建设高校,成为建校时间最短的"双一流"高校。据统计,学校科研人员高质量论文发表数量增长迅猛,自2016年以来,已经在国际顶尖学术期刊上发表论文逾900篇。2021年,上海科技大学分别在 *Nature*、*Science* 上发表6篇和3篇论文。

(三)国家级科研院所成为共性技术突破助推器

据不完全统计,截至2022年底,浦东已拥有重点科研院所中心43家,并集聚包括上海量子科学研究中心等各类新型研发机构共16家。张江复旦国际创新中心等高校创新载体已揭牌成立。此外,浙江大学上海高等研究院也已经建成,正式投入运营,上海长三角技术创新研究院已成功落地区域内的链接基础研究和产业化的快车道持续加快构建。浦东国家科研院所在药物研发、卫星通信、环境保护等众多领域已取得多项重大突破。

(四) 科技领军企业创新主体作用持续发挥

浦东积极打造梯次有序的科创企业发展路径,已构建以创赛团队(企业)、在孵企业、高新技术企业为重要基石,以专精特新企业和科技小巨人为中坚力量,以成熟的上市企业为发展主体的多层次梯队结构。

以高新技术企业为例,根据浦东发布的数据,截至2022年底,浦东新区累计集聚了高新技术企业4718家,数量占上海市比重超过1/5,为20.5%。其中,登陆科创板上市企业共有44家,占上海市总量比重超过一半,为60%。就区域分布来看,主要呈现出三个"三分之一"的格局。张江片区,集聚1600多家高企,占据1/3;临港、金桥、陆家嘴、外高桥、世博区域共占总量的1/3;其余1/3分布在各街镇。从上海三大先导产业来看,浦东集成电路领军企业包括中芯国际、中微公司、上海新阳、上海微电子装备、安集科技、新昇半导体等;生物医药领军企业包括和黄医药、复星医药、君实生物、再鼎医药、微创医药等;人工智能领军企业包括紫光展锐、阿里巴巴平头哥、科大智能、新松机器人、纵目科技等。

龙头企业方面,浦东已成为行业龙头企业总部最为集聚的地区,2022年,上海企业100强中浦东企业共33家,超出排名第二的区域达21家。华勤技术、中芯国际、益海嘉里等企业上榜,持续快速壮大为浦东产业发展的重要生力军。为进一步促进大企业加大创新力度,为区域创新能级提升发挥更大作用,浦东部署了"大企业开放创新中心计划(GOI)",鼓励龙头科技企业搭建开放创新平台,推动协同创新。截至2022年底,已累计发展GOI 47家,通过技术赋能、资本赋能、商业赋能、生态赋能等,累计赋能企业超2 200家。浦东目前已集聚了市级以上科技公共服务平台数量超过200个,初步构建了"政产学研金服用"一体创新生态,为区域内战略科技力量作用的发挥奠定了坚实基础。

三、浦东新区战略科技力量发展协同的主要问题

浦东科技创新战略高度和资源集聚力度不断增强,国家实验室落地,系列大科学设施建设,一流高校陆续建设高能级的科研院所,以上海科技大学为代表的本地高校也快速发展,极大提升了浦东科创的能级和成色。但与此同时,战略科技力量协同却显现出不足,不仅影响了上海全球科创中心功能的提升,也制约了张江综合性国家科学中心的建设。

(一) 主体间长效合作机制有待完善

近年来,浦东不断坚持强化战略科技力量,加快推动国家实验室、高能级科研院校等在内的一批"国家队"资源配置逐步入驻。但从发展情况来看,各主体仍呈现"级别高、独立性强"的发展特点,彼此之间处于"弱链接"的状态,在浦东各类战略科技力量主体间尚未建立起长效合作协同机制,主体间合作不足,使得在跨学科、跨领域的创新方面存在局限性,限制了创新潜力的发掘和利用。如科技领军企业与各高校院所、国家实验室和大科学设施在基础研究领域的合作仍处探索期,未能有效发挥企业"出题者"作用,具有紧密合作机制的基础科学研究战略联盟仍待进一步探索构建。

(二) 与创新生态的衔接融合有待强化

创新生态系统是促进科技创新和经济发展的重要保障。作为上海科技创新高地,截至 2022 年底,浦东不仅拥有各类高能级战略科技力量,还集聚多种创新资源,包括创新孵化载体 180 家以上,孵化创新企业近 5 000 家,"热带雨林式"开放创新生态持续壮大。然而,当前战略科技力量主体与各类创新要素的衔接与合作仍较有限,与浦东科技发展的落地联系有待加强。不同领域、不同创新主体之间的协同和合作机制不够完善,导致创新资源存在碎片化和浪费问题,出现优质孵化载体反馈"好项目招引难"、科研院校反馈"好成果落地难"的发展错位,限制了创新要素之间的互补与整合,阻碍了新技术、新产业的崛起与发展,亟须进一步整合浦东战略科技力量与各类创新资源要素,打通从基础科学到技术孵化、成果转化、再到技术转移的融合发展链条。

(三) 科技创新投入协同机制有待优化

虽然浦东新区在科技创新领域投入了大量资源,但由于缺乏协同机制,一些创新项目存在着重叠投入、资源浪费等问题,这不仅使得有限的创新资源得不到最大限度的利用,还导致科技创新投入的效率不够高效。缺乏协同机制也使得创新过程缺乏整体性和系统性,不同创新主体之间信息不畅通、合作机会被忽视,创新成果的转化和应用受到阻碍,客观上限制了新技术、新产业的崛起,阻碍了具有跨领域潜力的创新机会的发掘和利用。

四、浦东新区战略科技力量协同发展的重点路径

战略科技力量是提升科技自立自强的重要支撑,是形成区域核心竞争优势的重要依托。步入新征程的浦东,要紧紧围绕打造社会主义现代化建设引领区的战略使命,要充分发挥国家实验室、国家科研机构、高水平研究型大学、科技领军企业等高能级资源的集聚势能,前瞻布局科技创新方向,聚力突破核心领域,加快打造成为自主创新发展的时代标杆。

(一)进一步凝聚共识,对标更高标准促进高水平科技自立自强

一是凝聚共识,坚定服务战略发展方向。立足社会主义现代化引领区建设的需要,浦东要加快打造自主创新的时代标杆,强化顶层设计,以全球视野、国际标准加快优质创新资源集聚。重点围绕"三大先导产业",聚焦集成电路、生命科学、人工智能等前沿领域,大力加快国家实验室建设进程。依托国家实验室、国家重大科学设施装置等载体,在若干重点领域,坚持以国家战略科技力量为主导,全力打造具有引领性作用的科技创新组团,根据浦东自身区域特点,加快构建具有鲜明特色的国家战略科技力量体系。

二是紧跟发展趋势,体系化深入研究战略科技力量。浦东应及时跟踪、掌握重点领域科技力量的建设进度,广泛运用田野研究、比较研究等方法来开展纵深思考,可以探索适时发布浦东国家战略科技力量发展年报(国家实验室等不方便公开的信息作为内参专报),推出浦东战略科技力量建设系列案例集等。与此同时,注重积极引导媒体、智库和科研院所之间开展深入互动,从而加快推动浦东国家战略科技力量的研究向纵深推进。

三是探索组织重大科研计划的相关制度创新。浦东要根据新形势发展提出的重大需求和挑战,从计划的目标、关键科学问题凝练、立项机制和组织模式方面深入改革,促进跨主体、跨学科和跨部门的创新,健全和完善重大科技任务联合攻关机制。聚焦脑科学和人工智能等前沿领域,主动参与并承接国家科技重大专项,同时积极探索组织参与国际大科学计划。

(二)厘清战略定位和特色优势,有效发挥各主体之间作用效能

一是加强重大基础设施建设,凸显国家实验室领头地位。作为支持科技强国建设、承担国家重点科研任务的基础创新载体,国家实验室在国家战略科

技力量中居于"引领"地位。着重加强张江实验室和世界一流重大科技基础设施建设保障,积极推进系统生物学研究设施、药物靶标科学设施等生命科学基础设施建设,构建生命科学研究基础设施集群。

二是强化科研机构战略布局,积极引导高能级主体落位。加快集聚国际顶尖的基础研究机构。积极支持并推动李政道研究所朝着全球顶尖基础物理研究机构目标前进,支持中科院系统、部委系统、央企系统所属的各类科研院所发展,促进中科院上海高等研究院等加快提升机构能级。推动国家集成电路研发中心等平台和基地建设,打造半导体产业链协同服务平台。推动上海临床研究中心、高生物安全级别实验室等平台和基地建设,不断优化上海市生物医药产业平台布局。

三是践行科教兴国战略,履行高水平研究型大学研究使命。加快推动浦东世界一流大学及一流学科高校建设,推动上海科技大学建设成世界一流的"小而精"研究型大学,积极推动上海中医药大学等高校加快建设世界一流学科。提升本地各高校能级,鼓励开展交叉前沿研究,推动产教融合发展。

四是链接创新源头,突出科技领军企业产业化需求导向。推动浦东新区各类央企、大型国企和优秀民营企业聚焦国家战略必争的关键技术领域进行基础研究的前瞻部署。支持企业设立研发机构,加大创新投入,积极承担国家科研任务。加快区域内产学研协作机制创新,加快构建浦东区域内基础研究、应用研究和技术创新等各种创新活动有效协同的创新生态。

(三)构建并优化合作网络,进一步凝聚各方优势资源力量

一是联合多元创新主体,加强区域创新资源优势。支持校校协同,紧密对接浦东科创中心建设要求,打破校际、学科壁垒,建立协同机制,努力实现从同一学科群内的小交叉向跨学科群的大交叉跨越。支持校所协同,推动高校与科研院所开展合作,有效整合人才资源,围绕重点科学目标集中攻关,构建功能互补、良性互动的区域科教创新协同体。

二是深入分析科技主体特点,有效发挥各自禀赋。基于浦东龙头企业集聚、创新企业活跃、高能级科研院校林立的优势基础,政府要加强有序引导,有效发挥政府作用。企业要聚焦技术创新的主体定位,积极主动作为,集中实现技术创新突破。在基础研究方面,一方面鼓励建设发展大企业开放创新中心,构建协同创新的大中小融通生态;另一方面鼓励领军企业积极发挥龙头作用，牵头在区域范围内组建创新联合体，联合各类科研院校、大科学设施等资源，聚焦浦东重点产业和前沿产业，积极开展关键核心技术攻关。

三是聚焦策源孵化结合，建设战略科技力量孵化体系。立足"硬科技"，围绕三大先导和六大硬核产业等发展面临的重点关键技术环节，充分发挥浦东国家实验室、大院大所、科技领军企业等各类战略科技力量的创新引领作用，建设一批由战略科技力量主导的孵化平台，推动重要科技成果孵化企业，走向市场。鼓励引导各类战略科技力量通过揭榜挂帅、联合攻关等模式与企业联合成立功能型孵化平台，实现"策源＋孵化"模式转型升级。要以原创技术策源地建设为重要抓手，围绕产业链部署创新链，不断推动各项业务向价值链高端迈进。

四是把握科技创新融合趋势，积极探索体制机制创新。把握现代科学研究的新趋势，即多学科交叉、多领域融合等，紧盯世界科技发展前沿。浦东要坚持不断完善区域各项科技创新平台制度，不断健全科技成果转化相关奖励机制，积极推动区域创新成果加快实现转化，努力搭建各类平台，使得多元化的区域战略科技力量能够开展互动合作，协同创新，从而加快实现核心技术的突破，提升区域创新策源功能和自主创新能级。

参考文献

白春礼：《中国科学院 70 年：国家战略科技力量建设与发展的思考》，《中国科学院院刊》2019 年第 10 期。

白光祖、彭现科、王宝等：《面向经济主战场强化国家战略科技力量的思考》，《中国工程科学》2021 年第 6 期。

陈劲：《以新型举国体制优势强化国家战略科技力量》，《人民论坛》2022 第 23 期。

樊春良：《中国国家战略科技力量的建设和发展》，《当代中国史研究》2021 年第 5 期。

贾宝余、董俊林、万劲波、曹晓阳：《国家战略科技力量的功能定位与协同机制》，《科技导报》2022 年第 6 期。

李正风：《如何准确理解国家战略科技力量》，《中国科技论坛》2022 年第 4 期。

刘钒、曾茂辉、于子淳：《国家战略科技力量研究述评》，《社会科学动态》2023 年第 3 期。

刘庆龄、曾立：《国家战略科技力量主体构成及其功能形态研究》，《中国科技论坛》2022 年第 5 期。

秦铮、孙福全、袁立科：《德美日建设世界科技强国的经验及启示》，《科技管理研究》2022 年第 12 期。

习近平:《高举中国特色社会主义伟大旗帜　为全面建设社会主义现代化国家而团结奋斗》,人民出版社2022年版。

习近平:《在中国科学院第二十次院士大会、中国工程院第十五次院士大会、中国科协第十次全国代表大会上的讲话》,《人民日报》2021年5月29日,第2版。

第八章　浦东新区硬核科技企业孵化服务体系建设

【摘要】 上海市委书记陈吉宁在 2023 年 8 月调研科技企业孵化器时明确指示,要"持续完善创新生态、提升创新服务效能,更大力度集聚创新要素,营造有利于科技型企业成长的良好环境"。中国共产党上海市第十二届委员会第二次全体会议也明确要求,"三大先导产业要促进创新要素和市场主体集聚,优化打造创新生态和产业生态,形成具有创新策源意义、引领赛道风口的'核爆点'"。浦东作为上海"三大先导产业"发展的主阵地,应当充分发挥引领功能,通过加快优化硬核科技企业孵化服务体系,塑造创新要素和市场主体的"引力场"。为此,本章系统分析浦东硬核科技企业孵化服务体系的主要问题并提出对策建议。

【关键词】 浦东;孵化器;硬核科技企业;科技创新

一、浦东新区建设硬核科技企业孵化服务体系的意义

(一)上海开启高质量孵化器建设,浦东必须展现新担当、新作为

2023 年 7 月 21 日,上海市人民政府办公厅印发《上海市高质量孵化器培育实施方案》(简称《实施方案》),要求到 2025 年,培育不少于 20 家高质量孵化器,示范带动不少于 200 家孵化器实现专业化、品牌化、国际化转型升级。在此背景下,浦东作为国际科创中心核心区,必须对标《实施方案》最新工作要求,切实拿出有效工作举措,优化本区硬核科技企业孵化服务体系,加快打造高质量孵化器,拿出王牌担当、展现引领作为。

(二)浦东打造科技创新"核爆点",孵化服务体系是重要支撑

上海要加快建设全球科创中心,必须打造自己的科创"核爆点"。浦东要

打造属于自己的科技创新"核爆点",其重要抓手之一就是不断优化自身硬核科技企业孵化服务体系,打造最优创新创业生态。通过政策引导,着力提升包括以孵化器为核心的科技服务体系的市场化和专业化程度,深化孵化服务供给与市场需求的高效匹配,做实"0到1"的策源品质,提升"1到10"的转化效率,放大"10到100"的溢出效应。

(三)浦东科技创新主体增速放缓,优化孵化服务是必然应对

根据《浦东新区建设国际科技创新中心核心区"十四五"规划》目标要求,到2025年,高新技术企业年均新认定超过2000家。2022年,高新技术企业年均新认定1300家,预计完成规划预期目标难度较大。浦东科技创新主体增速放缓趋势显著,直接影响浦东科技创新策源功能的持续强化。因此,必须充分发挥孵化器在全过程创新、全要素集聚、全链条加速等方面的作用,持续优化浦东科创生态体系,助力硬科技企业培育和未来产业高质量发展,全面支撑国际科创中心核心区建设。

(四)浦东孵化服务体系仍存短板,亟待精准施策予以完善提升

截至2022年,浦东累计共有国家级科技企业孵化器17家,国家备案众创空间22家,整体占上海市总数的近三成。然而对比国内其他创新孵化典型区域,浦东在高能级孵化载体的规模方面仍有一定差距,如深圳共有国家级科技企业孵化器39家,是浦东的2.29倍;苏州共有国家级科技企业孵化器76家,是浦东的4.47倍;合肥共有国家级科技企业孵化器37家,是浦东的2.18倍。浦东必须强化头部高质量孵化器建设,通过精准施策推动浦东硬核科技企业孵化服务体系"质""量"双赢。

二、浦东新区硬核科技企业孵化服务体系的主要问题

(一)孵化源头:孵化器招商需要政府搭台,成本与空间难题亟待克服

1. 孵化器招商倚仗专业标签与"朋友圈",特色显示度有待提升

经调研发现,浦东现有重点孵化器主要有两大招商路径:一是凭借自身行业专业属性和服务品质所形成的品牌效应,对外吸引相关科技企业入驻;二是通过自身所在产业技术领域、产业上下游链条关系所形成的"朋友圈"资源,开展关系型招商。上述两大招商渠道是孵化器通过市场机制开展自主招商的共

性特征。浦东重点孵化器企业负责人普遍强调，希望政府部门能够为之提供更多交流展示平台，提升浦东重点孵化器企业在各自行业内的曝光度和显示度，进而彰显孵化器企业专业特色与品牌知晓度、美誉度，以此来帮助孵化器企业扩展招商资源，提升实际招商效果。

2. "二房东"类孵化器面临"房租差"与空间资源再权衡难题

浦东部分孵化器企业属于"二房东"类型模式孵化器，即孵化器企业租赁楼宇空间后，转而出租给入驻孵化器的在孵企业，以此赚取"房租差"。创图丛林和莘泽等"二房东"类孵化器负责人表示，当前面临如下突出困境：一是对租金收益过度依赖，闲置率提升加大孵化器运营困境。该类孵化器收益结构当中，以租金收益为主的保底收入占其年度总收入的60%—65%；其次是创业增值服务收入，占比为20%—30%，主要包括基础法务、财务、税务等培训收入，以及核心创业导师服务和融资顾问服务收入等，政府补贴收入占比极低。受大环境影响，该类孵化器空间闲置率从2022年开始逐渐提高，房租收入减少直接加大孵化器运营困境。二是孵化器面临空间权衡难题。孵化器企业需要留置部分储备空间以便引进更为优质的创新创业项目，留置空间成本高昂导致孵化器面临两难困境，即全部填满孵化空间则可能错过更为优质的创新创业项目，而为优质项目适当留白，其留置的房租成本高企又使得孵化器企业难以承受。

3. 孵化空间闲置率有上升趋势，孵化器招商面临较大压力

据部分孵化器企业负责人反映，2022年之前，大部分孵化器企业的空间使用率均接近百分之百，空间资源处于供不应求的紧缺状态。从2023年开始，大部分孵化器企业空间闲置率开始提高，显示孵化器招商面临着窘境，同时加大了孵化器运营成本和难度。

（二）孵化培育：培训体系有待优化，平台建设与资源共享仍需提升，人才政策支持力度不足，孵化加速衔接受制于空间隔离

1. 相关培训"大而全""撒胡椒面"特征明显，专业培训不足

从事孵化器行业的专业人才需要对孵化器运营、相关政策体系以及细分行业领域发展态势等有深刻理解，才能胜任孵化器企业的运营工作；且不同细分行业领域孵化器专业人才的知识结构存在很大差异。但是，目前浦东现针对孵化器从业人员的培训具有"大而全"和"撒胡椒面"的特征，针对不同专业领域的孵化器从业人员的专业培训供给不足，导致培训效果低下，无法满足不

同行业、不同层次孵化器从业人员的基本需求。部分孵化器负责人建议发挥浦东孵化器行业协会功能，打造多层次、专业化的培训课程体系，有效提升孵化器从业人员的专业素养。

2. 公共技术服务平台建设有待提升，平台资源共享开放度不足

从浦东公共技术服务平台的建设比例来看，在当前浦东186家创新型孵化器当中，建有公共技术服务平台的专业孵化器数量仅有17家，占孵化器总数的10%不到，仍有较大提升空间。从公共技术服务平台的投资建设主体和模式来看，浦东现有公共技术服务平台以企业和孵化器自建为主，政企联合投资或多方投资共建模式等目前仍处于空白状态，投资主体和平台建设模式较为单一。此外，浦东孵化器企业负责人普遍表示，公共技术服务平台的资源共享相较于建设更为重要。然而，以市场为导向的公共技术服务平台目前数量仍然较少，大部分公共技术服务平台主要以满足内部客户需求为主，而内部客户无法形成规模性需求，造成投资回报率低。经过调研发现，大部分公共技术服务平台对完善和推广外部服务功能有一定意愿，但是受制于自身外部资源限制，加之运营团队技术专业度和运营专业服务对接能力较低等因素的限制，未能切实落地为实际行动，导致目前浦东公共技术服务平台的开放式运营探索仍然不足。

3. 孵化器人才队伍建设要求高，人才认定与支持力度明显不足

浦东众多孵化器普遍反映，目前在组件孵化器专业运营服务团队方面存在人才"难得难留"的问题。一方面是由于孵化器的专业运营服务对人才的行业感知度、政策熟悉度和服务专业度有很高要求，能够满足上述要求的专业人才基数较小；另一方面则是由于目前针对孵化器专业运营和服务人才的人才认定标准仍然处于空白状态，对应的人才支持政策也没有落地兑现，进而导致求职者对孵化器专业运营服务这类工作岗位的认同感不足，压低各类求职者从事该类行业的积极性。

4. 国资风投面临合规制约，"早期"概念固化限制天使基金选择

国资风投机构无论是在直接投资方面，还是通过LP（有限合伙人）基金间接投资方面，均受到国资较高合规性的制约，国资部门的决策体系与市场需求严重错位，导致国资风投机构在助力企业创新创业和优质项目挖掘与支持方面效果不佳。除此之外，天使基金的投资项目当中，早期阶段项目占比必须超过50%，而在生物医药、信息科技等领域的很多项目在天使轮融资之后估值暴涨，但是其项目从发育阶段来看仍处于初期阶段，因此这类项目将不在天使基

金的投资范畴之内,这也严重制约优质创新创业项目的融资选择。

(三) 孵化成效:科技成果转化效能有待加强,加速器环节薄弱,孵化—加速环节衔接受制于物理空间强制隔离

1. 科技成果转化效能仍待加强,科技创新产出水平有待提高

从技术交易合同成交金额来看,截至2022年,浦东全区技术合同认定登记20 148份,合同成交金额2 934.8亿元。对比来看,北京海淀区技术合同成交额达3 380.4亿元,是浦东的1.15倍。从科技创新产出水平来看,2022年,浦东新增专利授权3.76万件,同比增长0.27%,占全市新增专利授权总量的18.53%。截至2022年12月底,浦东新区累计有效发明专利总量为6.57万件。对比来看,浦东在科技创新产出方面仍有发展空间,北京海淀区有效发明专利拥有量达22.99万件,占北京市的48.1%,是浦东的3.5倍。深圳有效发明专利拥有量22.08万件,是浦东的3.36倍。

2. 孵化器与加速器物理空间强制隔离,影响孵化—加速衔接效率

当前针对孵化器企业的税收优惠政策、人才政策等均与孵化器企业的孵化面积和地址等形成强关联,且孵化器与加速器面对的优惠政策体系与优惠标准均不相同,由此导致企业在经营过程中,必须保证孵化器空间与加速器空间形成"楚河—汉界"般的物理隔离。由此导致孵化毕业进入加速环节的企业,必须搬离原有孵化器空间,进驻到全新的加速器空间内,这一方面导致企业搬迁成本上升;另一方面,即使孵化毕业企业仍然对原有加速器企业存在相关服务需求,但是由于其已经搬离,使得毕业加速企业很难与原有加速器企业保持密切合作关系,直接影响孵化—加速环节的衔接效率,对很多企业和孵化器造成困扰。

3. 加速器环节薄弱:入驻企业量少,服务水平不足

加速器发展跟不上现有需求。当前浦东拥有加速器6家,数量明显偏少。从入驻企业来看,加速器招商数量不多。截至2022年6月底,浦东拥有高企累计4 684家,2022年新增高企1 300余家,然而,目前浦东入驻加速器的企业总计不足200家,其中已知高企数量占比不足10%。从产业领域来看,加速器无法满足多数企业需求。当前6家孵化器中,从事"数据港""中国芯"等领域的专业加速器目前仍几乎处于空白状态,无法为上述领域在孵企业提供专业加速服务。当前浦东加速器发展缓慢的主要原因:一是缺乏相应标准指引。随着双创事业的发展,更多机构开始尝试"柔性加速",如PNP、微能加速器等

机构的加速服务,打破空间约束,对浦东乃至上海市优秀企业都能提供必要的产业、资本等加速服务。其与传统意义上的加速器有明显区别(不需空间、周期较短),而浦东还未对新型平台型加速器进行界定与支持。二是未能发挥政策效用。加速器"管理办法"设置的门槛仍较高,通过调研走访,很多有意向申报加速器的企业都因为企业注册地、投资案例等问题未能申报成功,对其积极性打击较大。目前虽然针对加速器有绩效考评和补贴支持,但是只针对空间型加速器,且由于考核指标体系仍未完善,部分指标设置不够合理,造成加速器实际申领的补贴非常有限。同时,政策补贴主要针对加速器,而加速器申报和绩效考评的材料则需要加速企业提供,加速企业并不能直接获得实惠,这也导致了加速企业不愿意配合加速器提交相应材料,将直接影响加速器的认定和考评。三是缺乏持续盈利模式。浦东新区的加速项目高度集中在高科技领域,企业发展周期长,技术要求高,服务企业发展的专业化水平越来越高,与之匹配的人力、服务、运营成本越来越高,容易导致加速器入不敷出。

三、浦东新区建设硬核科技企业孵化服务体系的主要路径

政府部门必须顺应孵化器行业发展规律与切实需求,充分遵循"有效市场"与"有为政府"相结合的基本原则,创新机制、精准施策,有效解决浦东硬核科技企业孵化服务体系各环节的痛点、堵点,畅通创新要素循环通道,优化浦东创新创业生态。

(一)孵化源头:多元主体齐发力,协同壮大孵化主体后备军

1. 发挥国有孵化器资源优势,绑定民营孵化器共同出海招商

一是建议国有孵化器充分利用自身海外资源优势,发挥引领带动功能,在年度外事活动与出国招商任务表中,谋划如何协同联动民营孵化器共同出海招商,以此降低民营孵化器出海招商成本,扩展民营孵化器招商空间范围。二是建议商务主管部门与科技主管部门在海外招商领域形成联动工作机制,商务主管部门开展海外招商过程中,开辟孵化器招商专项通道,绑定民营孵化器共同出海开展科技招商。

2. 以"政府搭台、孵化器唱戏"模式提升孵化器"曝光度"

目前已经有多个全球性、全国性和区域性的创新创业赛事落户浦东,为浦东孵化器加速汇聚优质项目、优秀人才奠定良好基础条件。然而,目前的创新

创业大赛多为综合性赛事,细分行业特色彰显度不足。鉴于此,建议浦东在现有赛事基础上,进一步推出一批具有细分行业特色的创新创业赛事,且在举办过程中,更加侧重由该行业领域的孵化器企业主导承办,通过赛事冠名等方式提升浦东新区各细分行业领域专业孵化器的知名度和美誉度。浦东新区科技主管部门为行业特色创新创业大赛做好政策保障工作,比如场地供应、对外宣传、赛事奖励资金支持等。

3. 充分发挥GOI要素集聚功能,打造创新主体招引新模式

一是以建设大企业需求库为抓手,打造招商新平台。建议由科经委牵头对接外地孵化器等对口孵化载体和科研机构,推动更多外地初创企业进驻平台,充实平台内部优质创新主体力量,为浦东科创招商储备力量。二是努力将GOI赋能的外省市优质企业吸引至浦东发展。针对入驻浦东大企业开放创新中心需求平台的外省市企业,建议由浦东科经委等相关部门开展动态跟踪服务,吸引集聚海内外优质初创型企业和创新创业团队来浦东扎根发展。

4. 制定并加快出台"二房东"类孵化器留白空间定向补贴政策

建议尽快就"二房东"类孵化器留白空间问题形成规范化管理机制。建议每年初由"二房东"类孵化器根据自身本年度招商计划和项目储备情况,就留白空间面积及其用途向科技主管部门进行申报。科技主管部门制定留白空间定向补贴政策,对留白空间的时长限制、单位面积补贴价格等做出明确规定,并在充分论证孵化器企业留白空间事由合理性、科学性的基础上,对其留白空间进行一定程度的补贴,以此抵消"二房东"类孵化器企业面临的空间留白决策难题。

(二) 孵化培育:强化多元要素供给,打通孵化培育关键堵点,提升资本市场支持力度

1. 强化孵化培训资源供给,打造专业化、多层次培训体系

一是对接多样化需求,优化免费培训课程体系。建议浦东新区进一步整合社会培训资源,加强服务合作,针对孵化器运营服务人员、创新创业企业家、创业公司员工等不同类型人群提供更具针对性、精准化的培训课程。二是依托高校资源,打造高端优质培训课程。根据企业发展情况、创新产出、成长性等方面的指标,遴选一批进入快速成长期的种子创业者作为重点培育对象。借助浦东和上海丰富的高校资源,为重点对象量身定制企业总裁培训课程,提供国内外宏观发展趋势分析、投融资与资本运作、大数据与决策分析等高质量

培训,提升企业家综合管理能力和战略眼光。三是强化政策宣讲的深度和颗粒度,按照产业不同细分领域、不同发展阶段、不同技术环节,分门别类开展穿透式政策宣讲活动,让企业负责人能够知道政策、熟悉政策、用好政策。

2. 增强孵化器专业人才定向支持,强化孵化器人员从业积极性

建议浦东加快出台针对孵化器运营服务从业人员的人才认定标准与定向支持政策,鼓励更多人才从事孵化器运营服务岗位,以有效解决当前孵化器企业运营团队组建困难,引才、育才、留才难度高的难题。此外,建议针对孵化器运营服务从业人员出台相应的技术职称规定,通过强化对孵化器运营服务专业人员的专业技能认定,一方面明确该类人才的职业晋升渠道,另一方面也强化该类人才在不同孵化器企业的高效流动与有效配置,降低孵化器企业招聘过程中的人才招录成本。

3. 尝试孵化—加速空间融合创新试点,弥合创新—加速环节鸿沟

建议浦东从孵化—加速环节有效衔接的现实需求出发,允许孵化器企业和加速器企业在申报自身孵化空间面积时,划定一部分面积作为加速面积,供搬迁难度较大、搬迁成本较高的孵化毕业企业原地接受加速服务。加速器企业与对口孵化器企业之间形成常态化、规范化衔接服务协同与合作,打破原有硬性政策约束,共同打造更为柔性、灵活的孵化—加速服务模式,确保浦东的优质在孵企业不需高成本搬迁即可获得加速服务。以此来改变过去"企业找服务"的传统僵硬模式,塑造浦东独有的"服务找企业"的全新孵化—加速服务模式。

4. 提高资本市场支持度,打通科技成果转化"最先一公里"

一是充分发挥多层次资本市场对浦东科技成果转化的支撑作用。通过巩固加深"科技+金融"双中心联动的优势,构建良好的风投资本退出环境。畅通科技成果转化循环,让风险投资成为浦东科技成果从实验室走向工厂、从书本走向市场"最先一公里"的核心推动力。二是充分调动浦东国有资本对硬科技成果早期转化的投资积极性。打响浦东国资风投品牌,组建专门针对硬科技企业进行种子轮、天使轮投资的风投机构,占领技术创新的全球制高点,推动对人类发展具有重要意义的科技成果转化。探索上海生物医药、集成电路和人工智能等重点产业的前沿发展路径,集中攻关制约浦东乃至上海高质量发展的技术难点、痛点和堵点。

5. 扩宽"早期"概念范畴,提升天使投资引导基金投资自由度

建议适当修订《上海市天使投资引导基金实施细则》,不再以投资项目或

企业估值、融资轮次作为评判投资项目是否为"早期"的硬性标准,重新建立起以创新创业项目所处生命周期阶段为依据的"早期"评价体系,针对不同细分行业的创新创业项目及其生命周期特征定制"早期"概念与标准,同时引导上海市天使投资引导基金强化对完成A轮融资和市场估值突破"早期"门槛值的创新创业项目的二次筛选和评估,提升上海市天使投资引导基金的项目选择自由度,进而提升对优质在孵企业的资金支持。

  6. 支持搭建公共技术服务平台联盟,强化平台建设与运营能力建设

  一是建议浦东新区依托区域内技术、经济、人才和市场等优势资源,整合孵化公共技术服务资源,加大面向孵化群体的公共技术服务推广力度,推进孵化器间的合作深度和广度,通过"政府引导+市场化运作"的集约模式,加强对专业孵化器公共技术服务平台的激励和管理,从而加强关键能力中的平台规划建设能力、专业技术支持能力等。二是建立孵化公共技术服务平台联盟,由现有技术平台发起,积极鼓励更多孵化器和机构共同参与,实现技术服务资源和客户需求资源在区内的融通发展。在某一平台无法胜任的服务项目可以在平台之间流动,将项目转给条件相符的平台合作,实现关键能力中的创新创业协同能力、公共服务市场化能力。

(三)孵化成效:优化孵化—加速—园区全周期生态,强化长期跟踪服务,打造更加浓郁的创新创业氛围

  1. 优化孵化—加速—园区全周期生态,提升全周期孵化服务成效

  围绕产业链布局孵化链,整合硬核产业的孵化资源,打造专业特色型孵化器,打造统一品牌。鼓励多元主体参与,支持高校、科研院所及细分领域头部企业、各园区等主体参与建设孵化器。将大学科技园纳入浦东孵化器体系,充分发挥大学生创业基地和一批特色明显的大学生创业园的作用。推动加速器建设,支持特色园区、头部企业及各类载体建设科技企业加速器,推动加速器专业化、产业化、多元化发展,探索创新服务模式。依托孵化器和加速器探索科创总部园区建设,进一步完善孵化器—加速器—科创园区的孵化体系,为孵化器和加速器的毕业企业提供产业化的服务和优质的生长土壤,进一步推动浦东硬核产业壮大发展。

  2. 完善毕业标准,动态追踪毕业企业成长动向

  一是建立硬核科技企业跟踪服务平台。坚持一个标准建设、一个平台管理,形成"一企一档",记录企业核心指标数据和历史评估数据,作为孵化评估

与企业成长性分析的重要数据来源,以此为基础有针对性地开展全生命周期服务。二是形成动态管理机制。根据六大硬核产业对载体和企业分类,形成重点孵化器和企业列表,并进行动态管理,定期针对列表内企业的发展情况进行调查、审核、更新,根据产业特点形成服务清单,加强资源对接。

3. 提高双创活动开展频次,打造更加浓郁的创新创业氛围

一是以孵化联盟为主导,组织开展孵化载体间需求交流活动。做深做大创孵汇品牌,提升品牌活动频次,扩展品牌活动形式,充实品牌活动内容。增加以细分领域孵化为主的活动主题,打造同产业领域孵化载体交流、合作沙龙及论坛,提升产业孵化合力;由孵化联盟每季度组织孵化载体间进行需求交流活动,及时梳理资源需求、空间需求等,并形成清单,发放至每个孵化载体,鼓励孵化载体间资源要素流动,形成动态发展,促进区域发展平衡。开展多形式的品牌化宣传,充分借助抖音、微博等新媒体平台,拓展宣传途径。二是加强科研院所与孵化器对接。当前浦东拥有43家重点科研院所、16所高校、16个新型研发机构,创新动力源丰厚,可加快推进孵化器成为各大高校"成果转化首站",形成一站式成果转化、企业孵化的发展格局。深化高校校区、科技园区联动融合,培育孵化一批胚胎型高新技术企业,做强做大一批高质量在园企业,推动浦东形成政策叠加、资源叠加的成果转化高地,鼓励开展"校—企"合作,辐射带动周边区域经济发展,支撑高校师生双创实践。三是加强大企业和孵化器间纽带联系。浦东拥有34家大企业开放式创新中心、247家外资研发中心、27家"2020中国新经济企业500强"上榜企业,可积极举办硬核科技企业与大企业/大企业开放式创新中心合作对接活动,加强大企业与科技企业纽带联系,集聚创新项目、储备后备企业,将有较好赋能成效的创新中心纳入众创孵化体系进行管理,同时帮助硬核科技企业克服技术、产品、金融等相关难题,推进卡脖子技术、前沿科技成果在浦东加速发展并转化落地。

第九章　上海数字经济驱动制造业服务化转型发展

【摘要】本章对上海市 2010—2019 年数字经济驱动制造业服务化的关联效应、溢出效应和风险约束效应进行了实证分析。未来上海在推进数字经济驱动制造业服务化转型时的总体思路,应当从以下三方面展开:提升数字经济发展水平,加速制造业服务化转型,推进二者融合。此外,要注重差异推进机制、平台搭建机制、人才培养机制、风险管控机制、服务数据价值化治理机制等建设。

【关键词】数字经济;制造业服务化;效应

一、上海制造业服务化与数字经济发展现状

(一) 上海制造业服务化水平

上海市 2010—2019 年制造业服务化以及细分的资本与知识密集型服务化、劳动密集型服务化的测算结果如表 9-1 所示。测算结果显示,样本期内上海市各类服务化水平均有显著提升,整体制造业服务化水平提升了 0.1171,资本与知识密集型服务化提升了 0.0476,占总提升幅度的 40.65%;劳动密集型的服务化提升了 0.0695,占总提升幅度的 59.35%。

表 9-1　　　　上海市制造业服务化测算结果

年份	制造业服务化	资本与知识密集型服务化	劳动密集型服务化
2010	0.1882	0.0893	0.0989
2011	0.1884	0.0896	0.0988
2012	0.1908	0.0904	0.1003

续表

年份	制造业服务化	资本与知识密集型服务化	劳动密集型服务化
2013	0.3233	0.1871	0.1362
2014	0.3234	0.1869	0.1365
2015	0.3203	0.1856	0.1348
2016	0.3013	0.1309	0.1705
2017	0.3055	0.1352	0.1703
2018	0.3012	0.1311	0.1701
2019	0.3053	0.1369	0.1684

样本期内上海市各类制造业服务化在全国各省份(除港澳台与西藏)的排名变化趋势如图9-1所示。样本期初上海市劳动密集型服务化水平排名处在全国各省份中下游位置,排名第17。而整体制造业服务化水平与技术水平较高的资本密集型与知识密集型服务化水平排名相对较高,分别位列第13位与第11位。至样本期末,上海市各类服务化水平均实现较大提升,资本密集型与知识密集型服务化水平处在全国首位。但由于劳动密集型服务化水平排名相对较低,整体服务化水平排名全国第4。

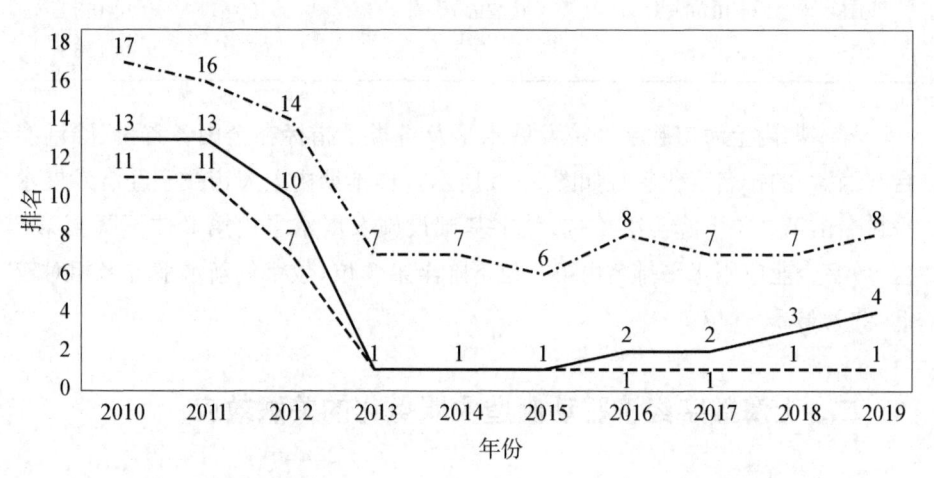

图9-1 上海市各类制造业服务化水平排名

(二) 上海数字经济发展水平

2010—2019 年上海市数字经济发展水平与三类数字经济子指标的测算结果如表 9-2 所示。样本期内数字经济发展水平提升 0.202,其中数字基础设施发展水平提升 0.112,占提升幅度的 55.42%;数字企业应用水平提升 0.048,占提升幅度的 23.53%;数字创新水平提升 0.043,占提升幅度的 21.10%。

表 9-2　　　　　　　　上海市数字经济测算结果

年份	数字经济发展水平	数字基础设施发展水平	数字企业应用水平	数字创新水平
2010	0.2929	0.1366	0.0406	0.1157
2011	0.3036	0.1382	0.0456	0.1198
2012	0.3418	0.1559	0.0559	0.1300
2013	0.3550	0.1574	0.0576	0.1400
2014	0.3778	0.1697	0.0625	0.1455
2015	0.4195	0.1759	0.0799	0.1637
2016	0.4501	0.1889	0.0887	0.1726
2017	0.4521	0.2051	0.0862	0.1607
2018	0.4616	0.2280	0.0806	0.1531
2019	0.4948	0.2485	0.0881	0.1583

样本期内上海市数字经济发展水平及各类子指标在全国各省份(除港澳台与西藏)的排名变化趋势如图 9-2 所示。样本期内上海市数字经济发展水平排名由第 2 位下降至第 4 位;数字基础设施发展水平由第 2 位下降至第 5 位;数字企业应用水平排名由第 2 位下降至第 3 位;数字创新水平排名相对较低,约为第 5—6 位。

二、上海数字经济驱动制造业服务化的关联效应

本部分采用格兰杰因果检验与耦合协调度两种方式度量制造业服务化与数字经济的协同发展关系,数字经济发展水平与制造业服务化水平的样本期为 2010—2019 年。

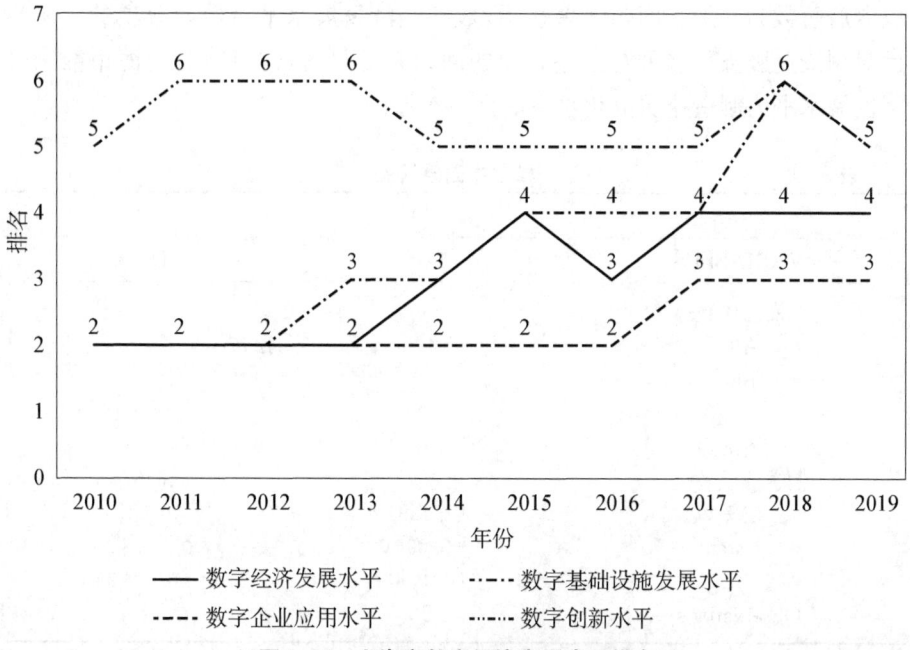

图 9-2 上海市数字经济发展水平排名

（一）制造业服务化与数字经济的格兰杰因果检验

首先对上海市数字经济发展水平与制造业服务化水平的对数序列进行单位根检验。单位根检验结果如表 9-3 所示，数字经济发展水平与制造业服务化水平的对数序列均存在单位根，将序列进行一阶差分后 p 值均小于 0.1，意味着一阶差分序列在 10% 的置信水平上为平稳序列。

表 9-3　　　　　　　　　变量单位根检验

变量	检验统计量	p 值
数字经济发展水平	−1.634	0.4652
制造业服务化	−0.378	0.9138
数字经济发展水平对数一阶差分	−2.716	0.0714
制造业服务化对数一阶差分	−2.680	0.0775

在序列平稳的基础上对二者的格兰杰因果关系进行检验，检验结果如表 9-4 所示。其中 Dde 为数字经济发展水平对数的一阶差分项，Dsvrt 为制造业服务化水平对数的一阶差分项。由于采用的样本数据为短时间序列，故选

取滞后阶数为一阶。回归结果显示,数字经济发展水平对数差分项的一阶滞后对制造业服务化水平对数差分项的回归系数显著,这意味着上海市数字经济发展水平为制造业服务化水平的格兰杰原因。

表9-4　　　　　　　　　格兰杰因果检验

VARIABLES	(1) Dde	(2) Dsvrt
滞后阶数	1	
AIC	−26.642 77	
BIC	−26.166 12	
数字经济	0.026 2	0.009 16
一阶滞后	(0.299)	(0.073 7)
制造业服务化	2.687*	−0.074 6
一阶滞后	(1.429)	(0.352)
Constant	−0.094 0	0.064 8***
	(0.101)	(0.024 9)
Observations	8	8

注:括号内报告回归系数的标准误,***、**和*分别代表$p<0.01$、$p<0.05$以及$p<0.1$。

(二) 制造业服务化与数字经济的耦合协调度

依照前文方法测算上海市制造业服务化与数字经济的耦合度与耦合协调度,二者随时间变化趋势如图9-3所示。

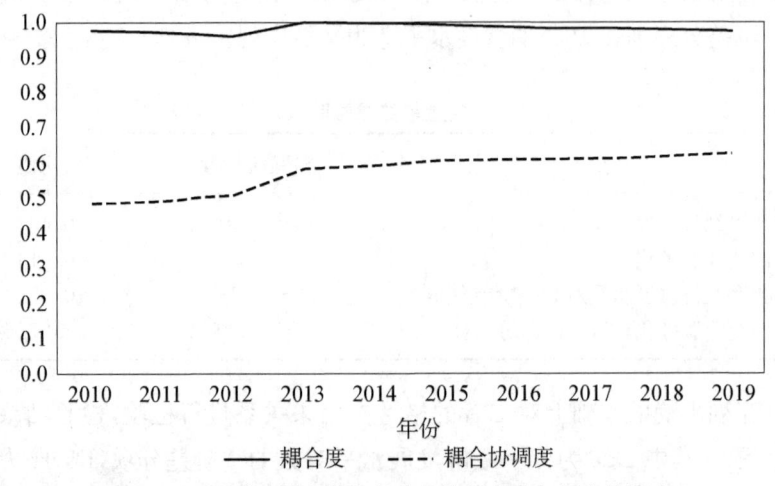

图9-3　制造业服务化与数字经济耦合度与耦合协调度

表 9-5　　　　　　　耦合度与耦合协调度变化趋势

对比项	(1) 耦合度	(2) 耦合协调度
年份	0.000 281	0.016 4***
	(0.20)	(5.94)
Constant	0.415	−32.54***
	(0.14)	(−5.84)
Observations	10	10

注：括号内报告回归系数的标准误，***、** 和 * 分别代表 $p<0.01$、$p<0.05$ 以及 $p<0.1$。

上海市制造业服务化与数字经济的耦合度变化不明显，数值始终高于 0.9，制造业服务化与数字经济的发展处于高度协调状态。耦合协调度在样本期内持续上升，反映了上海市制造业服务化水平与数字经济发展水平的持续提升。表 9-5 中以耦合度和耦合协调度为被解释变量，以时间为解释变量的回归结果，同样印证了这一现象，即时间对耦合度的回归系数不显著，时间对耦合协调度的回归系数显著为正。

综合数字经济与制造业服务化的格兰杰因果分析与耦合协调度分析结果，可以发现上海市数字经济与制造业服务化发展存在紧密的协同发展关系。数字经济的发展需要数字基础设施的不断完善、关键技术和前沿科技的积累突破等多方面共同支撑。上海拥有较为完善的基础设施建设、丰富的应用场景以及良好的创新环境，多方面的显著优势为数字经济与制造业服务化的协调发展奠定了基础。

三、上海数字经济驱动制造业服务化的溢出效应

本部分探究上海市数字经济对制造业服务化水平的拉动效应，分别以整体制造业服务化水平以及各类细分制造业服务化水平作为被解释变量，数字经济发展水平的一阶滞后项作为解释变量，基于模型 9-1 进行回归分析。

$$\mathrm{svrt}_t = \beta_0 + \beta_1 \mathrm{de}_{t-1} + \beta_2 \mathrm{svrt}_{t-1} + X_t + \varepsilon_t \quad (9-1)$$

其中，svrt、de 分别为制造业服务化水平与数字经济发展水平，X_t 为控制

变量，ε_t 为误差项。参考黄群慧和霍景东[①]的方法，选取产业结构、人力资本水平以及工业相对劳动生产率作为控制变量，其中产业结构以第二产业占地区生产总值比重衡量，人力资本水平以劳动力人均受教育年限衡量，工业相对劳动生产率以第二产业劳动生产率与第三产业劳动生产率之比衡量。同时，考虑到各类细分制造业服务化水平差异较大，为使数字经济发展水平对各类服务化的回归结果具有可比性，对被解释变量与解释变量均取对数后参与回归。

分别将整体制造业服务化水平、资本与知识密集型制造业服务化水平、劳动密集型制造业服务化水平对数作为被解释变量，各类服务化水平以及数字经济发展水平一阶滞后项的对数作为解释变量进行回归，回归结果如表9-6所示。

表9-6　　　　数字经济对制造业服务化的拉动作用

	(1) 制造业服务化	(2) 资本与知识密集型 制造业服务化	(3) 劳动密集型 制造业服务化
服务化水平一阶滞后	1.543 (0.41)	1.192 (0.17)	3.610* (5.38)
数字经济一阶滞后	−0.119 (−0.10)	0.0369 (0.04)	−1.317* (−3.57)
产业结构	14.78 (0.73)	20.88 (0.61)	11.55* (3.27)
人力资本	0.00702 (0.55)	0.0101 (0.58)	0.00741* (3.50)
二三产业劳动生产率之比	−4.876 (−1.00)	−6.888 (−0.81)	−1.402 (−1.69)
cons	−10.02 (−0.53)	−15.23 (−0.59)	−13.06* (−3.67)
Observations	9	9	9

注：括号内报告回归系数的标准误，***、** 和 * 分别代表 $p<0.01$、$p<0.05$ 以及 $p<0.1$。

回归结果显示，上海市数字经济发展水平对整体制造业服务化水平、知识与资本密集型制造业服务化水平不具有显著促进作用，而对劳动密集型制造

[①] 黄群慧、霍景东：《全球制造业服务化水平及其影响因素——基于国际投入产出数据的实证分析》，《经济管理》，2014年第36期。

业服务化水平具有显著的促进作用。其中数字经济发展水平每提升1%,劳动密集型制造业服务化水平提升约3.61%。

2021年10月发布的《上海市全面推进城市数字化转型"十四五"规划》(简称《规划》)明确了经济方面数字化转型的重点任务。一方面,《规划》指出应打造科创新生态、促进金融新科技、发展商务新业态、打造航运新枢纽,强调了科技创新、金融服务、商务服务、航运等多个生产性服务业领域的数字化转型;另一方面,《规划》提出聚焦制造业与数字化的深度融合,鼓励工业互联网平台提供标准化服务,以标准打通产业链和供应链。生产性服务业与制造业的数字化转型促进了生产性服务要素参与制造业生产过程,进而有效推动了制造业投入服务化转型,这与上文数字经济对各类服务化的推动作用的结论相对应。但上文实证分析结论证明,现阶段上海市数字经济发展对资本与知识密集型服务化的推动作用相对较弱,仍需完善相关政策,强化其推动作用。

四、上海数字经济驱动制造业服务化的风险约束效应

本部分基于模型9-2探究上海市数字经济发展水平对市场风险的约束作用。其中被解释变量 $nplr_t$ 为商业银行不良贷款率,de_t 为数字经济发展水平,X_t 为控制变量,ε_t 为误差项。参考孙光林和蒋伟[①]的方式,选取产业结构、金融发展水平、知识产权保护三项指标作为控制变量。其中,产业结构以第二产业占地区生产总值比重衡量,金融发展水平以年末金融机构存贷款余额之和占地区生产总值比重衡量,知识产权保护用技术市场成交金额与地区生产总值之比衡量。

表9-7　　数字经济发展水平与商业银行不良贷款率回归结果

	不良贷款率
数字经济一阶滞后	−4.764
	(−2.25)
产业结构	−19.05
	(−2.13)
金融发展水平	−0.357
	(−1.17)

---

① 孙光林、蒋伟:《数字经济对商业银行不良贷款率的影响机制研究》,《证券市场导报》2021年第5期。

续表

	不良贷款率
知识产权保护	−9.001
	(−0.13)
Constant	4.345
	(1.71)
Observations	9

$$nplr_t = \beta_0 + \beta_1 de_{t-1} + X_t + \varepsilon_t \qquad (9-2)$$

模型 9-2 的回归结果如表 9-7 所示,数字经济发展水平对不良贷款率具有负向影响,这一负向影响在 10% 的显著水平上显著。数字经济发展水平每提升 1%,不良贷款率下降 4.764%,这意味着上海市数字经济发展水平的提升能够有效抑制商业银行的不良贷款率。具体而言,数字经济的发展使得风险监测预警体系进一步健全,处置机制进一步完善,进而保证了金融稳定发展,在保证市场主体活力得到激发的同时,有效约束市场风险,成为上海国际金融中心建设的新机遇。

五、上海推进数字经济驱动制造业服务化转型的思路

上海数字经济驱动制造业服务化转型取得了一些成绩,但仍面临一些瓶颈制约,主要体现在以下几个方面。

(一) 存在的问题

1. 数字经济发展优势不突出

从前文的研究中可以看出,上海数字经济发展近些年虽取得了一些成绩,但与国际先进水平相比仍存在较大差距,甚至与国内兄弟省份相比,发展的速度和优势都不够突出,近些年在全国的排名不升反降。2019 年上海数字经济发展水平在全国排在第 4 位,数字基础设施发展水平为第 5 位,数字企业应用水平为第 3 位,数字创新水平为第 5—6 位。

浙江省作为国家数字经济创新发展试验区,通过不断努力,力争将数字经济打造为浙江省经济高质量发展的"金名片"。杭州市更是不断加速发展,致力于成为"数字经济第一城"。北京建设全球数字经济标杆城市取得积极成

效,工业互联网平台数量、接入资源量、国家级智能制造系统方案供应商数量全国第一。广东省制造业数字化和服务化转型不断加快,工业企业运用工业互联网实现数字化、服务化转型的数量近两年迅速增加。

相比之下,上海数字经济虽然产业基础雄厚、应用场景充沛,但龙头主体优势不突出,看似体量很大,但缺乏亮点和"独门绝学",导致大而不强,数字经济发展的能级和水平有待进一步提升。

2. 数字经济对制造业服务化转型的推动力有待进一步提升

上海是全国重要的制造业基地,制造业总体发展水平在全国来看处在领先地位,制造业服务化转型也起步较早。但研究显示,上海数字经济对知识与资本密集型服务化水平不具有显著促进作用,而知识与资本密集型服务化正是上海制造业的优势所在。很多企业对数字技术驱动其服务化转型的应用仅停留在办公、服务等非生产环节,而企业生产的关键核心环节对数字经济的利用程度仍然偏低,尤其是中小企业这一比例更低。因此,上海未来数字经济对制造业服务化转型的推动力有待进一步提升。

3. 区域间发展不均衡

上海数字经济驱动制造业服务化转型,各区发展水平也有较大差距,各区之间没有形成错位发展、相互协同的良好局面。调研中一些企业反映,期待全市层面形成统一的服务化转型扶助平台,出台更多的转型政策。

(二) 深层次原因

上海数字经济驱动制造业服务化转型还面临很多困难瓶颈,究其原因,存在以下深层次的障碍。

1. 缺乏顶层设计

2022年7月,上海发布了数字经济发展的"十四五"规划,其中明确提出了要促进数字经济和实体经济的深度融合。但就数字经济驱动制造业服务化转型升级方面,还缺少具体落地的政策细则,如如何加快工业服务化转型软件的突破、服务化转型平台的整合、数字经济驱动制造业服务化转型标杆企业的培育等。

2. 内在驱动力不足

一方面,由于信息技术的初始投入和追加投资成本比较高且回报周期较长,很多制造业企业均反映利用数字技术进行服务化转型的意愿不强,尤其在缺乏政策的引导和支持的情况下,宁愿墨守成规。另一方面,企业利用数字技术进行服务化转型时,由于缺乏统一的数字平台和技术标准,导致企业间很多数据信息不能方便地进行交换和合作,也降低了企业利用数字经济驱动服务化转型的意愿。

3. 治理能力和监管水平有待提升

数字经济驱动制造业服务化转型,线上和线下的问题交织在一起,市场运行中各种乱象层出不穷。现行的条块分割的管理体制和侧重事后监管的管理方式与传统经济和新兴经济融合发展的态势不相适应,如何处理各相关部门的权责问题并形成相互补充互不冲突的监管方式,需要进一步思考。

4. 人才缺口大

数字经济是新兴产业,制造业服务化转型也是近些年传统产业发展的新形态。两件新兴事物的融合则产生了更多的新问题和新知识,具备这些知识的复合型人才成为决定上海未来数字经济驱动制造业服务化转型发展好坏的关键。而当下上海这一人才缺口还较大,因此要在人才引进和本土培养双重手段上共同发力。

(三) 进一步推进上海数字经济驱动制造业服务化转型的总体思路和指导原则

为进一步推进上海数字经济驱动制造业服务化转型,我们需要进一步厘清未来推进工作的总体思路和指导原则,推动数字经济驱动制造业服务化转型向更深、更广和更高层次发展。

数字经济驱动制造业服务化转型成功与否,取决于数字经济的发展水平、制造业服务化转型程度和二者的融合关系。因此,在推进数字经济驱动制造业服务化转型时,应当从以下三方面展开。

一是提升数字经济发展水平。数字经济发展水平,将直接影响数字经济驱动制造业服务化转型的能力,数字经济起步早、基础好和应用广的地区,数字经济对产业转型的影响力和拉动力更强。因此,上海要高度重视数字经济,下更大的决心在数字经济领域抢占制高点,充分释放数字要素价值,为数字经济发展提供优质环境。

二是加速制造业服务化转型。制造业服务化转型是制造业扩展赛道、提升产业能级和综合竞争力的关键一环,当前正处于加速发展阶段。因此,上海要优化制造业服务化转型的市场环境,站在企业生存和长远发展的角度为其提供转型帮助,彻底改变在价值链低端高能耗、高污染、大量浪费的传统制造模式,优化制造业服务化转型的流程,提高转型成功率。

三是促进二者融合。数字经济对制造业服务化转型的渗透和融合,随着产业发展会自然发生。但在二者融合的前期,政府的引导和支持对加速二者融合,尤其是健康、快速的融合具有重要作用。因此,在高度重视数字经济与实体经济融合的同时,上海要进一步加大数字经济对制造业服务化转型的推动,推进产业发展向数字经济、服务经济方向迈进,构建更加完善、开放的产业互联网生态体系。

推进数字经济驱动制造业服务化转型,需要遵循理念创新、制度完善、机制创新、技术更新等原则。

1. 理念创新

数字经济是一种新事物,制造业服务化转型也是在摸索中前进,二者在发展过程中必然存在一些"野蛮生长"和"歪曲转型"的特性。因此,我们一方面要创造有利于数字经济加速驱动制造业服务化转型的外部环境,另一方面也要破除二者在驱动时带来的消极外部性。这就需要以新发展理念为指导,促进数字经济驱动制造业服务化转型。

坚持创新发展理念,加速数字经济发展的核心技术瓶颈突破。当前,世界各国在数字经济领域都在加紧布局,争夺数字经济未来发展的战略要地,核心技术和底层技术能否突破将直接决定了未来产业发展的高度。因此要紧紧抓住创新这一产业发展的第一驱动力,使数字技术可以为制造业服务化转型提供平台和支撑。

坚持协调发展理念,实现数字经济驱动制造业服务化转型的协调发展。例如目前,上海各区数字经济发展差距明显,制造业服务化转型所处阶段也有所不同。因此要促进区域间数字经济基础设施的互联互通与共享,加速跨区域制造业服务化转型平台的建立;协调产业政策与监管体系,找到促进产业快速发展与规范产业健康发展之间的平衡点。

坚持绿色发展理念,改变传统制造业发展模式。传统的制造业发展具有高污染、高能耗的特点,数字经济推动其向服务化转型,使很多生产交易在线完成,很多产品通过共享服务实现资源的节约和利用效率的提升,符合绿色发展理念。但与此同时,我们也要警惕数字经济驱动制造业服务化转型过程中带来的新问题,如电子垃圾的处理、共享产品的维护和保养。

坚持开放发展理念,运用数字技术搭建制造业服务化转型平台。企业在服务化转型过程中,往往面临着服务系统的搭建和使用,如果每家企业都独立搭建并封闭使用自己的服务系统，不仅造成大量的社会资源的浪费，还不利于企业间的交流和合作。如果以开放的姿态，由行业领头羊企业或政府搭建统一标准的数字化共享资源平台，那么企业间的产品和服务的兼容性和互用性会大大提升，最终实现整个行业整体竞争力的提高。在此过程中，企业也可以实现价值最大化，而不是控制能力最大化。

坚持共享发展理念，缩小数字经济驱动制造业服务化转型过程中的"区域鸿沟"。未来需要在数字经济驱动制造业服务化转型中加强顶层设计，对不同区域采取不同政策。对数字经济起步晚、制造业服务化转型能力差的地区给予技能培训、税收优惠等援助措施。同时，发挥二次分配的调节作用，避免新一轮产业发展中的区域鸿沟。

2. 制度完善

数字经济驱动制造业服务化转型，是基于复杂产品系统创新、服务模式创新和商业模式创新的集合，在这一过程中，企业需要汇集大量的知识、技术、人才等创新资源，政府应在创新要素投入、资源整合、创新服务载体和平台建设、创新环境营造等方面给予制度支持。

首先要加速两化融合向纵深推进。大力发展基于互联网和信息技术的生产性服务业，如在线监测、远程诊断和维修、数字在线设计、供应链管理等，同时促进制造业利用数字技术与生产性服务业企业进行业务融合或资源整合。

其次要抓住重点行业率先突破。鼓励装备制造业企业充分运用人工智能、5G通讯等数字经济技术，拓展在线技术支持、远程诊断、保养维护等服务；鼓励汽车企业依托GNSS（全球导航卫星系统）和5G技术进行定位导航、远程援助等安全服务；支持节能环保企业运用大数据和云计算进行工程管理、设备维护等环保总集成和总承包；支持各类制造业企业进行融资租赁、仓储物流、电子商务等优化交易流程和方式的服务，不断提高制造业企业在产品设计、研发、信息服务、维护保养等投入的比重。

最后要加强信息安全保护。数字经济在促进制造业服务化转型过程中，大量数字信息成为企业的关键要素和价值所在。因此加强信息安全保护才能让企业吃上一颗定心丸，鼓励企业进行数字技术和专利的建设和突破。

3. 机制创新

推进数字经济驱动制造业服务化转型，关键是要机制创新，即差异推进机制、平台搭建机制、人才培养机制、风险管控机制和服务数据价值化治理机制等。

4. 技术更新

第一要加强连接设施建设,如移动互联网、工业互联网、物联网等。第二要加强数据设施建设,如传感器、智能设备、服务软件等。第三要加强算力设施建设,如建设云计算中心、边缘计算中心、超算中心等。第四要加强生产设施的数字化转型,如数字加工中心、机器人、3D打印等。

(四) 具体机制和路径

上海推进数字经济驱动制造业服务化转型,要充分发挥数字技术在连接、数据、运算、算力等方面的优势,大力发展基于数据的服务,推动制造业服务化向产业链更高端的方向迈进。

上海推进数字经济驱动制造业服务化转型,要注重以下机制的建设。

一是差异推进机制。这里的差异推进机制,主要包括以下两个方面:一方面是地区差异推进。上海在数字化发展和制造业服务化转型方面各区水平差异较大,数字经济推进制造业服务化转型程度也有所不同。如数字经济和制造业基础较好的区域可大力发展数字经济推进资本与知识密集型制造业服务化,相对落后的区域则应在数字经济推进劳动密集型制造业服务化方面努力;另一方面是所有制差异推进。由于数字化转型前期投入大、转型风险高,对于制造业发展基础好、数字化程度高的国有企业可以率先尝试融合转型。即使转型失败,其抗风险能力也相对较强。而弱小的民营企业可采取跟随战略,向行业领先企业采购而非自己搭建服务化平台。

二是平台搭建机制。数字经济驱动制造业服务化转型,重点要搭建以下三类平台。一是数字经济发展平台,如行业代码平台、数据中台、物联网平台等。二是制造业服务化转型的平台,如企业的客户关系管理平台,产品生命周期管理平台、仓储管理系统、生产过程管理系统等。三是数字经济推动制造业服务化转型的平台,如企业的产品远程服务平台、软件化智能服务平台、个性化定制服务平台、个性化使用辅助与建议平台等。

三是人才培养机制。产业竞争归根结底是人才的竞争,但目前我们在数字经济推进制造业服务化转型方面的高素质人才还很缺乏,尤其是既有制造业背景,也能利用现代数字化技术针对客户个性化需求,开展服务和商业模式创新的复合型人才更是稀缺。因此应建设高端复合人才的培养和引进机制,在高校和职业技术学校开设相关专业和课程,对制造业企业核心人才进行专业培训,同时注重引进人才工作生活的相关保障工作。

四是风险管控机制。数字经济推进制造业服务化转型过程中,有可能有曲折、反复,甚至失败。为提升数字经济推进制造业服务化转型的成功率,降低风险,应建立相关的风险管控机制。一方面鼓励企业建设自己的风险控制管理系统,如提供云计算、大数据等新基建新技术安全,客户服务、产品设计、市场营销等的数字化业务安全,以及安全服务接口、安全服务考核等数字安全服务;另一方面,要加强政府监督和引导,为企业提供良好的市场环境和生态,如为企业搭建行业数据平台,免费的安全转型讲座培训等。

五是服务数据价值化治理机制。服务数据已成为数字经济推动下制造业服务化转型后的重要资源,对企业而言价值重大,甚至是核心机密。因此要将服务数据价值作为产业发展的关键进行治理,如建设服务基础数据交流共享平台、加强服务数据安全保障等。

推进数字经济驱动制造业服务化转型不是一蹴而就的,需要有久久为功的韧性。要脚踏实地地加强数字经济基础设施建设和数字技术尖端突破,为制造业企业服务化转型扫清障碍,促进二者融合渗透。

第一,建设数字经济驱动制造业服务化转型示范企业库。当前,上海数字经济发展很快,但工业互联网技术与发达国家相比还是相对滞后,很多中小制造业企业,在面对数字经济驱动服务化转型时仍然很茫然。因此,我们要大力实施培优扶强的专项行动,推动各地遴选一批数字经济驱动制造业服务化转型较为成功的示范性企业,建立"数字经济驱动制造业服务化转型示范企业库",并进行跟踪服务、案例剖析和经验汇集,对它们可复制可推广的经验进行宣传和展示。

第二,为企业转型提供资金和技术平台支持。制造业企业在利用数字技术加速服务化转型时,往往在突破"卡脖子"的关键技术时,需要大量的资金投入和技术支持,应设立专项的资金为企业服务化转型提供帮助,设立专项资金,以奖励补贴、退税等方式提升企业转型积极性。同时优化企业融资渠道,提高资产的证券化率和直接融资比重。在技术方面,政府可引导行业龙头企业搭建行业服务化转型数字平台,帮助行业内的中小企业顺利转型。

第三,优化监管方式,鼓励支持创新。创新是发展的第一动力。面对数字经济和制造业服务化转型带来的新业态、新模式,在监管方面要避免简单化的一刀切,要提升监管人员和各级干部的专业水平,在发展中逐步规范,让监管变成帮助,而不是扼杀。

第四,推进人才培育和引进,加快发展相关职业教育。目前,具有制造业知识背景同时又了解数字经济的复合型人才十分缺乏,高校的人才培养模式以及课程设计仍无法满足制造业服务化转型的需求。因此,加快发展相关职业教育势在必行,要加快培育兼具数字经济和生产性服务业知识储备的人才。

第五,加大新基建的投入,为企业转型提供底层支持。加强数字技术对实体经济的渗透和融合,夯实产业数字化转型底座,通过加大新基建(如光纤、5G)的投入和支持,加快布局高速、移动、安全和泛在的高精尖信息基础设施,建设全天候、实时感知的数字智能化治理体系,为制造业服务化转型提供数字支撑,降低数字经济风险,系统推进数字经济与制造业的深度融合和服务化转型创新。

第六,加快数据标准建设,完善相关法律法规。要加快相关技术和数据标准的建设,使数字经济健康、规范发展,在国际竞争中抢占数据标准高地。同时完善相关法律法规,使企业在服务化转型过程中有规范可遵循。

参考文献

安筱鹏:《重构:数字化转型的逻辑》,电子工业出版社 2019 年版。

陈迎、潘家华、谢来辉:《中国外贸进出口商品中的内涵能源及其政策含义》,《经济研究》2008 年第 7 期。

俞海峰:《中国产品内贸易对环境的影响——基于规模、结构、技术三效应的分析》,《哈尔滨商业大学学报(社会科学版)》2014 年第 2 期。

方鸣:《投入服务化对工业行业环境技术效率的影响研究》,《江淮论坛》2015 年第 6 期。

芮明杰:《中国新型产业体系构建与发展研究》,上海财经大学出版社 2017 年版。

第十章　张江科学城创新体系整体效能提升

【摘要】 党的二十大报告提出"提升国家创新体系整体效能",习近平总书记多次强调提升创新体系整体效能对于创新发展的重要性。张江科学城作为国家创新战略的重大部署,目前已经形成了完备的创新体系要素和系统结构。本章立足创新体系效能的系统生成机制角度,从张江综合性国家科学中心建设、高能级创新要素集聚、产业布局、金融资本、人才高地五个方面,阐述了张江科学城创新体系的系统结构,从体制机制改革和制度创新两方面总结了张江科学城创新体系的系统运行,从策源能力和成果转化能力方面分析张江科学城创新体系的系统功能的优势和短板。最后,本章从高水平科技自立自强、"四链精准融合"和人文生态三个方面对提升张江科学城创新体系整体效能进行了思考。

【关键词】 张江;科学城;创新体系;整体效能

2018年11月6日,习近平总书记在张江科学城展示厅考察时提出,"提升创新体系整体效能"。[①] 2022年,习近平总书记在党的二十大报告中提出,"提升国家创新体系整体效能"。这些重要论述揭示了提升创新体系整体效能的重大命题。随着我国迈入创新型国家行列,构建新时代科技发展新格局,需要进一步加强各类创新主体统筹协同,持续推进产学研深度融合,提升创新体系整体效能。

一、张江科学城创新体系效能的系统生成机制

历史经验表明,科技创新改变世界格局。从国际来看,美国、欧盟、日本都

[①] 胡洪江、杨翘楚:《坚定改革开放再出发信心和决心　加快提升城市能级和核心竞争力》,《人民日报》2018年11月8日,第1版。

相继发布了相应的科技创新战略。中国不少地区,包括北京、上海、合肥和大湾区等,也提早部署,国家创新体系的整体效能逐步显现。创新体系整体效能包含了科技创新的四个重要概念,即科学、技术、工程、创新。具体来说,科学是指对规律的认识和发现,技术是指发明,工程是指将发明做成产品,创新是指将工程转变为市场需要的产业,这四个是并列的概念,也是创新体系整体效能的系统生成最核心的要素。系统生成后,通过各类体制、机制、制度支撑系统运行,从而形成创新各主体、各环节相互支撑、高效互动的格局,[①]最终产出的整体效能主要表现在策源能力和成果转化能力上。

张江科学城是国家创新战略的重大部署,其前身叫张江高科技园区,于1992年7月开园,是我国当时唯一用"高科技园区"命名的开发区。2016年张江综合性国家科学中心获批。2017年,张江科学城规划获批。截至2023年,张江科学城诞生31年,规划面积约220平方千米。张江科学城经历了从"高科技、产业化"战略下的开拓奋进,到"科教兴国"战略下的跨越发展,再到"自主创新"战略下的自立自强等多个发展阶段。自开园起,张江始终紧紧围绕服务国家战略需求,从一个默默无闻的郊区小镇,茁壮成长为今天具有全球影响力的科技创新中心核心承载区。张江科学城凝聚了科创中心、科学中心建设合力,目前已经形成了完备的创新体系要素和系统结构。

(一) 张江科学城创新体系的系统结构

1. 围绕"科学"特征,加快张江综合性国家科学中心建设

加快张江综合性国家科学中心建设,全力打造世界一流的重大科技基础设施集群。目前,浦东新区在建、在用的国家重大科技基础设施已达14个,其中上海光源、蛋白质设施、软X射线自由电子激光装置、硬X射线自由电子激光装置、超强超短激光装置等8个在张江科学城。张江综合性国家科学中心集中度、显示度不断提升,在国家战略需求与重大应用方面发挥着越来越显著的作用。比如上海光源,2018年时只有15条线站,如今已增加到了27条。它既可以用于基础科学研究,也可以服务于产业应用。自开放以来,已经服务了15 000项课题研究、30 000多用户,支撑产出了大批学科前沿研究成果。2021年百济神州研发的第一款抗癌新药泽布替尼,它的研制过程中所有分子结合的结构数据,都是在上海光源获得的。目前该产品已经获批上市,类似这样的

---

① 李文强:《新时代提升国家创新体系整体效能路径研究》,《湖南社会科学》2023年第3期。

企业还有很多。2023年,上海光源总计有32条线站投入运行,将服务更多的高校、研究机构和企业用户。2018年羲和激光装置还在建设进程中,硬线装置才刚刚启动建设。如今"羲和"已经开始向全球科学家共享开放;硬线装置已经完成了绝大部分关键技术的突破,进入到工程实施阶段,预计在2025年全面建成。届时,张江科学城将形成光子科学设施集群,上海也将建成世界三大光子科学中心之一。

2. 加速集聚高能级创新要素资源

除了令人瞩目的"国家队"大科学装置,张江科学城创新的另一个重要源头就是培育一批世界一流的大学、科研机构和重大科研平台。张江建科学城,浦东建科创中心核心功能区,凭自身的力量、资源、影响力是建不成的,不能关起门来,必须要开放。对接清华大学、北京大学、复旦大学、上海交大、中科大等高校创新资源,支持高校创新机构落户张江。同时还聚集了一群世界级的学术大师,建立了若干一流实验与理论研究团队,搭建了一个国际顶尖的学术交流平台,建设一个有特色的科普教育基地。比如张江与上海交大在张江地区成立"李政道研究所",与华东理工大学成立了以2016年诺贝尔化学奖获得者、荷兰皇家科学院院士伯纳德·费林加教授命名的"费林加诺贝尔奖科学家联合研究中心"。浦东建立了一所高起点的本土大学——上海科技大学。浦东张江虽然"先天不足",但是通过后期努力,聚集了一大批世界级的学术大师,在前沿领域开创了一批具有国际影响力的科技创新成果。

3. 加快前瞻产业布局

创新驱动主体从政府主导到企业主导转变。发挥企业主导作用,做好公共服务平台,营造良好的政策软环境,政府、科研机构、企业等共同构成一个"创新同盟"。目前浦东企业总数超过40多万家,经认定的高新技术企业超过2300家,占上海市1/3;新增4家市级特色产业园区,战略性新兴产业增加值占工业增加值比重达到近50%。2022年,浦东新区授牌大企业开放创新中心31家,总数达到65家;新认定高企1916家,有效期内高企总数达4718家。目前,已经初步构建形成以集成电路、生物医药和人工智能三大先导产业为引领,六大硬核产业为支撑,新动能不断涌现的"3+6+X"的现代产业体系。

4. 金融资本平台等资源登场

张江科学城已经集聚了红杉资本、高瓴资本等162家创投机构、28家银行,以及上海股权托管交易中心、长三角资本市场服务基地等服务企业的投融资平台。截至2021年底,张江科学城境内外上市企业为77家。其中科创板上市企业27家,占上海市近一半,首发募资总额占全国近五分之一。张江科学城形成了门类丰富、层次较高的资源体系。一是形成了非常完整的创新孵化链条,建成孵化器179家,加速器6家,在孵企业从业人员5万余人,在孵企业团队超4300家,科技小巨人企业674家,专精特新企业854家,专精特新小巨人112家,制造业单项冠军企业12家。二是在研发服务、计量测试、检验认证等领域形成了高层次的科技成果转化平台。

5. 形成创新人才高地

要构建新发展格局,离不开科技自主创新,而人才是科技创新驱动的核心竞争力。中国现在研发投资总额位居世界第二,仅次于美国。如果按汇率折算的话,中国的研发投入相当于美国的70%。如果按照购买平价计算,中国的研发投入相当于美国的90%,可以说我国的研发投入效率在不断地提升。但是同时我们也面临"卡脖子"问题,当前阶段解决"卡脖子"问题的关键在于人才。我们的科技需要人才,我们的人才也需要科技。张江科学城目前高水平人才高地建设稳步推进,高层次人才不断集聚。据统计,从业人员总数为49.9万人,其中硕士以上学历人才为10万人。

二、张江科学城创新体系的系统运行现状

体制机制是形成创新策源持续动力的保障。张江科学城不断深化体制机制改革,支撑创新体系的系统运行。

(一) 市院合作,发挥好国家战略科技力量

大科学装置作为国家战略科技力量,是科技原始创新、自主创新、颠覆性创新的重要驱动力。张江科学城已经集聚了一批高能级的大科学设施,如何建设和运行好这样一支"国家队"显得尤为关键。上海首创"院市合作"模式,即中国科学院和上海市政府合作的模式,在大科学设施建设和运行阶段都发挥了至关重要的作用。中国科学院上海高等研究院(简称"高研院")是由中国科学院和上海市人民政府共建的科研机构,坐落于中国科学院上海浦东科技园(张江核心区)。2017年3月,中国科学院与上海市签订了深化合作的补充协议,蛋白质设施和上海光源先后划转至高研院以支持上海科创中心建设。目前,高研院以先进光源大科学装置的研制、建设和运行为核心,开展加速器科学、光子科学、能源科学与信息科学领域的原始创新研究和关键核心技术研

发,支撑前沿科学研究,为战略新兴产业提供核心技术和集成技术解决方案。同时以大科学设施群作为"基石",上海市和中国科学院合作共建张江实验室,为争取获批成为首批国家实验室奠定坚实的基础。

(二) 机构职能整合,法制层面进行突破

为更好形成合力,2018年四家机构整合重组为上海推进科技创新中心建设办公室,统筹推进上海科创中心建设。依靠上海高度成熟的法治体系,从法制层面奠定张江持续创新基础。2020年5月,全国首例科技创新地方立法《上海市推进科技创新中心建设条例》正式实施。[①] 条例中设独立章节,明确"聚焦张江",推动张江科学城与张江综合性国家科学中心、张江高新区联动发展,这为张江科学城改革创新提供了法律依据。

(三) 从政策层面打造制度创新优势

创新的保障就是要打造奋发有为、公正透明的政府。浦东一直以来为改革而生、因改革而兴。在政府职能转变方面,坚持"放管服"改革,例如从企业便利化角度,浦东推出建立了张江跨境科创监管服务中心;率先践行全面创新改革试验,颁发了首张外国人永久居留身份证;聚焦关键产业布局,率先探索形成集成电路保税监管模式,率先试点药品上市许可持有人制度、医疗器械注册人制度,率先试点外籍人才口岸签证等政策。依托浦东新区高水平改革开放,形成了"1+1+X"政策创新体系,发布了"张江科学城'十四五'创新发展20条",引领核心技术新突破,发展产业新集群。

(四) 完善科技公共服务体系,探索高效运行模式

浦东特别是张江布局了很多先进的研发公共服务平台,其中最完整的是围绕生物医药的公共平台,浦东在全市占比为65%。在张江生物医药公共平台,可以提供从小白鼠到猩猩的各种各样标准的实验,包括完整的药物毒性检测平台、靶向平台、毒性测试平台、制剂平台等。浦东,推动国家药品审评长三角分中心、国家医疗器械审评长三角分中心落地张江,推动全国首个生物医药特殊物品进境联合监管试点,建设张江跨境科创监管服务中心等,这些平台成为企业可以得到的不可复制资源。

[①]《张江科学城增强高水平科技供给》,《上海科技报》2022年8月12日,第A1版。

知识产权战略布局稳步开展。成立浦东新区知识产权局,建成首家中国知识产权保护中心、首批国家知识产权运营公共服务平台国际运营(上海)试点平台、首个面向关键核心技术自主可控的专利联盟。目前,张江成为首批国家知识产权示范园区、国家生物医药专利导航产业发展实验区。

(五) 促进科技和金融深度融合

创新源于技术,成于资本。浦东大力设立科创板并试点注册制,截至2023年上半年,已有14家企业闯关科创板,涵盖集成电路、生物医药、新材料等重点新兴产业。截至2023年6月29日,南芯科技、索辰科技2家企业成功登陆科创板,浦东科创板上市企业累计达到46家,占上海的57%。实施"全国知识产权质押融资试点",推动小微"双创"增信基金设立工作,引导金融机构为科技企业提供融资。2020—2022年,浦东新区知识产权质押融资金额分别为8.66亿元、15.21亿元、17.49亿元,累计规模接近40亿元,约占全市的25.3%;登记项目数分别为46笔、58笔、114笔,累计融资企业数189家,约占全市的42.4%;融资规模和融资企业数持续增长,总量稳居全市第一。

(六) 加快产城融合发展

从园区到城区,这是园区发展模式的"范式革命",园区不再仅仅是科技园区了,还需要加入城市要素,是科技+城市的结合体。张江科学城坚持"人民城市"宗旨,实现由"园区"向"城区"的转变,城市副中心建设有序推进。作为全市唯一以科创为特点的市级城市副中心,张江商业、休闲、文体、教育、医疗等布局不断完善、品质不断提高,城市综合服务和交通节点功能不断强化,多层次人才公寓保障体系逐步完善。"十四五"期间,张江将打造成为开放、多元、充满活力和富有特色的城市公共活动中心区。

三、张江科学城创新体系的系统功能发挥

(一) 策源能力

张江科学城的前沿基础研究能力和源头自主创新能力明显增强,原创性科技成果持续涌现。2021年,年度发明专利授权超过35 000件,PCT专利申请超过1500件;李政道研究所牵头的暗物质探测项目刷新探测灵敏度极限;上海量子科学研究中心在国际刊物上发表重要研究成果,在超冷原子分子混

合气中首次实现三原子分子的量子相干合成。再比如现有在研新药超过660个,其中1类新药占比超50%,成为名副其实的"中国药谷",重大战略科技任务正有力实施。

但也应清醒地看到,张江技术创新能力整体处于世界前列,但是重大的技术突破不够。科学只有第一,没有第二,我们的突破往往是某个环节上的突破,但是"卡脖子"的重大技术突破不够,原因之一在于,主攻方向不够明确,导致重大突破效率较低。其次,协同效应还不够强大,政策红利相对碎片化。如果我们只有一个有为的政府,而缺乏一个有效的市场,我们只有外生的驱动力,而缺乏内生动力,科技创新成效可能会受到一定影响。

(二) 成果转化能力

企业科技创新的主体地位在制度上更加明确,科技创新成果转化应用的体制机制更加高效,"政产学研"的协同创新模式更加完善。金融对科技创新的支撑不断增强,"引育用留"的服务链条全面构建,近悦远来的人才生态更加完善,高端引领、梯度互补、相融互通的高端人才体系基本形成。张江"热带雨林"式的创新生态体征日渐鲜明,完备的产业体系已经形成。初创期企业需要上下游产业链配套,孵化器可以作为"红娘",为企业链接设备、技术、资源。张江拥有成熟的融资市场,企业需要资金"撑腰",孵化器可以为企业对接到社会资本。上海三大先导产业的公共服务平台正在张江完善,良种只要落入张江的沃土,就能得到充分的阳光雨露,实现自由生长。

但我们也应看到一些问题。首先,产业影响力在国际上还处于第二梯队。我们有非常强大和完整的产业链,但缺乏供应链的闭环。针对完整的产业链,如果没有制定产业标准能力,只是仅仅规模扩大、产业扩张,那么可能会带来非常大的挑战。其次,现在各类镇级特色园区布局不深、资源分散、链条脱节、范式滞后,虽然孵化空间比较大,但是"双创"的服务支撑力度比较弱,产业方向、专业孵化器、配套服务成熟度不够,容易变成简单的招商引税。

四、张江科学城创新体系整体效能提升的路径

(一) 坚持自主创新,实现高水平科技自立自强

中国式现代化是一项伟大而艰巨的事业,而中国式现代化的关键是高水平科技自立自强。首先,必须坚持前沿科学的自立自强。基础研究是整个科

学体系的源头，是所有技术问题的总机关。加强基础研究、原始创新，提升科技策源功能，是科技自立自强的必然要求。只有基石稳固，中国芯、创新药、智能造才能一往无前。张江必须夯实"从0到1"创新策源基础，进一步聚焦国家战略和重大领域的"卡脖子"攻关，擦亮硬核科技的本质。其次，必须坚持科技产业的自立自强。张江的建设与发展充分证明，发展高科技的关键在产业化，要不断增强战略性产业链，特别是供应链的自主可控能力。最后，必须坚持精神意志的自立自强。实践证明，关键核心技术要不来、买不来、讨不来，必须继续保持"十年磨一剑"的耐心和"前人栽树，后人乘凉"的胸襟，一代接着一代干，最终实现事业成功。

（二）发挥引领功能，进一步突出"四链精准融合"

在大科学时代，基础研究的组织化程度越来越高，要把所有的创新和产业从学科放到领域来看。比如医药领域的产业链很短，从基础研究突破到临床，从临床到生产，环节简单清晰但高投入、高风险，没有大的资本很难运作；而集成电路是一个产业链很长的过程，属于大兵团作战。因此，必须分领域来看待这些问题，不同的领域应该有针对性的政策支撑、组织方式、评估方法、项目支持，颗粒度不能太粗。张江必须充分发挥引领功能，坚持面向经济主战场，依托基础研究和战略科技优势，更加突出创新链、产业链、资金链、人才链精准的深度融合，进一步发挥出创新体系的整体效能。

围绕打通创新链产业链的关键环节，坚持问题导向，找到堵点痛点，弹性规划二次开发；围绕解决创新主体的迫切需求，坚持需求导向，从创新主体角度思考问题、解决问题，转变政府职能，提高服务能力，让每一个主体在张江创新创业有获得感归属感自豪感。围绕发挥市场配置资源的决定性作用，坚持市场导向，健全制度，创新监管，让人才、资金、技术、数据、土地等要素充分流动。具体来说，一是打造更为透明高效的政务环境，着力优化平衡服务与监管，积极探索更多突破性、引领性政策制度创新。二是提升管理机构的统筹能力和专业化能力，进一步理顺委办局和管委会、开发公司和运营主体等各类主体的关系，以系统观念提升系统有效性。三是推动投资机构集聚，深化科技信贷服务，发挥多层次资本市场融资功能，加强金融对科技创新的支撑，鼓励和引导"资本向前"。四是建设高水平公共研发服务体系，优化完善技术成果转化服务，加强知识产权运营和全链条保护。

(三) 追求卓越创新，打造开放包容的生态环境

卓越的创新需要全球的视野，需要开放的理念，需要一流的人才。一是进一步打造独具特色的创新生态，塑造张江科学城的精神和品格，弘扬新时代科学家精神，激发和保护企业家精神，促进科学精神与人文情怀的融合。以吸引人才、激励人才、成就人才为导向，提升海纳百川的开放氛围，优化合作共享的创新机制。支持大企业开放创新，着力提高自主探索、开放包容的创新文化。二是进一步打造具有高品质服务的创新生态样板地，打破约束、创造条件、大胆创新、深化改革，提升专业素质，点燃张江创新的核爆点。三是进一步打造具有现代化气息的品质生活创造地，提升城市吸引力，推动高质量要素集聚，提升国际化环境和居住生活质量。

第十一章　张江数据要素产业集聚区高质量发展

【摘要】 数据要素是数字经济发展的核心资源,通过市场化配置将形成重要的产业集群。利用目前新型数据交易平台、丰富的数据资源、强劲的数据需求和先进的数据技术等优势,浦东着力将张江打造成为国内一流的数据要素产业集聚区。数据要素产业集聚区建设将依托浦东立法权限,加大制度和政策供给力度,支持数据交易流通功能和机制完善,提升数据交易活跃度;探索公共数据授权经营机制,推进数据资源汇聚融合,持续提高数据供给水平;不断完善公共服务体系,推进新型数字基础设施建设,培育和引进数据要素企业集聚张江。

【关键词】 数据要素;数字经济;产业集聚区

党的二十大报告强调,要加快发展数字经济,促进数字经济和实体经济深度融合,打造具有国际竞争力的数字产业集群。数字经济正在逐步成为继农业经济、工业经济后的对未来世界产生深远影响的新经济形态。数据要素是数字经济发展的核心资源,在数字产业化和产业数字化中都起着关键性作用。为贯彻落实中央精神,进一步发挥社会主义现代化建设引领区的战略作用,浦东新区聚焦数据要素产业高质量发展,于 2022 年 11 月提出建设张江数据要素产业集聚区,2023 年 4 月发布《张江数据要素产业集聚区建设三年行动方案(2023—2025 年)》,要将张江打造成为数据要素高度集聚、高效配置、高速增值的数据要素产业高地。[①] 本章主要就张江数据要素产业集聚区建设的背景、目标、基础条件及主要挑战等展开分析,并提出进一步推进的主要建议。

---

① 目前学界与实务部门对数据要素产业尚未形成明确一致的界定。本研究将数据要素产业界定为以数据为劳动对象,由数据采集、数据存储、数据加工、数据流通、数据分析等环节所形成的产业。

一、张江数据要素产业集聚区建设的背景、优势及目标

(一) 我国数据要素产业将迎来快速发展阶段

我国数据要素市场化发展正进入全面推进阶段。2019年10月,党的十九届四中全会首次将数据作为与土地、资本、劳动、技术、知识、管理等并列的生产要素,要求健全由市场评价贡献、按贡献决定报酬的机制。2020年4月9日,《中共中央 国务院关于构建更加完善的要素市场化配置体制机制的意见》提出,推进政府数据开放共享、提升社会数据资源价值、加强数据资源整合和安全保护等加快培育数据要素市场的具体建议。2021年12月12日,国务院发布《"十四五"数字经济发展规划》,指出数据要素是数字经济深化发展的核心引擎,到2025年数据要素市场体系将初步建立。2022年12月19日,《中共中央 国务院关于构建数据基础制度更好发挥数据要素作用的意见》(简称"数据二十条")对外发布,提出加快构建数据基础制度的二十条意见,标志着数据要素市场进入规范化发展阶段。2023年3月,《党和国家机构改革方案》提出组建国家数据局,负责协调推进数据基础制度建设,统筹推进数字中国、数字经济、数字社会规划和建设等工作。

我国数据要素市场的不断完善必将带来数据要素产业的快速发展。据《中国数据要素市场发展报告(2021—2022)》中测算,2021—2022年中国数据要素市场化指数的平均得分是58.73,仍处于初级发展阶段,2021年我国数据要素市场规模达815亿元(包括数据采集、存储、加工、交易、分析、生态保障等模块,暂未包含数据应用的部分),预计"十四五"期间市场规模复合增速将超过25%。[①] 中国电子商会秘书长彭李辉在2023中国(保定)数据服务产业创新大会上表示,数据要素市场有望继续保持高增长态势,预计2025年市场规模有望接近2 000亿元。[②] 数字经济整体规模的快速增长,也将为数据要素产业发展带来巨大空间。

[①] 国家工业信息安全发展研究中心:《中国数据要素市场发展报告(2021—2022)》,2022年11月,https://cics-cert.org.cn/web_root/webpage/articlecontent_101006_1597772759436365826.htm,2023年7月10日。

[②] 澎湃新闻:《数字中国顶层设计要求畅通数据资源大循环,千亿数据市场如何受益》,2023年2月28日,https://www.thepaper.cn/newsDetail_forward_22109425(2023-02-28),2023年7月2日。

(二) 张江建设数据要素产业集聚区具备独特优势

张江承担着综合性国家科学中心的战略使命,是上海国际科技创新中心的核心承载区。目前,张江正着力打造科技创新策源地、高端产业增长极、创新生态共同体,在大力发展数据要素产业、推动数字经济发展方面具有独特的基础优势。

1. 上海数据交易所落户张江

作为数据要素流通的重要平台,新型数据交易所的成立与发展将有力促进数据要素产业的发展。上海数据交易所于2021年11月25日在张江揭牌成立,其目标是打造国家级数据交易所,成为全球数据要素配置的重要枢纽节点。根据上海数据交易所研究院测算,2022年我国数据场内交易的规模约为20亿元,数据场外市场规模约在1000亿元,场内交易占外交易的比重约为2%,预计数据交易每年会有20%以上的增速,其中场内交易市场增速应在40%以上,预估到2025年,场内交易占比将提升到总交易规模的三分之一或四分之一。成立一年多来,上海数据交易所已与800余家数商成功对接,签约数商企业超过500家。2022年8月,上海数据交易所在全国率先设立数字资产板块,促进传统企业实现数字化转型,实现数字资产与实体经济的深度融合。截至2023年6月,上海数据交易所数据产品累计挂牌数超过1300个,涉及金融、交通、工业、通信等12个行业领域,数据产品交易额超过4亿元,2023年场内交易额有望突破10亿元。

2. 汇聚丰富的数据资源

张江在科创类数据产生、流通、应用等方面具有产业发展的先天优势。张江是我国科学研究机构和研发中心最密集的区域之一。重大科技基础设施和研发机构加速在张江科学城集聚。张江科学城区域内已建、在建和规划的重大科技基础设施有十多个,涉及光子科学、生命科学、海洋科学、能源科学等领域。上海光源、国家蛋白质中心、射线自由电子激光装置等设施已组成全球规模最大、种类最全、综合能力最强的光子大科学设施群。中国科学院上海高等研究院、李政道研究所、朱光亚战略科技研究院、张江药物实验室、国际人类表型组研究院等一大批顶尖科研机构落户张江。

张江的金融数据产业已形成集聚态势。2021年7月,金融数据港在张江银行卡产业园的基础上转型成立,将为张江打造金融数据产业高地发挥重要作用。金融数据港重点聚焦支付、清算、征信、监管、安全、标准等六大功能,力争成为全国金融机构科技、研发、运维部门最集聚,金融数据最集聚的区域之一。目前,金融数据港已进驻近 30 家国内外重量级金融机构,拥有银行卡交易系统、征信系统、清算系统、反洗钱系统、国债登记结算系统等金融基础设施系统。

3. 蕴含强劲的数据运用需求

各行业对数据的开发利用需求是支撑要素产业发展的基础支撑。经过 30 多年发展,张江已具备雄厚的产业基础,尤其在生物医药、金融创新、数字文创、在线新经济、智能装备、基因技术、能源环境等数据要素的重要应用领域具有强劲的需求。浦东软件园是国家软件产业基地、国家软件出口基地、国家数字服务出口基地,目前年产值规模约 900 亿元。[①] 2021 年 1 月揭牌成立的张江在线新经济生态园,将带动整个张江在线新经济产业规模超过 2 000 亿元,汇聚 1 000 家行业领军企业。人工智能产业的高速发展需要大模型的支持,而大模型背后需要海量的数据支撑。据中国信通院发布的《人工智能白皮书(2022年)》显示,增大模型和增加训练数据是未来人工智能演进方向,当前预训练模型参数数量、训练数据规模按照每年 300 倍的趋势增长,海量数据需求的提升将带动数据要素产业高速发展。[②] 张江人工智能岛是我国首个人工智能创新应用先导区的核心承载区,已集聚微软 AI&IoT Insider 实验室、IBM 研发总部、阿里平头哥、云从科技等行业龙头,人工智能产业集聚已形成一定规模,覆盖人工智能基础层、技术层、应用层全产业链。人工智能岛二期项目正抓紧建设,预计于 2026 年建成。

4. 具备扎实的数据技术基础保障

数据要素的流通交易需要数据基础设施、加工处理等相关技术的支撑。张江在数据前沿技术、算力算法、加工处理、集成服务等方面拥有大批代表性企业。集成电路是数据要素产业发展重要的硬件保障,张江引进培育一批世界一流集成电路设计企业,着力提升高端芯片设计能力。同时,积极推动芯片制造企业大力发展下一代集成电路生产工艺和产品,支持集成电路材料、设备企业加大研发及提升生产制造能力。2023 年 1 至 7 月,浦东新区集成电路产业产值规模达 535.12 亿元。大数据产业为数据资源集成、加工处理、分析交付等方面提供重要服务。截至 2023 年 6 月,浦东集聚了大数据核心企业 260

---

① 郑茂典:《浦东大数据中心:"升级版"城市大脑》,《科技创新与品牌》2023 第 5 期。
② 中国信通院:《人工智能白皮书(2022 年)》,2022 年 4 月,http://www.caict.ac.cn/kxyj/qwfb/bps/202204/t20220412_399752.htm,2023 年 7 月 8 日。

家,年总营收达1016.18亿元。浦东软件产业已形成全国最强软件开发生态,正不断提升信息技术服务水平,推动基础软件、工业软件、信息安全等技术创新发展。截至2022年底,浦东累计建成5G室外基站超过18000个,已建和在建互联网数据中心机架数达15万架。

5. 拥有日趋完善的综合配套

产业发展离不开必要的物理空间及相应的配套设施。目前,张江产城融合程度正不断提升,为数据要素产业提供广阔的发展空间及应用场景。张江正有序推进交通基础设施建设,高品质公共服务和设施等正加快布局。张江已成为全国创新人才集聚高地,从业人员中硕士及以上学历科技人才占比超过16%。浦东国际人才港已经建成并投入使用,开设上海国际科创人才服务中心。张江的人才安居环境进一步改善,现有人才公寓25万平方米,可以满足约2万人的租住需求。

(三) 张江数据要素产业集聚区建设的主要目标

在加快推动我国数据要素市场化配置改革背景下,浦东为贯彻落实国家和上海市关于大力发展数据要素产业的要求,结合张江已经形成的多方面基础优势,提出建设张江数据要素产业集聚区,作为浦东打造社会主义现代化建设引领区的重要任务之一。《张江数据要素产业集聚区建设三年行动方案(2023—2025年)》提出,按照立足浦东、辐射长三角、服务全国、链接全球的总体思路,通过畅通数据要素市场化流通渠道,创新数据要素开发利用机制,培育数据要素服务领军企业,构建数据要素前沿应用场景,完善数字信任生态体系,将张江打造成为具备强大数据策源能力、资源配置功能、行业赋能效应的数据要素产业集聚区,力争数据要素产业发展保持国内领先,成为数据要素交易流通枢纽地、数据要素产业发展引领区、数据要素应用场景示范区,助力浦东新区打造成为上海国际数字之都的核心承载区。

该方案指出,到2025年,张江数据要素产业集聚区要建设成为全市乃至全国数据流通交易最活跃、数商企业集中度最高、数据产业发展生态最优的数据要素产业集聚区,主要指标包括:上海数据交易所挂牌交易数据产品超过5000个,签约数商企业200家以上,服务数据供需主体超过10万家,引育数据链主企业10家以上及数据类专精特新企业40家以上,建设创新型、标志性数据要素应用场景100个以上,数据要素核心产业规模达到1000亿元。

二、张江数据要素产业集聚区建设的主要挑战

总体上,我国数据要素市场化建设处于初始阶段,数据要素产业的发展也还处在起步阶段。因此,虽然张江在发展数据要素产业方面具有一定的基础优势,但要达成集聚区的建设目标,在数据要素流通的制度建设、数据要素产业的培植、数据要素市场生态的优化等方面将面临一些挑战,需要不断进行实践探索。

(一)数据要素交易流通的难点仍需突破

近年来,国内快速建立一定数量的数据交易所。[①] 但数据要素市场仍存在权利界定、价格机制、流通规则等问题,制约着场内交易的发展。具体来看,主要包括以下方面:

1. 数据确权难问题需进一步破解

数据要素市场化的本质是实现数据要素的商业化流转,而前提是能够清晰地界定权属、明晰相关权益。由于数据作为新型生产要素,具有非消耗性、可复制、非竞争性、部分非排他性等特点。而且,在数据生产、流通、使用等过程中,个人、企业、政府等多元主体不仅对数据有着不同利益诉求。这些都对以所有权为核心的传统产权制度提出了新挑战。目前,我国在《民法典》总则第 127 条对数据的民事权益客体属性虽已做出原则性规定,《个人信息保护法》《数据安全法》《网络安全法》等法规也有涉及数据信息保护等相关规定,但真正适应数据要素商业化的权益保护法律体系尚未建立。"数据二十条"首创性提出建立数据资源持有权、数据加工使用权、数据产品经营权"三权"分置的数据产权框架。但在实践中,仍需要对产权分置机制的运转做进一步的探索,结合具体场景实施分类分级确权授权使用。

2. 数据定价难问题需进一步探索

数据具有结构多变的异质性,其有用性与使用价值难以事先确定,使得数据定价的难度较大。首先是传统的资产评估方法较难为供需双方定价提供衡

[①] 截至 2023 年 9 月 18 日,在统一代码数据库中,全国注册成立的数据交易机构有 60 家,已注销 11 家。人民网:《全国已注册成立数据交易机构 60 家》,2023 年 9 月 18 日,http://finance.people.com.cn/n1/2023/0918/,2023 年 9 月 18 日。

量标准。传统资产评估可采用成本法、收益法和市场法。但数据生产主体多元,成本不易区分,且贬值和风险因素量化比较困难,重置成本估算难度大。当运用收益法时,数据的时效性、价值与特定场景结合的紧密性成为估价难点。而市场法的运用也受到市场活跃度较低、可比市场交易案例缺乏的限制。其次是价格形成机制尚不通畅。市场主体在数据要素市场的参与度低,供需关系低成本匹配难,加上数据产品的标准化程度不高,供需双方互动议价难度大。因此,需要针对数据要素的不同运用场景及流通形态,综合运用各种评估方法,探索构建数据价值评估的指标体系和基本模型,在实践中不断完善议价机制。

3. 数据流通交易活跃度需进一步提升

目前,数据交易采用场外交易方式居多,数据入场交易意愿总体仍偏低,有效需求与有效供给不足同时存在的现象较为突出。这一状况的形成,除上述确权定价难等原因之外,还存在以下原因:首先是国家层面对数据交易的立法缺失,对数据场内流通缺乏有效激励,对场外"黑市"交易的有效监管治理缺失。其次是良好的数据交易生态需要进一步塑造,市场主体对数据挖掘开发、交易的意识有待进一步加强,相关数据交易服务业发展还处于起步阶段。再次是场内交易合规成本较高、中小企业入场难等问题有待解决。数据交易所的核心作用有待进一步发挥,加强数据登记、合规公证、资产评估等一系列专业与增值服务功能。最后是互信难问题仍未根本解决。从供给方角度考虑,主要顾虑在于需求方是否会按合约使用数据,是否会在交付后不当地使用或处理数据,而从需求方看,主要担心供方的数据来源是否合规和真实,能否真正实现数据价值。这需要从制度创新、技术保障、合规认证等方面进一步加强探索。

(二) 数据要素供给水平有待进一步提高

从数据要素供给端看,现阶段高质量、标准化、可用度高的数据供给不足,很大程度制约了数字要素产业的发展。

1. 数据主体和来源多,需进一步加强数据资源整合

目前,公共数据、企业数据、个人数据等来源广泛,门类繁杂,部分数据拥有者缺乏流通变现意识,供给意愿不强,数据资源难以有效整合。在公共数据的供给方面,需进一步加大内部的跨部门、跨层级、跨区域数据整合力度,深化公共数据开放共享,进一步探索公共数据的授权运营模式。在企业数据的供

给方面,需要在相关评估标准制定及标准化数据提供等方面加大扶持力度。在个人数据的供给方面,个人数据授权机制尚待建立健全,个人数据市场潜力尚待进一步发挥。

2. 数据供给质量参差不齐,需进一步提升数据处理水平

目前数据产品的标准化水平不高,数据加工和产品开发落后于数字经济发展的需求。从原始数据形成可流通、利用的数据资源,再从数据资源向数据产品转化,需要更高水平的标准化数据加工和开发服务,才能满足市场的数据需求。需要进一步加快建设标准化体系,统一数据接口、格式等方面的标准,支持发展数据处理技术,增强数据处理能力,提升数据质量。

(三) 支持数据要素企业发展的市场生态需进一步优化

打造数据要素产业集聚区,必然要求引育众多数据要素企业汇聚张江。而良好的市场生态是吸引企业的必要条件。为此,需要在制度保障、营商环境等方面进一步营造良好的市场生态。

1. 制度和政策供给需进一步加强

数商企业在数据要素产业链处于核心位置。[1] 但目前在交易流通等方面的制度规则体系建设相对滞后,支持数商发展的政策举措还较少,需要进一步加强制度创新、加大政策支持,既推动张江一批大数据企业如万得、亿通国际、达观、联仁健康等,成长为具有市场影响力的数据资源供给和加工服务的链主企业,又能够吸引更多链主企业进驻张江,发挥链主型企业牵引带动作用,吸引更多的数商集聚发展。

2. 公共数据开放与运营机制需进一步创新

丰富而高质量的数据来源是数据要素企业发展壮大的基础。除了来自企业等市场主体的数据之外,公共部门的数据能够为数商企业提供重要的"原材料",其对此需求迫切。近年来,虽然公共数据开放已引起政府高度重视并取得显著进步,但是仍有一些部门仅是基于上级部门的指令要求而例行公事式地开放数据,其数据的适应性和持续更新都难以得到有效保障,另有一些部门基于责任等方面考虑,往往会以数据安全为由仅做最小限度的开放,数据的可用程度较低。为解决公共数据利用的可持续性和适应性问题,需要进一步从

---

[1] 数商企业是指为数据交易提供数据产品开发、发布、承销和数据资产的合规化、标准化、增值化服务的各类市场主体。

运行机制方面探索开放与运营新模式。

3. 公共服务体系建设需进一步完善

数据要素市场化配置效率的提高还需要更好地发挥政府的公共服务功能。在数据交易平台建设方面，需要政府更大力度支持上海数据交易所建设，支持行业性数据交易平台建设。在提高企业数据管理理念和管理能力方面，需要相关部门进一步积极引导和推动市场主体数据管理成熟度（DCMM）、数据安全能力建设框架（DSMM）等国家标准贯标工作，鼓励交易机构、数商、中介服务组织、行业协会等探索数据标准规范的建设。在数据人才的培育和引进方面，需要相关部门进一步完善相关服务政策和保障措施，使得更多的专业人才汇聚张江。

三、推进张江数据要素产业集聚区高质量发展的举措

张江数据要素产业集聚区建设应着力完善多层次的数据要素市场，积极培育数据要素市场主体，激发产业链各环节潜能，加强技术、产品和服务协同，推动产业高质量发展。

（一）积极支持数据要素市场化平台建设

1. 运用浦东立法权限制定数据专项法规

积极发挥制度创新在数据要素市场建设中的指导及引领作用。深入贯彻落实中央《关于构建数据基础制度　更好发挥数据要素作用的意见》《数字中国建设整体布局规划》等重要政策文件，结合深化《上海市数据条例》，依托浦东新区法规立法权限，研究出台数据专项法规。近期，为解决数据确权难、交易流通难等问题而制定的《上海市促进浦东新区数据流通交易若干规定（草案）》，已进入公示阶段。该法规充分利用浦东新区法规的立法权限，针对"数据二十条"提出的数据产权结构性分置制度进行探索，丰富细化"数据资源持有权""数据加工使用权"和"数据产品经营权"的内涵和要求，界定数据产权人的主体范围并明确其相关权益。下一步，浦东新区要力争在数据资产化、数据安全、数据要素收益分配等方面进一步加强立法探索，加快形成数据要素市场化制度体系。同时，积极参与推动上海市数据地方标准和团体标准的制定出台。

2. 支持交易流通功能和机制的完善

大力支持上海数据交易所在准公共服务、全数字化交易、全链生态构建、

制度规则创新等功能的完善。积极参与制定和完善数据资产挂牌与登记制度,加快制定数据流通合规性评估、数据产品及服务权益认定、数据质量评估、数据交易定价等相关标准。支持探索研究将数据资产纳入企业资产负债表,建立数据资产价值评估机制。做好协同监管,使企业对合规成本形成稳定预期,助力供需两端解决数据争端。支持上海数据交易所探索建立数据交易国际版,特别是加强与临港国际数据港先导区功能联动,积极争取相关政策在集聚区同等适用,深化数据跨境流动机制创新。

3. 助力数据流通交易活跃度的提升

支持浦东各类企业形成高质量数据产品并在上海数据交易所挂牌交易。继续利用好专项发展资金,支持各类企业在数据交易所挂牌交易数据产品。重点支持金融、航运、贸易、科技、先进制造业等各领域企业入场交易,提升数据流通交易的活跃度。鼓励上海数据交易所发起数据采购"团购"和"数据＋算力"组合销售模式,提供灵活多元化的数据业务合作模式,引导中小企业将场外交易向场内交易转移。出台实质性举措支持浦东政府部门、国有企业率先在上海数据交易所入场交易,并建立数据产品双向流通渠道,优先通过上海数据交易所采购数据产品。依托上海数据交易所已设立的数字资产板块,推动更多与实体经济相结合的数字资产上市发行。

(二) 加快推动高质量数据要素资源集聚

1. 探索公共数据授权经营机制

为有效解决数据供给流于形式和适用性差等问题,在加大公共数据开放基础上,积极探索公共数据授权运营机制,加强数据产品开发并挂牌交易。贯彻落实《上海市公共数据开放暂行办法》及《上海市公共数据开放实施细则》,可考虑由浦东国资成立数据集团公司,整合浦东相关部门和国有企业的主要数据资源,通过市场化运作,促进各类数据资源归集、利用和再开发,形成高质量的数据产品和服务,开展数字资产运营、数据交易服务、数字金融科技和数字产业投资,进一步推进数据要素的市场流通和相关产业发展。

2. 促进重点领域高质量数据资源汇聚融合

充分利用浦东先导产业、硬核产业和重点先进服务业优势,推动各产业领域数据要素汇聚融合。在人工智能、生物医药、集成电路、智能装备等产业领域,支持行业数据平台建设,培育数据要素链主企业,强化数据要素流通与应用。支持张江药谷与申康集团联动,搭建医企融合信息平台,推进临床数据向企业有序开放,促进基因治疗、高端生物制品、创新药和高端医疗器械研发。支持工业互联网、智能网联汽车等领域的数据要素交易流通,搭建相关数据公共平台,放大产业数据要素集聚效应。在金融、航运、贸易等领域,促进资本市场与数据要素市场融合发展,推动证券、外汇、期货、票据、黄金等金融数据的流通交易与开发利用。支持航运、航空产业加强数据开发与应用,推动航运、航空领域数据要素流通应用。依托本市跨境贸易大数据平台,积极培育贸易数据服务提供商,加强数据挖掘与应用,研究制定贸易数据流通与交易规则,率先推动贸易数据在上海数据交易所交易。

(三) 打造数据要素产业发展良好市场环境

1. 营造数字信任生态

为破解数据交易流通的信任问题,应加快建立高效率、可信赖的数据可信流通环境,主要在以下四方面着力:一是建设可信数据流通平台,依托上海数据交易所,构建涵盖数据资产登记、交易、结算等环节的基础性功能平台,确保流通数据来源合法、隐私保护到位、流通交易规范。二是完善可信数据技术体系,积极推动加密、存储、安全计算、智能合约、可信硬件等计算技术发展应用。三是建设可信数据标准体系。争取设立数据交易标准化委员会,推动数字信任技术标准与认证体系建设。四是加强数据公共信用服务体系建设,注重信用监管,将数据交易行为纳入市场主体信用记录,探索实施数据交易主体信用评级机制、失信认定机制、失信惩戒机制等。

2. 加大数据要素企业培育和引入力度

充分发挥有为政府作用,加快完善公共服务体系,更大力度培育和引进数据要素企业集聚张江。一是加大数商引培力度。依托上海数据交易所,完善签约数商合作机制,建立包括路演、培训、沙龙等在内的公共服务体系。支持上海市数商协会工作,办好每年一度的"全球数商大会",发布优秀数商名录,鼓励引导企业在数据交易中采用优秀数商专业服务。二是支持链主企业加强行业数据要素整合和开发利用,通过引导基金等助力突破核心技术瓶颈,促进算力、算法和数据资源的精准配置和高效协同,并在优惠政策、企业融资与上市、产学研合作、知识产权服务等方面给予优先支持。三是加快推动企业级数据中心建设,推动各类数据企业开展 DCMM 贯标,强化数据创造、数据创新应用和流通交易能力。四是积极吸引咨询、评估等数据跨境服务专业机构落户张江,支持发展数据跨境服务业。五是推动大中小企业融通发展。建设数要素产业创新孵化平台和投资平台,构建优质数据要素企业培育库。

3. 夯实数字基础设施底座

围绕数据要素产业发展所需的网络、算力和安全等需求,积极推动张江新型数字基础设施建设,为数据要素产业发展提供基础支撑。第一,进一步完善网络连接体系。继续推进第五代移动通信(5G)网络深度覆盖、高速 Wi-Fi、智能传感器等新型基础设施建设,加快建设面向行业的移动专网,提升光纤宽带网络服务能级。加快推进互联网协议第六版(IPv6)部署,全面提升数据传输能力。第二,进一步完善协同计算体系。支持上海超算中心改造升级,加强面向应用的边缘计算节点布局。鼓励集聚区内的数据中心与全市的数据中心以及长三角地区的数据中心建设直达通信链路。构建赋能城市数字化转型的公共算法能力服务平台。支持金融数据港建设共享算力中心,保障数据要素中小企业获得普惠的公共算力资源。第三,进一步构建数据安全系统。建设关键信息安全防护系统,建立分层处置、分类计算、动态评估的数据安全管理体系,增强数据安全监测预警和应急处置能力。第四,积极推动大数据联合实验室、大数据测试认证平台、体验中心、实训基地等建设。发展大数据开源社区,培育开源生态。第五,大力支持集成电路关键核心技术突破,推动国产应用软件研发与应用,强化张江数字技术创新策源功能。

参考文献

国家工业信息安全发展研究中心:《中国数据要素市场发展报告(2021—2022)》,2022 年 11 月,https://cics-cert.org.cn/web_root/webpage/articlecontent_101006_1597772759436365826.htm,2023 年 7 月 10 日。

上海市浦东新区科技和经济委员会、中国(上海)自由贸易试验区管理委员会张江管理局:《张江数据要素产业集聚区建设三年行动方案(2023—2025 年)》,浦科经委〔2023〕51 号,2023 年 4 月 11 日。

于施洋、王建冬、黄倩倩:《论数据要素市场》,人民出版社 2023 年版。

中国大数据产业观察:《全国数商产业发展报告(2022)》,2022 年 11 月 28 日,http://www.cbdio.com/BigData/2022-11/28/content_6171178.htm,2023 年 7 月 10 日。

中国信通院:《数据要素白皮书(2022 年)》,2023 年 1 月 7 日,http://www.caict.ac.cn/kxyj/qwfb/bps/202301/t20230107_413788.htm,2023 年 7 月 10 日。

中国信通院:《中国数字经济发展研究报告(2023 年)》,2023 年 4 月 27 日,http://www.caict.ac.cn/kxyj/qwfb/bps/202304/t20230427_419051.htm,2023 年 7 月 10 日。

第十二章　全面注册制提升浦东新区政府引导基金投资效能

【摘要】 浦东新区已经设立三大政府引导基金,投资硬核产业、布局新赛道、发现早期项目已经取得一定成绩。但浦东的政府引导基金在运行中仍面临一些困难:专业人才队伍匮乏;创业投资的全行业生态需要丰富和完善;规模相对较小,投资效能有待提高;运营机制和业务流程需要进一步优化;基金的转让和退出渠道需要拓宽。全面注册制实施后,要多措并举提升浦东新区政府引导基金投资效能:一是打造政府引导基金的专业化人才队伍;二是优化运营机制和业务流程,提高政府引导基金的市场化管理水平;三是加大项目储备,制定重点支持企业评审及管理办法;四是完善创业投资准入管理,打造良好创投生态链;五是以全面注册制实施为契机,丰富政府引导基金的退出渠道。

【关键词】 全面注册制;政府引导基金;浦东新区;投资效能

2023年2月17日,中国证监会发布全面实行股票发行注册制相关制度规则,自公布之日起施行。这意味着我国资本市场全面实施注册制的开始,有望重塑我国资本市场的生态。这对于资本市场的重要参与者之一:各类公私募基金的投资和运营也将产生重大的影响。政府引导基金是一种由政府发起设立的,利用国有资金引导社会资本参与的政策性私募基金。政府引导基金通常聚焦于政府认为具有战略性和发展前景的领域,如新能源、高端装备制造、生物医药、信息技术等,其主要运作模式是通过引导投资、提供融资以及技术支持等方式,促进某些产业的发展,从而达到加速经济增长、优化产业结构、提升国家或区域综合竞争力等目的。"十四五"期间,特别是随着全面注册制的实施,浦东要打造自主创新新高地,需要进一步提升政府引导基金效能,改进基金运作中存在的问题和不足,使引导基金发挥对社会资本的引导作用,推动浦东高科技产业的高速发展。

一、浦东新区政府引导基金的发展历程

浦东新区是全国最早设立政府引导基金的地区之一。早在 2006 年浦东就试点设立"浦东新区创业风险投资引导基金",引导基金出资 11.15 亿元,先后参与设立 19 只子基金,基金总量超过 300 亿元,引导向浦东的科创企业投资达 51 亿元。其后浦东的政府引导基金几经变迁和发展,截至 2023 年 7 月,浦东共有三家政府引导基金,分别是:浦东科技创新母基金(简称"科创母基金")、引领区产业发展基金(简称"引领区基金")、浦东天使创业投资基金(简称"浦东天使基金")。"三大基金"投资硬核产业、布局新赛道、发现早期项目已经初见成效。

一是科创母基金创新"产业+基地+基金"联动发展模式,培育科创产业集群。2019 年 10 月设立运行的科创母基金,立足于新区发展需要、战略定位和责任使命,着眼于金融创新解决产业发展问题,培养和形成产业集群。首期规模 55 亿元,聚焦中国芯、创新药、蓝天梦、未来车、智能造、数据港等六大硬核产业,设立若干支特点鲜明的行业专项子基金,吸引各类社会资本,放大基金规模,形成约 200 亿元的科技创新产业基金群。截至 2023 年 7 月,科创母基金已组建 7 只子基金,实现六大硬核产业全覆盖,形成总规模 150 亿元的子基金群,已投资项目 123 个,累计完成投资 53.67 亿元,带动社会投资约 500 亿元。项目投资重点聚焦"三大先导产业",集成电路占比 61.1%,生物医药及医疗器械占比 26.2%,人工智能及航空航天占比 12.7%。其中 77% 的企业注册于浦东,55% 的项目三年内申报科创板,专精特新"小巨人"企业国家级 15 家、省市级 25 家,目前已有 7 个项目于科创板上市。

二是引领区基金发起设立三大产业引导母基金,带动更多社会资本投资浦东产业发展。引领区基金是《中共中央 国务院关于支持浦东新区高水平改革开放打造社会主义现代化建设引领区的意见》(简称《引领区意见》)发布以来,浦东新区出资设立的第一只母基金,于 2022 年 7 月正式成立。一期由浦东新区出资 50 亿元,采取"揭榜挂帅""赛马机制"等方式,遴选专业化市场化管理人。目前,引领区基金发起设立的三大产业引导母基金全部设立完成。引领区基金建设是更高能级的资源整合,引导各类优质资源赋能浦东科创产业发展。未来三年,预计通过三大引导母基金有望形成约 1000 亿元的子基金群投资浦东,并实现不低于 300 亿元的投资金额落地浦东,较引领区基金的出

资金额放大约 10 倍。在发起三大引导母基金的同时，聚焦数字经济和移动信息现代产业链两大领域，参与组建百亿上海中移数字化转型产业基金和百亿上海首支 S 基金。

三是新设立的浦东天使基金将加大对初创项目的早期投资和孵化力度，提供全链条、全周期、全生态赋能。2023 年 7 月，浦东天使基金注册成立，基金总规模 20 亿元，首期 10 亿元，聚焦"投早、投小、投硬"，持续加强浦东在"科技策源"与"产业集群"等方面工作，引导各类创业投资基金、并购投资基金、产业投资基金和母基金等专业化投资机构，深度参与科技创新的"起跑区"，补足科技创新从 0 到 1 的资本短板，形成风险共担机制和创新的全链条加速机制，实现基金投向"使命驱动型"和投资方式"市场化运行"的有效平衡。前期已与多家创投机构、早期科创项目对接，储备项目超过 132 家，筛选优质初创企业 26 家，推进投资生物医药、智能制造、人工智能等科技领域 8 个项目。浦东天使基金将重点聚焦"四大新赛道""五大未来产业"等领域，凸显投育联动、同向同行，助推浦东科技产业高质量发展。

上述浦东三大政府引导基金的管理人都是浦东投控集团。2023 年 3 月，基于浦东投控集团在管理引领区产业发展基金和浦东科创母基金过程中对新区战略重点产业的引导带动作用，在第二届最佳国资基金管理人颁奖典礼上，投控集团荣获 2021—2022 年度"产业引导"专项奖。2023 年 7 月，投控集团再次入选清科研究中心评选的"2023 年中国股权投资市场机构有限合伙人 50 强"。

二、浦东新区政府引导基金面临的问题

第一，专业人才队伍匮乏。政府引导基金对创业投资的专业人才有较高的要求，优秀的管理团队和人才队伍是引导基金发展的关键要素。但由于历史原因，浦东的政府引导基金虽起步较早，但期间有很长时间停止了运作，导致人才培养出现断档，具有创业投资和产业引导实践经验和理论素养的人才紧缺，大部分从业人员是"半道出家"。加上目前浦东政府引导基金实施跟投、激励机制都不到位，不利于调动管理人员的积极性，也难以吸引优秀投资人才。相比之下，国内先进地区一些发展较快的引导基金机制较为灵活和市场化。如由深圳市政府出资并引导社会资本出资设立的深圳市创新投资集团，可以拿出公司净利润的 10% 以及具体项目净利润的 4% 用于奖励投资团队。

另一家政府引导基金管理人,江苏高科技投资集团,则通过混改实现了管理人员在其投资激励平台上持股70%。

第二,创业投资的全行业生态需要丰富和完善。政府引导基金是创业投资整个生态链上的重要一环。引导基金需要与其他国有创新资本、社会资本、混合资本和外资等发挥各自的优势,加强合作,集聚创投的能量。但是浦东离这种百花齐放的创投生态还有很大的差距。无论是国资创投还是社会资本的创投,很长一段时间以来,都是主体多、小而散,没有形成一家大体量、有极强的品牌影响力的专业投资机构。在各类权威机构发布的创投机构全国排名的榜单中,浦东与北京中关村、深圳等先进地区有较大差距,这与浦东引领区优秀的产业基础和基本面并不匹配。特别是浦东创业投资行业的准入管理尚待完善。2017年以来,由于网贷和P2P等行业屡屡出现爆雷、跑路现象,给金融稳定带来隐患。在此背景下,相关部门对带有"投资、基金"等名称的机构实行了强监管政策,私募股权基金等创业投资公司也受到波及,其准入和发展受到了一系列限制,导致机构和基金注册困难。2017年浦东新区创投机构注册数量断崖式下跌至2016年的一半,之后几年创投机构注册也一直未见明显增长。这对浦东创投行业壮大、被投科创企业的发展都产生了不利影响。

第三,规模相对较小,投资效能有待提高。截至2022年末,我国共设立2107只政府引导基金,已认缴规模6.51万亿元。其中先进地区如深圳的政府投资引导基金和天使投资引导基金规模分别是1000亿元和100亿元,而浦东新区的三大政府基金规模基本在10亿元到55亿元之间,规模明显较小。投资成效上,截至2023年7月,浦东的引导基金培育出科创板上市公司7家,而深圳市政府投资引导基金则累计培育出超过35家科创板上市公司,远远超过浦东。浦东三只政府引导基金运作以来,业务以设立母基金或投资子基金为主,其中的引领区基金几乎没有对战略性新兴产业或者高科技产业的直接投资,科创母基金也仅有10例直接投资(占比不到10%),直接投资少、间接投资为主使得政府引导基金对高端产业的带动和引领作用有所弱化,因此在助力浦东引进和培育高端科技产业链,实现打造高端产业的政策目标方面,基金的投资效能还不明显。

第四,运营机制和业务流程需要进一步优化。一是投资决策的流程长、受到国有资本或者政府资金管理的相关条框约束多,难以快速反应市场,甚至可能导致错失了优质项目。二是日常管理和绩效考核存在多部门多头管理、过于琐细、短期"债性"思维的情况,特别是引导基金的资金来源是财政资金或者国资专项注入,因此很关注预算执行、资金使用绩效或者保值增值情况,与股权投资的长期绩效考核导向不匹配,可能会影响一线人员的工作积极性和效率。三是政府引导基金的基金管理人员没有项目的推荐权,不利于发挥一线人员的主观能动性和积极性。

第五,基金的转让和退出渠道需要拓宽。当前上海私募股权和创业投资份额转让平台已经上线,这有利于拓宽国有创投基金的退出通道。但是在实际运行中,仍然存在进场审批复杂,致使部分国有意向卖家对于进场交易较为抵触;平台与市场监管部门尚未建立信息对接及共享机制,基金份额交易平台确保交易安全、提高交易效率与市场监管部门依法行政之间存在一定的不协调;在基金份额的评估定价实践中,评估方法、估值模型在基金份额估值应用上的适用性和准确性未得到监管部门承认等问题,导致基金份额转让平台的交易活跃度仍然不高。

三、全面注册制时代提高浦东新区政府引导基金投资效能的路径

2023年2月股票发行全面注册制的正式实施,实质上是对政府与市场关系的调整,旨在充分贯彻以信息披露为核心的理念,把企业上市及定价的选择权交给市场,整个资本市场的运行将更加市场化。这对于以IPO、收购兼并等资本运作作为主要退出渠道的创业投资基金来说,显然增加了投资机会和信心、降低了投资风险。浦东的政府引导基金应抓住机遇,迎难而上,发挥产业培育、资源集聚、促进科技创新的作用,提高投资效能,实现科技、产业、金融的高水平循环。

(一)打造政府引导基金的专业化人才队伍

内部锻炼培养和外部引进相结合,打造高素质专业投资团队。加强对基金管理团队的专业素养及能力的培养,打造既精通产业政策、又熟悉创业投资行业运作和资本运作的专家人才。优化政府引导基金绩效考核机制,在绩效考核方面要拉长回报率考核时限,加大吸引社会资本规模、改善科创企业发展状况等考核权重。探索实施管理层跟投机制,实现政府引导基金保值增值与管理人员薪酬的正向激励。

另外,建议学习深圳等先进地区的做法,出台《政府引导基金行业专家库

管理办法》，建立基金专家库制度，围绕浦东六大硬核产业、三大先导产业投资布局，由业内专家提供专业指导。

（二）优化运营机制和业务流程，提高政府引导基金的市场化管理水平

借鉴市国资委出台的《本市推进国有创业投资企业市场化运作措施实施细则（试点）》的做法，及市科创投跟投试点实践经验，出台浦东新区政府引导基金市场化运作管理办法，细化投资流程，明晰职能定位，合理确定审批权限。财政、国资等主管部门在对引导基金的管理中，应将债性思维转化为股性思维，既不能放任不管，又不能事无巨细面面俱到，既要确保对重大事项和投资方向的把控和国有资产的保值增值，又要提高政府引导基金的投资决策效率。

（三）加大项目储备库建设，制定重点支持企业评审及管理办法

一是张江、陆家嘴等区域与区金融局、区国资委等部门要联合建设"备选项目库"，对重点企业、龙头企业、标杆企业重点关注，持续跟踪，适时介入，强化基金的支持和引导力度，做到"投早投小投科技"，发挥引导基金的长期资本、耐心资本、战略资本的功能属性。二是政府引导基金应科学慎重进行项目选择和决策，要评估是否符合浦东的产业发展规划，能否确保项目的市场竞争力和产业集聚效应。要认真审慎开展专业化的尽职调查，全面了解目标企业的业务、财务、法律等经营状况和相关风险。三是建议给予相关政府引导基金的管理人员一定的项目推荐权，让三大政府引导基金能轻装上阵，发挥主观能动性，加大直投和领投的力度，既培养人才，又能加强对产业链的控制力、影响力，发挥对浦东战略重点产业的培育和引导带动作用。

（四）完善创业投资准入管理，打造良好创投生态链

充分运用浦东立法授权，在创业投资行业准入等方面制定浦东的地区性法规，支持浦东的创业投资等资管子行业的健康发展。建议浦东新区出台"浦东创业投资行业促进条例"，完善监管备案流程，对于在行业有一定声誉和较长投资经验的投资人发起设立的私募股权等创投基金，在注册准入上应提高注册便利化水平，简化流程，以支持浦东的创投行业健康发展。在张江和陆家嘴提升和整合创业投资的各项财政扶持政策，形成创业投资企业的集聚效应。

(五)以全面注册制实施为契机,丰富政府引导基金的退出渠道

要推进资本市场的注册制改革走深走实,提高科创企业上市融资效率;要发展创投二级市场基金,扩大私募基金份额转让试点范围和便利度;要活跃并购市场,在引导基金退出转化过程中发挥积极作用。要完善《引领区意见》中基金份额转让的政策落实细则。一是制定国有创投基金参与份额转让的审核流程,提高审核效率;二是支持份额转让平台与市场监管部门建立信息对接及共享机制;三是加快推进国有私募基金份额转让估值体系研究,并出台相关规范指引,促进国有基金份额评估与估值双轨制定价,提高交易效率。

参考文献

陈强、鲍竹:《上海国资创投的问题、原因及对策研究》,《科学管理研究》2018年第2期。

Ⅲ. 乡村振兴篇

第十三章　上海加快推动新农村建设的探索

【摘要】习近平总书记强调指出："民族要复兴，乡村必振兴。"乡村振兴是推进新农村建设的题中应有之义，是新农村建设的拓展和升级。加快和推动新农村建设是实现社会主义现代化农业强国的必然要求，目前仍然面临着城乡发展不均衡不充分等问题，必须以高质量党建引领保障农村发展，以高质量的产业筑牢物质基础，以高品质的生活增进村民福祉，以高效能的乡村治理提质增效，以高素质的乡村文明彰显新时代农村精神风貌。

【关键词】乡村；高质量；产业；治理

一、加快新农村建设的重大意义

（一）加强新农村建设，是深刻领会党中央乡村振兴战略部署、把农业强国摆上建设社会主义现代化强国重要位置的必然要求

党的二十大报告指出，全面推进乡村振兴，坚持农业农村优先发展，巩固拓展脱贫攻坚成果，加快建设农业强国，扎实推动乡村产业、人才、文化、生态、组织振兴，全方位夯实粮食安全根基，牢牢守住十八亿亩耕地红线，确保中国人的饭碗牢牢端在自己手中。[1] 党中央着眼全面建成社会主义现代化强国做出战略部署，即到 2035 年基本实现农业现代化，到本世纪中叶建成农业强国。农业强国是建设社会主义现代化强国的应有之义，强国必先强农，农强方能国强。没有农业强国就没有整个现代化强国；没有农业农村现代化，社会主义现

---

[1] 习近平：《高举中国特色社会主义伟大旗帜　为全面建设社会主义现代化国家而团结奋斗——在中国共产党第二十次全国代表大会上的报告》，人民出版社 2022 年版，第 31 页。

代化就是不全面的。① 正因农业强国是现代化强国的根基,要实现农业强国,当前就要抓好乡村振兴,加快推进新农村建设。

(二) 加强新农村建设,是解决城乡区域发展不平衡、实现共同富裕的必然要求

我们要走共同富裕之路,最艰巨最繁重的任务仍然在农村,必须逐步缩小城乡差距。从历史维度来看,在新中国成立后相当长的一个时期,我国的城乡发展不平衡,差距不断拉大。改革开放后,我国探索构建新型城乡关系。到了新时代,我们在不断推进城乡融合方面下功夫,取得了显著成效,城乡要素双向流动更加畅通,农村产业融合与发展能力大幅度提升,城乡发展差距不断缩小,脱贫攻坚取得胜利。我们在看到取得成就的同时,还要看到城乡公共服务供给差异明显等问题。为此,我们将来仍要继续加强新农村建设,加大力度推进城乡发展一体化,这是深入贯彻以人民为中心的发展思想、逐步实现人民共同富裕的必然要求。

(三) 加强新农村建设,是充分发挥乡村作为消费市场和要素市场的作用,推进国内大循环的必然要求

近年来党中央基于国内外形势作出了重大战略部署,即加快形成以国内大循环为主体、国内国际双循环相互促进的新发展格局。其中国内大循环为主体,就是加快构建完整的内需体系,形成更多新的增长点、增长极,着力打通生产、分配、流通、消费各个环节,发挥中国超大规模市场优势,以国内需求作为经济出发点和落脚点。而中国超大规模市场优势,离不开广阔的农村市场。巨大的农村消费需求是我国独特的优势,这也是形成国内大循环的重要基础。习近平总书记也明确指出:"乡村既是巨大的消费市场,又是巨大的要素市场,是国内大循环的重要组成部分。"要推进国内大循环,必然要加强新农村建设,充分发挥乡村作为消费市场和要素市场的重要作用,让农村成为高质量发展新的增长极。

---

① 中央农村工作领导小组办公室:《习近平关于"三农"工作的重要论述学习读本》,人民出版社2023年版,第64—77页。

二、国内新农村建设的探索与实践

近年来,全国各地都在积极推进新农村建设,探索和积累了很多行之有效的新做法、新经验。

(一) 浙江经验

浙江"千万工程",即"千村示范、万村整治"工程是习近平总书记在浙江工作时亲自谋划、部署和推动的一项重大决策。浙江的"千万工程"不仅是一项优化农村环境的生态工程,也是统筹城乡发展的龙头工程和造福农民的民心工程。[①] 浙江"千万工程"的主要做法包括六个方面:一是打好"生态牌",走生态立村、生态致富的路子,培育"美丽乡村+"农业、文化、旅游等新业态,把"生态优势"转化为"民生福利";二是坚持科学规划,遵循各村自身地形地貌、发展水平、乡土味道等特点,不搞整齐划一,而是因地制宜进行合理规划;三是坚持党建引领,充分发挥基层党组织和党员的作用,把推动乡村振兴成效纳入到党政干部绩效考核,强化奖惩激励;四是坚持以人为本,充分尊重农民的意愿,在进行决策和改革时,坚持村里的事情村民商量着办,激发他们的主人翁意识;五是注重农村人才培养,如实施农创创客培育工程,精心打造了"农三师""衢州农播"等一系列人才培养品牌;六是坚持挖掘农村文化传统基因,推动崇德向善,建成一批家风家训馆、村史馆、农民书屋等,构建农村文化效能评价体系和管理机制等,在开展文化活动中融入乡土特色,满足农民的多元文化需求。

(二) 广东经验

近五年来,广东全域统筹规划,建设省际廊道美丽乡村示范带。以肇庆市为例,率先统筹改造 30 个行政村,首期打造 38 千米的景观带。江景改造后,各地以路为廊、以水为链,打造了"一村一景、一村一韵、一村一品"。[②] 迄今,肇庆市已投入资金近 5 亿元,组织实施生态、产业和文化等项目,由此这些美丽的农村焕发着生机和活力。粤西的主要做法包括以下几个方面:一是打造贺

[①] 浙江省习近平新时代中国特色社会主义思想研究中心:《总结好运用好"千万工程"的好做法好经验》,《人民日报》2023 年 6 月 27 日,第 9 版。

[②] 刘泰山:《美丽乡村换新颜》,《人民日报》2020 年 7 月 13 日,第 14 版。

江-东安江生态文化带,通过"九曲十八弯,一湾一美景"的建设,把景点有效转化为文旅资源,带动经济创收;二是改造乡村重在呵护乡土文化,结合资源禀赋、自然生态、历史人文和村民意愿,赋予不同村庄不同的文化内涵和功能定位;三是发展林下经济,改变以往传统农耕方式,通过鼓励大学生返乡林下种植创业,对竹荪、食用菌和特色粉蕉等产品深度加工,不断提升农产品附加值,并孕育"合作社＋基地＋农户""经营体＋基地＋农户＋电商平台"等新的产销模式,推动农村经济腾飞。

(三) 西藏经验

2020年,习近平总书记去了西藏林芝市嘎拉村,与村民聊西藏发展,提出了西藏要全面推进乡村振兴。西藏谨记习近平总书记的嘱托,重点消除了返贫风险问题,启动建设乡村振兴示范村和推进美丽宜居村庄建设,成效突出。如西藏的嘎拉村就是一个典型代表。其主要做法包括三个方面:一是通过实施小康示范村、美丽乡村、人居环境整治等项目,村容村貌焕然一新,基础设施明显改善,社会治理效果好;二是立足资源禀赋,发展高原特色农牧产业,大力发展村集体经济,开办民宿,发展种植养殖业,实施采摘、骑马、响箭等农牧区旅游体验项目等,推动了当地经济发展,2023年上半年嘎拉村集体经济收入超过了700万元,实现了村民"口袋富"的目标,提升了村民的幸福感和获得感;三是用"红色力量"点亮旅游业,促进红色旅游与乡村生态、康养等相互融合,诠释好西藏红色故事和精神,不断提振乡村发展精气神。

(四) 上海经验

上海市高度重视新农村建设,通过推进美丽庭园建设、发展现代农业、发展非物质文化遗产以及派驻村指导员制度等方式助力乡村建设。

以浦东新区宣桥镇腰路村、川沙新镇连民村为例,从曾经的经济薄弱村到如今的乡村振兴示范村,这两个村在保留保护江南水乡格局、自然村庄肌理基础上,以产业振兴为突破口,分别探索走出村企合作共建、农业产业联合发展的乡村振兴之路。

浦东惠南镇的海沈村引入了一批乡村规划师、乡村运营师和创客等,营造了"海沈会客厅""沪乡空间""记忆海沈""秸秆艺术""稻田栈道"等公共文化空间,让乡村有了经济价值和生态价值外,增加了美学价值。

浦东书院镇的外灶村,以创建示范村为抓手,美化村庄环境、盘活"沉睡"

资产、新增活动资产、再造增值资产,创新村企合作,与上海临港集团所属上海临港浦东新经济公司,建立合作共赢机制,让国有资本和市场化运作相结合,以"科创田园"项目的招商引资为突破口,打造科创田园项目。通过科创田园、花卉基地、书院工坊、一尺花园的运营,村集体经济不断壮大,村民的获得感和幸福感显著提升。

浦东高桥镇联合西新村共同打造"西新文化客厅",助推乡村文化繁荣,同时启动了"乡村民间美食坊"和"非遗传习基地"两大文化品牌项目,国家级非遗项目"上海绒绣"、市级非遗项目"高桥松饼"也融入其中,不断推进"乡村+文化""乡村+非遗"等融合发展模式,实现和美和谐的文明之美。

奉贤区南桥镇的乡村发展主要聚焦在乡村经济再造和空间重塑等方面,建立了"三园一总部",即在农村集体建设用地、国有土地、宅基地上引进企业总部,建设庄园式、庭园式、公园式总部,打造集田园创意、科技研发、在线新经济、现代观光农业等功能为一体的"江南理想乡村"。奉贤南桥镇以现代化的理念布局乡村振兴,日前南庄路已成为奉贤首条"乡村振兴示范线"。

嘉定区华亭镇,坚持聚焦"生态涵养区"的功能定位,抓住乡村振兴主责主业,引入社会资本打造了"乡悦华亭"项目,改变了农民居住散乱和公共服务配套缺乏的局面。华亭针对新型农民集中居住这个社会治理新课题,通过党建引领、突出问题导向、做实治理平台等途径,为华亭更高质量、更可持续乡村振兴提供坚强保证。

通过比较这些地方的新农村建设情况来看,共同点是都非常重视人居环境的改善和美丽乡村建设,并且取得了显著成效,而且都擅长结合乡村各自的自然禀赋条件,开发区域特色农业产品以及发展相关旅游产业。当然,相对发达省市的乡村建设除此之外,还会更注重现代产业的发展,注重引入资本和专业人才队伍来促进总部经济、创客经济和科创园区产业的发展,更具有战略性和前瞻性等特点。

三、上海新农村建设的短板

经过近年来的新农村建设,上海乡村的人居环境得到极大改善,村民生活品质有了较大提升,但总体而言还存在一些思想认识不平衡、整体把握不够准、具体措施不够实等问题,需要进一步加以研究解决。

(一) 对加强新农村建设的重要性、紧迫性认识不平衡、不到位

有的镇和村对加强新农村建设认识不到位，对以乡村振兴推进农业强国建设的重大意义认识不足，对新农村党建工作的重视不够，镇和村党组织的领导和统筹作用没有充分发挥。有的对新农村建设还没有足够的关注和研究，抓什么、怎么抓认识还不够系统深入，对农村发展规律和特点研究不透彻；有的没有系统思维，仅仅停留在美丽乡村建设；有的没有转变工作理念，仍按部就班推进，创新性、前瞻性不够，在特色产业、优化营商环境等工作上缺乏协同机制和有效抓手。

(二) 新农村建设的统筹协调力度不够的情况较为普遍

从各区情况来看，新农村建设主要由区农业农村工作职能部门抓总协调，相关部门各负其责、分工协同，人大、政协和社会各方积极参与，取得了一定工作实效。但仍然存在统筹协调不力、互相推诿的情况，没有形成工作合力。比如，有的村在推进新农村建设过程中缺少顶层设计，上级给予的指导相对较少；有的村在人居整治过程中涉及多方利益，利益协调矛盾突出；有的村在引进项目参与主体时，上级多头插手干预，给村民自治带来新矛盾等。由此，从推进新农村建设的角度看，特别是从村企合作出发，乡村产业振兴还需要在顶层设计、工作指导、部门协同方面进一步加强。

(三) 大胆选拔、培养、使用、激励村干部的体制机制需要进一步完善

一些村干部有畏难情绪，敢闯敢干、奋发有为的热情不足、能力不够。特别是村领导班子队伍的开放视野、创新意识、眼界格局还需进一步打开。具有全球视野、善于开拓创新的干部缺口较大，特别是熟悉乡村法规、懂产业和金融的复合型村干部偏少，村干部的发展路径需要进一步拓宽，薪酬待遇等专项激励机制不敢突破，激励干部担当作为的机制不全，难以对干部甩开膀子、跑出加速度形成实质性推动。对于驻村指导员而言，缺乏上级组织部门的关心，没有形成经常性的沟通机制，有的派下去后不闻不问，很少倾听他们的意见和诉求，导致有的驻村指导员干事热情不足。

四、推进上海新农村建设的路径

乡村发展是历史命题，也是时代课题。党的二十大报告指出，要"建设宜居宜业和美乡村"。这是全面推进乡村振兴的一项重大任务,也是亿万农民的共同期盼。2023年的上海市政府工作报告中明确指出,着力实施乡村振兴战略,深入推进农业农村现代化,充分彰显乡村经济价值、生态价值、社会价值、美学价值,在各具特色、各美其美中实现城乡发展的相互赋能、相得益彰,努力建设宜居宜业和美乡村。上海作为全国改革开放的排头兵,在新农村建设上也要当好排头兵和先行者,必须围绕产业振兴、人才振兴、文化振兴、生态振兴和组织振兴,高质量推进新农村建设。

(一) 以高质量党建引领农村全面发展

高质量抓好农村党建工作,才能充分发挥党组织强大的政治优势和组织优势。一是凝聚共识把方向。思想是实践的先导,解决思想认识问题,就是解决高质量发展的方向和动力问题。要强化政治引领,认真学习和贯彻习近平总书记关于"三农""乡村振兴"的重要讲话精神,学习市委相关文件精神,把思想统一到推进新农村建设中来。二是统筹协调聚合力。新农村建设需要多元主体共建,在乡镇党委承担党建主体责任的前提下,协调好区镇村各级党组织工作,通过完善党建工作机制、共建联建等方式,每月召开区级层面党建工作推进会,每周召开一次镇层面工作落实会,共同做好规划部署、出主意、定方案,将农村党建工作与乡村振兴有机紧密结合起来。三是抓好干部强本领。推进新农村建设,关键在人,关键在村干部。要大力选优配强村干部,发挥他们领头雁的作用。实践证明,优秀的村干部往往愿干事、能干成事。在农村工作实践中,要注重识别想干事、会干事的年轻干部,注重选拔高素质、专业化的干部,特别关注村书记和驻村指导员队伍,要积极为他们搭建平台,加大培训培养力度,及时提拔重用。四是建强组织促发展。严密的组织体系是党的优势所在、力量所在。要着力加强村党支部建设,通过科学规范支部工作、丰富活动内容、发挥党员作用等方式,不断提升组织的凝聚力和战斗力。

(二) 以高质量的产业发展筑牢物质基础

产业兴旺是全面推进乡村振兴的重要抓手。目前全市推进"产业强镇""一村一品"创建,培育了不少特色产业,就以浦东为例,老港雪菜和种猪、书院西瓜、宣桥蔬菜和玉米等,优势比较突出。未来上海农村产业发展,需要进一步深化对这座国际大都市"三农"工作特点和规律的认识,以科技创新为动力,加快发展都市现代农业项目。除此之外还要推进园区建设和农业招商,引入多元主体，多方参与到乡村振兴中，实现政府、资本与农民优势互补、分工协作。一是发展"国企＋乡村"模式，通过国有企业率先带头，开展村企合作，让国有资本投入乡村项目开发之中，实现互利共赢。二是推进"民企＋乡村"合作，鼓励民营企业参与乡村建设，积极搭建沟通交流平台，让有意愿、有资本、有技术的民营企业与目标村进行合作，充分发挥民营企业在助力乡村振兴中的作用。三是实现"科技＋乡村"结合，鼓励大学、科研院所带着技术和科研项目下乡，实现科技与乡村的"双向奔赴"，有力带动乡村发展。

（三）以高品质的生活增进农民福祉

建设高品质生活是新时代我们党的奋斗目标，即满足人民对美好生活的向往。农村的高品质生活涵盖农民实际生活的方方面面，主要包括更好的医疗、更稳定的工作、更满意的收入、更可靠的社会保障以及更舒适的居住环境等方面，使村民获得感、幸福感、安全感更加充实、更有保障、更可持续。为此，我们需要从以下几个方面加以推进。一是科学合理的区域规划，优化居住环境。农村可以根据各自情况，按照功能的不同，划分为居民集中居住区、公共服务生活功能区、乡村旅游景区、产业发展园区等，确保村民基本生活不受产业发展的影响，便于打造更优的品质生活空间。二是运用现代技术赋能，提高村民综合素质。运用现代化技术赋能，一方面可以将互联网、大数据、人工智能等技术运用于农作物种植等方面，通过各种传感器、检测系统等设备的应用，提高农作物的治理效能；另一方面通过政府、高校和企业等搭建的融合网络培训体系，村民的思想意识和能力水平能得到极大提升。三是建立共享机制，让村民获得更多发展红利。鼓励资本与村民探索多样化收益共享模式，通过"租金动态上涨""收益保底＋利润分红"等多种形式，切实保障村民在土地增值、生态补偿、产业兴旺等渠道享受到实惠。四是三是整合公共资源，提高生活便利化水平。继续推进 15 分钟生活圈、家门口服务中心以及文体服务保障建设等配套举措，提升服务保障能级，确保农民生活、办事便捷。同时要继续抓好环境整治工作，帮助村民做好垃圾分类和污水整治，确保美丽乡村不变色。

（四）以高效能的乡村治理增进运行效能

高效能的乡村治理离不开人才。一方面要积极培育本土人才，村委会可以建立大学生奖学金制度，营造尊重学习、尊重人才的氛围，为未来大学生返沪创业奠定基础；另一方面，积极引进懂农业的技术人才、懂经营的创客人才、懂美学的设计人才，不断提升治理能力。与此同时，要不断健全完善以党建为引领，自治、法治、德治相结合的基层治理体系，实现以自治为核心、以法治为保障、以德治的"三治"融合治理新模式。一是激发村民主人翁意识，实现村民自治。让村民当家做主是乡村治理的关键所在。村民自治就是让群众自我教育自我管理，要自觉运用好"四议两公开"、基层协商等手段，尊重村民的意愿与首创精神，让他们积极投身到农村的建设之中。通过村民们凝心聚力，共商共建，群策群力实现良好的共治成效。二是强化法治保障，实现乡村治理有序，只有通过法治才能从根本上保障乡村的公平正义。要引导村民严格按照法律法规和村规民约规范，推动乡村形成依法办事的良好社会氛围，确保良好乡村社会秩序的建立和维护。三是注重德治，实现乡村治理有魂。伦理道德是引导形成良好社会风气的重要力量，为此要通过春风化雨的方式，让一些传统的不良乡村习俗在潜移默化中摒弃。

（五）以高素质的乡村文明彰显精神风貌

以优秀的乡村文化传承推进乡村文明建设是乡村振兴的基础保障。以文兴村，就是要坚持推动中华优秀传统文化的创新发展、继承红色革命文化以及弘扬社会主义先进文化，彰显新时代新农村文明风貌。一是打造"乡村＋文化"项目，在传承优秀传统文化、红色革命文化的基础上加以创新发展，比如把建立村家风馆、村党史馆、乡贤馆等与乡村会客厅、亲子乡村文化旅游、创意文化产业等有机结合起来，不断丰富文化内涵，展现时代新貌，这对保持乡村和谐稳定、淳化民风、塑造乡民的精神面貌具有重要作用。二是打造"乡村＋体育"项目。据统计，火热的贵州"村超"从2023年5月13日开赛起，网络传播量超过300亿次。从2022年7月开始，台江县台盘村"六月六"吃新节篮球赛、贵州省美丽乡村篮球联赛、全国和美乡村篮球大赛（村BA）等赛事网络传播量近80亿次。体育作为跨越民族和文化的体育语言，可以更好地促进各方文化交融，也能更好地弘扬团结协作、顽强拼搏的体育精神。为此，可以根据乡村各自特点，举办一些亲民乐民的"村字头"赛事，不仅为乡村注满生机和活力，而且可以增进村民的归属感、幸福感。三是打造"乡村＋健康"项目，健康的精神面貌也是乡村文明的题中应有之义。通过引入心理健康公益组织、医疗机构的心理方面的公益服务以及党员志愿者服务等，建立定期服务机制，开设"说说心里话""开心俱乐部"等心理按摩项目，帮助一些村民解决思想上的困惑和烦恼，让他们以一种健康、豁达和积极的方式生活。

参考文献

陈文胜：《以"三治"完善乡村治理》，《人民日报》2018年3月2日，第5版。

蒋成、李丽、公兵：《贵州"村超"火爆，有没有高人指点》，《解放日报》2023年7月26日，第3版。

沈费伟：《乡村技术赋能：实现乡村有效治理的策略选择》，《南京农业大学学报（社会科学版）》2020年第2期。

肖卫东：《特色产业赋能乡村振兴的内在逻辑与行动路径》，《理论学刊》2023年第1期。

燕连福、李晓利：《习近平乡村振兴重要论述的丰富内涵与理论贡献探析》，《北京工业大学学报（社会科学版）》2023年第3期。

杨诚：《乡村之美有了气质上的变化》，《解放日报》2023年8月7日，第12版。

姚树荣、周诗雨：《乡村振兴的共建共治共享路径研究》，《中国农村经济》2020年第2期。

张书林：《新时代农村基层党建创新：困境、肇因、路径——基于对山东农村基层党建综合调研的视角》，《中共福建省委党校（福建行政学院）学报》2020年第3期。

第十四章　浦东新区乡村振兴的路径选择

【摘要】浦东新区乡村振兴之路既有一般地区乡村振兴通常的方式，也有作为改革开放前沿阵地、现代化率先发展地区特有的方式。浦东新区乡村振兴方式主要有利用品牌优势推动产业升级发展、利用资源优势发展乡村旅游和民宿产业、利用区位优势发展租赁业、参与国有资本合作增值集体资产、物业进村推动"乡风文明、治理有效"、龙头企业带动或域外资本投入增加农民收入等。这些方式体现浦东新区乡村振兴之路的主要特点系统规划与发挥基层创造性相结合、"内生力量"与"外源力量"相结合、产业带动和发挥其他优势资源作用相结合、区域整体发展和部分地区优先发展相结合。

【关键词】乡村振兴；产业带动；资源优势

浦东新区是我国改革开放的前沿阵地，虽然第一产业占整个产业的比例不足百分之一，但是浦东新区仍然存在"三农"问题。就农民来讲，浦东新区还存在占总户籍人口超过百分之七的农业人口，占整个浦东新区面积近百分之七十的农村地区。浦东新区农业农村问题不仅涉及共同富裕问题，也涉及中国式现代化全面现代化等方面的问题。正如习近平总书记强调的："没有农业强国就没有整个现代化强国；没有农业农村现代化，社会主义现代化就是不全面的。"[①]2017年我国实施乡村振兴战略以来，浦东新区认认真真地贯彻落实乡村振兴战略部署，形成了浦东实施乡村振兴多种创新方式，形成"时代性、特色性、地方特性"的乡村振兴之路。

---

① 习近平：《加快建设农业强国，推进农业农村现代化》，《求是》2023年第6期。

一、浦东新区大力推进乡村振兴

作为我国改革开放前沿阵地的浦东新区,不仅现代化城区建设和治理走在前列,郊区现代化建设也始终追求新的发展,农业农村现代化发展不断加快。

(一) 浦东新区"十三五"乡村振兴取得的成就

一是农业产业化发展不断增强。浦东新区基本完成了镇村两级产权制度改革,扎实落实《上海市农村集体资产监督管理条例》等政策文件,推动了浦东新区产业增强。近些年,浦东新区获得了众多的国家级产业荣誉称号。2018年入选"全国农村一二三产融合发展先导区",南汇水蜜桃获得首批"中国特色农产品优势区"(2017年)、"国家地理标志产品保护示范区"(2021年)荣誉称号,宣桥镇为全国"一村一品"示范镇,泥城镇马厂村等6个村为全国"一村一品"示范村。浦东农业区域有公用品牌4个[1],有4个品牌[2]入选"全国名特优新农产品名录"。

为促进各类农业经营主体更加紧密合作、抱团发展,浦东新区政府于2019年印发了《加快构建新型农业经营体系　促进农业产业化联合体发展行动计划(2019—2022年)》,提出打造新型农业经营模式,实现品牌引领,主体间相互联结合作,生产与销售无缝衔接,同时做到利益分享。浦东新区经过几年努力已经培育出了农业产业化联合体25家,形成369家联合体成员,分别有164家和205家合作社、家庭农场。[3] 已挂牌15家农业产业化联合体,带动124家合作社、145个家庭农场,对接生产基地约8.5万亩。通过联合体打造,一方面,促进了农业产业链条各环节紧密衔接。另一方面,联合体各成员建立起了利益共享机制。浦东有区级以上农业龙头企业40家,其中市级以上农业产业化重点龙头企业17家(含国家级6家);区级以上达标合作社200家,其中市级以上示范合作社37家(含国家级17家);家庭农场541家,其中市级示范家庭农场11家。其中,清美集团上榜"2020年全国500强农业产业化龙头企

---

[1] 这4个公用品牌是南汇水蜜桃、南汇8424西瓜、彭镇青扁豆、三林崩瓜。
[2] 这4个品牌为南汇水蜜桃、南汇8424西瓜、南汇翠冠梨、南汇甜瓜。
[3] 苏锦山:《着力推进"五高"行动　全面打造引领区现代农业高地》,《上海农村经济》2022年第2期。

业",5家合作社①上榜"2020全国农民专业合作社300强"。

二是农村环境得到改善,农村越来越美丽。在乡村振兴示范村建设过程中,注重"小三园"和"大三园"有机衔接,从"美丽庭院"向"美丽田园"拓展。依托良好的乡村底色底板,结合不同的村庄类型和资源禀赋,发展适合的乡村产业。浦东全区有24个镇、355个行政村,经过近几年的村庄建设和"美丽庭院"、特色村庄建设,农村面貌得到了显著提升。浦东新区新场镇被评为"全国特色小镇",惠南镇海沈村等3个行政村入选"中国美丽休闲乡村",大团镇赵桥村、界龙村、界浜村等被评为"全国乡村治理示范村"。2020年新区评为"全国农村人居环境整治成效明显的激励县""全国农村生活污水治理示范区"。浦东在全市率先完成村庄改造建设,以农村交通、环境卫生等8个方面为主要内容的村庄改造,惠及浦东的212个行政村。"十三五"期间,新区在做好"五违四必"整治、农村低效产业用地减量、中小河道整治、农业生活污水纳管的同时,推进了"美丽庭院"建设,创新"小三园"推动"大三园"的做法,建立健全了村庄综合环境长效管理和维护机制。

三是农民收入实现了较快的增长,为进一步乡村振兴打下坚实基础。浦东新区乡村振兴战略的实施,有力促进农村集体经济发展,使得乡村发展活力得到增强,农民收入增长长效机制得以逐步建立。浦东农民收入增速始终高于地区总产值和全体居民收入增速,"十三五"期间,农村居民收入年均增速8.9%,比城镇居民快1.1个百分点,城乡收入差距由"十二五"末期2.14∶1缩小到"十三五"末期2.03∶1。浦东新区农民收入主要包括工资性收益、经营性收益以及农村集体经济收益。至2020年底,浦东新区共有镇级农村集体全资企业387个,年收入48.74亿元;村级农村集体全资企业140个,年收入2.24亿元。截至2021年6月底,农村集体账面资金276.16亿元。2018有42个村分配1.28亿元年度集体经济收益;2019年有47个村分配了1.29亿元收益;2020年有80个村分配了1.55亿元收益。

(二)浦东新区"十四五"乡村振兴规划的宏伟蓝图

浦东新区"十四五"期间乡村振兴总体要求:以推进"三园工程"②为抓手,

---

① 这5家合作社为:红刚青扁豆生产专业合作社、桃咏桃业专业合作社、运杰蛋品专业合作社、新凤蜜露果蔬专业合作社、桂峰果蔬专业合作社。
② "三园工程"指美丽家园、绿色田园、幸福乐园。

完善"一带多点"乡村振兴空间布局，重点工作是推进中部乡村振兴示范带建设，推进其他零星涉农区域乡村建设，形成有"时代性、特色性、地方性"的乡村振兴路，达到"强农业、美农村、富农民"的目标。

一是推进中部乡村振兴示范带建设。浦东新区"十四五"乡村振兴战略重中之重是打造中部乡村振兴示范带。这是浦东实施乡村振兴战略的主战场。这个示范带包括浦东中部航头等 6 个镇，涵括 S32 公路、大治河沿线之间地区。在中部乡村振兴示范带打造生产、生活、生态协调共生的城乡融合发展新典范，建设农民生活的幸福带、近郊田园休闲的幸福乐园。祝桥—惠南板块、航头板块强化核心镇产业集聚和公共服务基础优势为核心的城镇带动型，辐射带动周边乡村协调发展。新场—大团—宣桥板块特色产业型为主，承接国际旅游度假区溢出效应，提升古镇旅游和乡村文创带动作用，充分利用桃园资源，增强市级蔬菜保护镇功能，促进一二三产业融合发展。老港镇生态涵养型为核心的板块，进一步发挥其拥有的生态资源，强化其生态涵养和休闲休憩功能。

二是推进美丽家园建设。"十四五"期间，努力将浦东农村建设成为卓越全球城市的"后花园"。加强两类示范村建设：美丽乡村示范村、乡村振兴示范村。重点打造特色产业、休闲旅游、区域联动、生态涵养 4 个类型的乡村振兴示范村和美丽乡村示范村片区。优化农村人居环境，到 2025 年美丽庭院"特色型"村达到 45 个。加强农村公共基础设施建设，完善农村道路建设，不断提升现有道路承载与通行能力，高快速路实现"镇镇通"全覆盖，行政村主次干路"村村通"覆盖率达到 90％以上，推进"四好农村路"建设。

三是推进绿色田园建设。打造四大农业产业片区：生鲜蔬菜产业片区，主要位于宣桥镇，以设施化常年蔬菜为主，以绿叶菜为重点，推动蔬菜生产智能化、工厂化生产示范基地建设，做大做强绿色蔬菜品牌；品牌瓜果产业片区，以惠南镇、新场镇等为核心，老港镇、大团镇等为辐射区域，不断发挥"南汇 8424 西瓜""南汇水蜜桃"优势，夯实具有浦东特色的重点产业品牌；种源农业片区，主要位于祝桥、老港镇，以水稻、花卉苗木、畜禽等种源农业为特色；农业休闲旅游片区，主要位于川沙新镇、周浦镇和康桥镇、新场镇等环迪士尼周边区域，发展休闲农业、乡村民宿等农业新业态，打造环迪士尼休闲农业产业。发展科技、种源、品牌、智慧"四大"农业。产业发展"五高行动"举措：高质量粮食生产发展行动、高品质蔬菜基地建设行动、高效益特色品牌提升行动、高科技数字农业支撑行动、高水平经营体系构建行动。

四是推进幸福乐园建设。重点做好三个方面工作促进农民持续增收：通过现代农业的发展，促进农民经营收益的增加；促进农村集体经济转型发展，增加农民来自农村集体经济收益；积极促进农民就业，完善农村劳动力就业服务体系，提高农村劳动力素质，拓展农民"家门口"就业和多渠道就业创业空间。推进浦东城乡公共服务均等化，提升基本教育公共服务均衡化水平，到2025年实现全区公办义务教育学校学区化集团化办学覆盖率100%。增加医疗卫生资源配置，每万常住人口全科医生数达到4.5人左右。扩大养老服务供给，建设"东西南北中"较大规模养老机构，重点发展互助式养老，以长照、日托、助餐等为主要服务项目的社区养老服务综合体。加强现代乡村治理。大力加强乡风文明建设，促进农村形成勤俭、崇德、健康的良好风尚。传承弘扬乡土传统文化，保护好乡村古迹、传统，打造念念不忘的乡愁文化。

二、浦东新区推进乡村振兴的方式

浦东新区按照中央乡村振兴战略部署以及上海市相关工作要求，结合自身经济条件、区位优势、资源禀赋和生态环境质量[①]等展开浦东新区乡村振兴之路。

（一）利用品牌优势推动产业升级发展

浦东新区重点打造"中部乡村振兴示范带"，同时兼顾已形成优势的特色农产品产区，重点打造4个农业产业片区。以曹路镇和宣桥镇为主蔬菜产业片区，以大团镇和新场镇为主特色瓜果片区，以祝桥镇和老港镇为主种源农业片区，以川沙新镇、周浦镇和康桥镇等环迪士尼周边区域为主农业休闲旅游片区。深化落实三级产业空间布局体系即"基地、社区、零星工业用地"，加大低效利用片区的"腾笼换鸟"力度，促进产业扩量提质发展。推进中部乡村振兴示范带各镇产业融合联动发展，将镇级产业园提升与乡村产业发展、壮大集体经济紧密结合，培植各具特色的产业支撑。

通过高标准农田建设、鼓励流转土地集约归并等方式促进流转土地形成连片适度规模，并配齐设施农用地、机械化设施等配套。结合国家数字乡村建设试点，大力发展"互联网+农业"，充分利用信息化技术，推进智能综合监管，

---

① 刘玉等：《村域尺度的不同乡村发展类型多功能特征与振兴方略》，《农业工程学报》2022年第22期。

加强农田管理,促进农业结构调整,同时加强精准化农事指导,结合气象、农时、种植品种等开展精准服务、精准监管,加快农业现代化步伐。促进形成从生产流程标准化到产品标准化的完备体系,深化实施"三品战略",发挥示范合作社优势和重点农业龙头企业带动作用,在村域产业发展中构建"1(龙头企业或平台公司)+1(产业化联合体)+N(合作社或家庭农场)+X(农户)"产业发展模式,提高地产农产品的品牌影响力和竞争力。

海沈村通过"三个一"打造精品农业。第一个"一"指"稻米",以规模化标准化生产方式种植优质水稻1 000亩,打造"风吹稻浪、碧野悠悠"田园风光。第二个"一"指"花卉",即种植各种花卉,在60亩花卉基地上,打造"花开四季、自在骑行"娱乐景观。第三个"一"指"瓜果",在600亩示范基地上,打造"瓜果飘香、流连忘返"瓜果景观。以乡土文化为基础,借助有创意具设计感的建筑实体,融合美食、美酒、咖啡、绘画、布艺、传统等元素,汇聚乡村匠人、乡村味道、乡村记忆的"乡村CBD"。海沈"十二工坊"将分散的手艺人汇聚在海沈村,培育扶持学得好、留得住、干得强的非遗工坊带头人,挖掘、传承与开发非物质文化遗产的内涵,让优秀传统特色文化融入旅游,推动其创造性转化和创新性发展,成为游客与乡村、村民相遇的极佳场所。

(二)利用资源优势发展乡村旅游和民宿产业

浦东郊区蕴含丰富的旅游资源,文化底蕴深厚,AAA以上景区12家,[①]拥有百年的古镇、老街古文化遗址等非物质文化遗产资源。郊区的交通基础设施越来越好,有利于市区居民周末或者节假日方便短途出行。随着现代生活方式的兴起,辛苦工作上班族,周末或节假日带着家人到郊区过短暂周末或几天休闲日子。截至2023年6月30日,浦东民俗企业共计发展到78家。[②]

浦东民宿产业发展,民宿类型不断丰富。一是利用浦东地方文化为特色开设的民宿。川沙连民村利用当地文化特色,主打地方文化,同时也借助迪士尼景点,营造特色文化的民宿。川沙民俗企业有22家,占整个浦东民俗企业数量超过四分之一。二是乡村自然生态型民宿。大团镇果园村通过创新主题内容,体验乡村自然风光和恬静生活。大团已经拥有5家民俗企业。三是以古镇文化为特色的民宿。浦东新场镇是没有被商业开发的古镇,新场镇大力

---

① 郭岚:《以民宿产业主推浦东乡村振兴》,《浦东论坛》2023年第1期。
② 资料来源:浦东新区特色民俗工作领导小组办公室。

发展文化创意产业,也产生了7家民宿企业,民宿产业不断壮大发展。周浦镇有19家民俗企业,书院镇有13家民俗企业,两者之和占整个浦东民俗企业的41%。四是以地方特色创设乡村旅游活动品牌。2020年,惠南镇许多村民将闲置房屋出租给运营公司统一管理,并对外招商引资。五是红色文化和地方特色旅游的民宿。季桥村有革命烈士李默之墓,与上海野生动物园毗连。中共党员李默,把一生献给党和中国革命事业,牺牲年仅27岁。他的光辉事迹非常感人,李默之墓已成为当地红色文化旅游的景点。此外,该村还发挥上海野生动物园国家级熊猫基地的优势,创作野生动物IP等伴手礼产品,打造联名包装和关联消费,引入稻米衍生产品手工体验课程。

(三)利用区位优势发展租赁业

张江镇经济社会发展条件和基础较好,农村居民生活水平较高,通过与张江高科技园区和张江科学城发展相联系,做好乡村人才公寓工程,有效缓解人才居住条件,并利用高科技人才集聚,做好服务,提升农村经济社会发展水平。

从2019年开始,张江镇新丰村探索的乡村人才公寓,已经取得了成功的经验,不仅实现了城市青年人才安居和农民持续增收、农村闲置房屋有序管理的"双向"破题,更拉近了园区白领与农村、本地农民与科学城之间的情感距离,推动了人、城、乡三者之间的共生共融。环东中心村集体土地建设保障性租赁住房,推进"产村融合"。乡村人才公寓被国家发改委作为浦东51条创新举措和经验做法之一全国推广。

(四)参与国有资本合作增值集体资产

集体经济的发展壮大是全面推进乡村振兴的根基。[1] 一般认为,新时代发展新型农村集体经济是实现乡村振兴的重要路径[2]或实现路径。[3] 浦东新区万祥镇幸福村,从区位来看,与临港新城相衔接。幸福村把村集体经济全部参与临港新城新规划区域土地开发、基础设施建设等建设资金,有效提升集体经

---

[1] 陈秀红:《从"外源"到"内生":新时代中国共产党推进乡村振兴的实践逻辑》,《中共中央党校(国家行政学院)学报》2023年第2期。
[2] 周文、李吉良:《乡村振兴与新型集体经济:难题破解与实现路径探析》,《福建论坛(人文社会科学版)》2023年第6期。
[3] 王利云:《乡村振兴实践逻辑、理论逻辑和实现路径:发展农村集体经济研究》,博士学位论文,上海财经大学,2021年6月。

济发展收益,增加农民收入。

(五) 物业进村推动"乡风文明、治理有效"

浦东新区高桥镇是上海老工业基地,镇内有部分农村地区。高桥镇随着城市化推进,形成典型的"城中村",农村地区不开展农业生产,农民经济条件改善后大多数人迁出,原有农村自建房租给保税区工作的务工人员、港区的集卡司机,外来人口与本地农民严重倒挂。陆凌村、南塘村等城中村人口密度大,来沪人员多、流动性大,呈现大杂居、小聚居的特点。人口膨胀加重了资源压力,农村道路狭窄,进出车辆经常发生拥堵;居住空间拥挤,私拉电线、私搭违章屡见不鲜;公共区域缺少消防设施,抗火灾能力弱,造成了愈发散、杂、乱的空间形态。农村自建房很多是砖木结构,不通天然气,依旧使用液化气钢瓶,各类电线杂乱无章,存在超标、老化等安全隐患,"拎马桶"仍是随处可见。受部分来沪人员生活习惯等影响,液化气钢瓶随处摆放、非机动车随意停放、私拉电线充电等现象频繁出现,安全风险高,盗窃案件多,火灾也偶尔发生。

2020年,高桥镇党委政府决定,引入专业物业管理队伍入村。一是环境改善。物业进村后,环境整治工作,按照"干净、整洁、有序、美丽"的标准,物业公司引入道路清扫电动车,全面清理住宅垃圾,修枝补种绿化,上门收集生活垃圾,试行干湿分类处置;统一维修公共设施,整理捆扎各类线路,消除安全隐患;提前储备防寒物资,及时响应恶劣天气应急要求;清理僵尸车,进行车位划线、登记管理,做到车辆有序进出停放。二是管理升级,更加安全。"物业进村"实现了治安安全和消防安全目标。对小区进行封闭式管理,做到有封闭围栏、有车辆进出匝道、有人行管理门禁、有可视监控探头。实行"一网统管",16块大屏幕实时滚动着人口信息、房屋信息、探头信息、问题处置信息等,做到相关资源可流动调配。由生产队队长、党员志愿者、村民代表、来沪人员组成村民巡查队伍,构建"两委包片、物业保洁员包格、党员包户"三方联动巡查机制,村庄管理安全有序。2021年9月,陆凌村建成微型消防站,能够实现"1分钟快速响应、3分钟到场扑救",使得陆凌村的消防安全得到了进一步保障。[①] 三是文明和法治。农民生活习惯和环境卫生更加文明。村规民约《出租房屋管理规约》《车辆停放管理规约》《垃圾分类管理规约》《外来人口管理规约》《宠物饲养管理规约》《公共设施管理规约》《村域治安管理规约》相继发布,村民参与

---

① 罗新忠:《浦东新区高桥镇陆凌村"物业进村"调研报告》,《浦东社会治理》2021年第4期。

更加积极规范,现代文明习惯逐步养成。

(六) 龙头企业带动或域外资本投入增加农民收入

浦东新区的一部分农村自身没有资源,这些区域要推动乡村振兴发展必须依靠"外力"帮助才有可能实现。在这些农村推进乡村振兴主要有两种方式:引进龙头企业带动农业生产和农民增收,政府或者其他主体投资一些项目来推动农业生产和农民增收。

2020年起,清美集团先后参与了浦东新区4个乡村振兴示范村的创建工作,在资金、项目等方面持续投入,助力村民实现"生活富裕",成为社会资本参与乡村振兴的典型。例如,清美集团投资4 300万元在宣桥镇腰路村建设蔬菜产业化联合体、为老服务中心、人才公寓、社区便利店等项目,创造了200个就业岗位,使村集体经济年增收242万元,农民年累计增收1 208多万元。[①] 依托市、区综合帮扶平台,推进中央财政扶持发展壮大村级集体经济补助资金和浦东新区农村综合帮扶项目,使农民增收、农业增效。截至2022年底,综合帮扶项目共为12个村带来收益808.18万元。

三、浦东新区推进乡村振兴的特点

城市化地区乡村振兴,以城市反哺农村、现代化产业支持传统农业和作为城市人口休闲、服务供给后花园,它不具有全国乡村振兴的普遍性特点。应该说它的乡村已经发展,不过是如何更加富裕的问题、跟城市现代化如何适应发展的问题。因此,在这种情况下展开的浦东乡村振兴之路具有一些与其他地区不一样的特点。

一是系统规划与发挥基层创造性相结合。浦东新区按照中央和上海市关于乡村振兴战略规划,根据实际情况,在《浦东新区乡村振兴十四五规划》中对浦东新区的乡村振兴作了系统规划。主要体现为"以浦东中部地区为重点、以特色产业为核心"的"顶层设计",同时也体现各基层村组织"以资源和区位优势为基础"发挥自身创造性的"摸着石头过河",体现出系统规划和发挥基层创造性的统一。这是浦东新区实施乡村振兴战略一个基本的特色。

二是"内生力量"与"外源力量"相结合。乡村振兴作为一个国家战略,它

---

① 浦东新区农委办:《清美集团做足"鲜"字文章,助力乡村振兴》,《上海农村经济》2023年第7期。

仅仅依靠基层农民来实施显然是不可能完成的。在"赢者通吃"的时代,我国农村显然无法独立完成这样巨大的历史使命。如果我们将农业、农民、农村作为内生性力量来看,乡村振兴靠"内生"资源和力量目前仍无法独立完成这一战略目标,更需要党和国家的政策和其他"外援性"资源的"帮助"。"外源性"资源就是"通过党强大的政治组织和政治动员来引导各类外部资源流向农村,包括政治力量的凝聚、制度支撑的构建以及社会力量的整合"。① 其中也包括专项资金的支持。把农民组织起来是实施乡村振兴战略的基本前提。② 虽然有些专家已经看到"新时代以来,中国共产党在推进实施乡村振兴战略的过程中,逐步形成了一个从'外源'到'内生'的实践逻辑"。③ 但是由于我国"三农"发展现状与特点,乡村振兴战略必然需要"外源"和"内生"的结合。浦东新区乡村振兴突出体现了这一特征。

三是产业带动和发挥其他优势资源作用相结合。从资源路径来看,把传统文化挖掘、重构与再现,使之与乡村自然资源融合,实现旅游和文化融合,不断实现乡村资源价值增值。从产业路径来看,通过旅游产业开发利用,提升乡村现代产业升级发展和整体产业优化。④ 浦东新区在推进乡村振兴的实践中,农业优先发展以产业发展为重点,以产业发展带动其他方面的发展为根本。利用区位优势发展租赁业,利用传统文化、古镇文化、特色文化、红色文化等发展乡村旅游和民宿产业,利用自然资源优势和重大项目开展旅游业。把资源优势变成发展优势,把产业带动和优势资源结合,是浦东乡村振兴的又一个重要特点。

四是区域整体发展和部分地区优先发展相结合。浦东乡村振兴强调整体发展,这是同社会主义建设的目标一致的,即共同富裕。这也是社会主义性质决定的。共同富裕是全面推进乡村振兴的目标,而乡村振兴是实现城乡居民共同富裕根本路径。⑤ 当然,整体发展的同时,也采取优先发展,即部分地区,具有巨大产业、资源等方面的优势,通过采取合适途径,率先实现现代化,实现富裕,率先达到乡村振兴的目标。

---

① 陈秀红:《从"外源"到"内生":新时代中国共产党推进乡村振兴的实践逻辑》,《中共中央党校(国家行政学院)学报》2023年第2期。
② 贺雪峰:《农民组织化与再造村社集体》,《开放时代》2019年第3期。
③ 陈秀红:《从"外源"到"内生":新时代中国共产党推进乡村振兴的实践逻辑》,《中共中央党校(国家行政学院)学报》2023年第2期。
④ 杨小冬:《文旅融合赋能乡村振兴的机制与路径》,《人民论坛》2022年第24期。
⑤ 史志乐:《共同富裕目标下全面乡村振兴的现实挑战与推进策略》,《中国行政管理》2023年第2期。

第十五章　浦东新区乡村振兴面临的挑战

【摘要】乡村振兴"十四五"规划实施以来,浦东乡村振兴促进工作取得了阶段性成效,规划实施总体顺利有序,但也存在乡村产业现代化水平有待提高、中部城镇圈各镇经济水平和城乡二元结构有待改善、城镇农村集体经济较为薄弱、乡村人才不足限制农业农村现代化进程等问题。针对"十四五"后半程面临的新形势和新挑战,建议从构建城乡融合新机制、构建现代乡村产业体系、推进乡村建设体制增能、发展壮大农村集体经济等多方面共同发力,多举并施,完善浦东新区的乡村振兴工作。

【关键词】乡村振兴;挑战;路径

一、浦东新区乡村振兴示范带建设的成效

党的二十大把农业农村现代化和农业强国建设摆在中国式现代化建设的重要突出位置,为浦东新区落实乡村振兴"十四五"规划提出了新要求、提供了新动能。中部乡村振兴示范带与浦东中部城镇带地域范围高度重合,是连接区内北部核心功能区与南部临港新片区的重要空间,是浦东新区实施乡村振兴战略的主战场。截至2023年6月底,乡村振兴工作有序推进、成绩显著,主要有以下几方面的成效。

(一)城乡融合发展格局基本形成

"十四五"以来,中部乡村振兴示范带坚持"城市所需、农村所能、区域特点",重点通过美丽乡村专项行动、数字乡村建设、镇企联动等重大举措,加快构建城乡融合发展格局。截至2023年6月,全区已创成的14个市级乡村振

兴示范村中,其中 12 个分布在中部乡村振兴示范带范围内,[①]同时打造乡村振兴示范村数村连片建设标杆。着眼于提升乡村振兴整体显示度、影响力,重点打造航头长达、老港孙桥、周浦周东三个"高原""高峰"项目,推进"两河三环"四片区建设。

第一,以美丽乡村专项行动夯实城乡融合基础。制定实施《浦东新区推进百村示范　打造美丽乡村专项行动计划(2023—2025 年)》,形成"1＋1＋9"政策体系(即 1 个实施方案、1 张任务清单、9 个专项计划[②]),确立乡村振兴和美丽乡村示范村市、区、镇"三级联创"体系和"百村示范"建设目标,着力构建"精品城区、现代城镇、美丽乡村"各美其美、美美与共的现代化城乡融合新格局。

第二,以数字乡村建设赋能城乡融合发展。扎实推进国家"数字乡村"试点工作,从"三个服务"(服务生产者、服务消费者、服务管理者)入手,搭建全面覆盖的数字乡村工作体系,完善乡村数字基础设施,引导乡村产业数字化转型,推进乡村数字治理,提高数字乡村惠民服务水平,弥合城乡数字鸿沟。

第三,以镇企联动锚定城乡融合空间。实施《区属企业参与乡村振兴建设发展行动方案》,全面推动区属企业参与乡村振兴,明确镇域作为浦东城乡融合发展的主要单元,已完成 13 家区属企业与 14 个镇点上结对,6 家区属企业与各镇面上结对。通过区属企业的资源、渠道、管理等优势,积极与各镇开展对接合作,加速推进区级示范村的创建。

(二) 高水平样板建设成效明显

"十四五"以来,积极落实引领区建设行动方案,率先在中部乡村振兴示范带形成一批乡村振兴"三园"工程建设样板。

第一,高水平建设"美丽家园"。新建成乡村振兴示范村 6 个、美丽乡村示范村 14 个,同步启动 18 个乡村振兴示范村创建,稳步推动"百村示范"建设目标。深化"美丽庭院"建设,梯序建成 14 个区美丽庭院"特色型"村,为后续创建市"两个示范村"打好基础。2022 年度获评"全国村庄清洁行动先进县"。

---

① 这些示范村包括:大团镇赵桥村、川沙新镇连民村、航头镇长达村、老港镇大河村、惠南镇海沈村、新场镇新南村、祝桥镇星火村、宣桥镇腰路村、惠南镇桥北村、老港镇欣河村、惠南镇远东村、航头镇牌楼村。

② 9 个专项计划具体为:示范村市区镇三级联创、农村人居环境优化提升、农民相对集中居住、农村道路建设、生态河道建设、高标准农田建设、乡村产业建设、农村养老服务体系建设、新型农村集体经济高质量发展。

第二,高质量建设"绿色田园"。在全国率先开展数字农业试点、建成国内首个5G数字稻田示范区;"南汇水蜜桃"列入中国特色农产品优势区和国家地理标志产品保护示范区;上海百欧欢农产品有限公司、上海盛妙水产养殖专业合作社通过国家农业农村部生态农场评定;老港镇获评国家级农业产业强镇;宣桥镇获评2022年全国乡村特色产业超十亿元镇;宣桥镇新安村(鲜食玉米)、老港镇大河村(种猪)获评2022年全国乡村特色产业超亿元村,新场镇新南村成功入选"中国美丽休闲乡村";在全市率先发展农业产业化联合体,依托龙头企业有效带动农民专业合作社、家庭农场、农户共同发展;持续推进"全国农民合作社质量提升整县推进试点"建设,已建成国家级示范社16家、市级示范社21家。

第三,高标准建设"幸福乐园"。有序开展乡村治理示范培育和创建。大团镇赵桥村成功创建第二批全国乡村治理示范村;合庆镇庆丰村、高东镇永新村、航头镇沈庄村、周浦镇红桥村、新场镇果园村、大团镇赵桥村和航头镇福善村先后获得全国民主法治示范村(社区)称号;航头镇成功评选为上海市乡村治理积分制示范基地。探索促进农村集体经济发展5个方面20条路径,因地制宜试点推进集体经济发展,得到农业农村部部长唐仁健的肯定,"浦东经验"在全国农村集体产权制度改革情况专刊转载。

二、浦东新区乡村振兴面临的新形势

(一)促进城乡融合的先行先试优势凸显

《浦东新区综合改革试点实施方案(2023—2027年)》对促进城乡深度融合予以部署,重点在当前受到较多制约的乡村振兴用地机制与政策方面改革突破。如,探索在承诺规则期末严格落实管控指标的前提下,实施建设用地总量按规划期管控模式;优化永久基本农田以外农用地转为建设用地的审批机制,探索永久基本农田精细化管控的实施路径;按照统一部署,深化农村集体经营性建设用地使用(入市)政策研究,健全土地增值收益分配机制;支持多渠道利用农村闲置宅基地资源,提高农民财产性收入等。

(二)乡村多元功能和价值更加充分展现

深度挖掘乡村多元功能,促进乡村多元价值实现,是促进乡村振兴的重要手段。面向国际,巴黎、东京、伦敦、纽约等国际大都市,不仅都保留着一定的农业空间和美丽乡村,而且都拥有多元功能和积极价值。面向未来,浦东新围绕社会主义现代化建设的引领示范,将进一步聚焦乡村地区的功能价值开发提升,加快推进新一轮促进城乡融合发展的改革创新。李强总理在上海担任市委书记时要求,把乡村作为稀缺资源,作为城市核心功能的重要承载地、提升城市能级和核心竞争力的战略空间。市十二次党代会明确提出,要立足超大城市特点,全面实施乡村振兴战略,彰显乡村经济价值、生态价值、美学价值。

(三) 城区高端要素向乡村流动趋于频繁

乡村空间更加凸显的稀缺性和战略性,驱动城区高端要素向乡村扩散布局。临港新片区与南汇新城加快建设,在吸引更多国内外高端创新要素集聚的同时,也进一步缩短了浦东新区城乡要素流动的空间距离,增强了以城带乡的资源禀赋和辐射带动力。特别是乡村振兴示范村、美丽乡村示范村建设由点及面、全域和美,加快提升乡村经济价值、生态价值、社会价值和文化价值,将吸引更多的机构和人才向乡村流动、入住。一些乡村振兴示范村迎来一批科技研发型企业、文化创意企业、区域性总部入驻,即预示着城乡要素畅通流动的通道正在打开。

(四) 示范村建设和农业空间布局的片区化进程加快

示范村建设进入由点到片的推进阶段。浙江"千万工程"迭代升级,现阶段正在全力推进的是"千村向未来、万村共富裕、城乡促融合、全域创和美",共同富裕、全域和美是两大关键词。浦东新区的示范村建设正从单一示范村创建进入连片创建的新阶段,统筹把握区域性连片的总体定位、空间结构、产业布局、"一村一品"等发展方向,全域打造乡村振兴。推进农业布局专业化片区化布局的条件渐趋成熟,大部分农业承包地完成了流转,农业科技和装备水平已接近现代化要求,农业全产业链建设也在积极推进实践。特别是,落实国家相关政策要求,科学划定农业"三区",启动全域土地整治,为专业化片区化建设打下了积极基础。

三、浦东新区乡村振兴面临的瓶颈和挑战

(一) 乡村产业现代化水平仍显不足

目前,新区已打造农业产业联合体35家,拥有农业龙头企业19家,初步

形成全产业链发展态势,但在绿色农业、科技农业、品牌农业的覆盖面、带动性还需要进一步拓展,农业产业体系的现代化水平与引领区定位仍不匹配。新区耕地碎片化现状导致主要农作物机械化率提升困难。都市现代农业高质量发展仍有较多不足,如智慧农业还处于试点阶段,集中度、显示度还不够明显;引领全产业链建设的龙头企业数量较少,多数农业龙头企业产业链不够长不够强,对联合体带动力还比较有限;农村微观经营组织老化、后继无人现象比较普遍等。乡村一二三产业融合发展也面临较多瓶颈,如农业现代生产设施和休闲设施的建设配置,遇到建设用地指标少、资金投入不足的制约,以及市场化运营能力不强的短板,导致设施提档升级和区域生态品牌塑造困难。

(二)中部城镇圈各镇经济水平在新区内处于中下游,城乡二元结构特征明显

传统农业部门规模化经营程度较低,不仅制约了农业生产率提高,而且影响了第二、第三产业部门能级的提升。人口二元结构明显,即外来人口占据常住人口相当大的比例,部分地区甚至出现人口倒挂。相比浦东北部核心功能区和南部临港新片区,中部各镇财政压力本身较大。第一,由于中部城镇带的各镇处于相对政策洼地,相关政策支持不足,在招商引资和产业发展上难以形成特色优势。甚至部分城镇有区域位于临港新片区范围内,但所享受政策仍不明晰。例如,宣桥镇位于浦东新区中部城镇带,大治河以南的区域属于临港新片区的范畴,北面是张江。但是,从政策层面,向南看并未享受临港新片区的政策,向北看也没有与张江的政策接轨。由于政策洼地的影响,目前宣桥镇的招商引资日益维艰,很难具备独立的造血机制。第二,产业发展基础薄弱,可持续性较差。从空间角度来看,各个镇都面临张江、康桥、周浦、浦江、奉城等周边中心镇的"虹吸效应"影响,或面临张江、临港等区域政策优势的影响,现有产业和企业存在流失风险;从发展可持续性来看,由于战略留白、环评拆违等因素,原来的一些龙头企业纷纷转向奉贤区,甚至浙江省等地拿地,导致制造业的后续发展压力非常大。第三,战略新兴产业和高新技术产业发展较为薄弱,不利于引入龙头企业。除了政策因素外,中部地区各城镇在招商引资方面较为困难,成为未来浦东中部城镇产业发展的瓶颈。战略新兴产业和高新技术产业发展不足,导致产业能级不高、龙头企业不足,缺少大企业、大项目的支撑和带动。

(三) 村镇农村集体经济仍较薄弱,内生动能仍显不足

推动农村集体经济高质量发展是浦东新区缩小城乡差距、实现共同富裕的基础路径。由于区位条件不同、承担的农业发展任务不同,各镇、村之间农村集体经济发展存在比较大的不平衡性,紧邻城区、新城的镇村,得益于城市化的溢出,农村集体经济比较发达,而中间地带尤其是纯农镇村,集体经济相对薄弱,部分村级集体经济不具备收益分配条件。通过综合帮扶措施,"十四五"以来农村综合帮扶扶持重点村的集体经济状况已经得到进一步改善,但不平衡性仍然存在,内生动能还需要进一步激发。比如政策扶持的聚焦力度亟待进一步加强;激活土地的市场价值、推进存量建设用地二次开发,亟待积极有效的市场机制;片区化的农业用地综合开发利用有待进一步破题,以城带乡、企业参与需要强化政策配套激励等。

(四) 乡村人才问题影响农业农村现代化进程

农业人口老龄化问题愈发凸显。问卷调查显示,浦东新区的农业从业人员年龄偏大,年轻人从事农业的意愿不高。相关调研数据显示,新区粮食生产从业的劳动者平均年龄在 58 岁以上,经济作物生产、蔬菜生产领域老龄化问题更为突出,普遍超过 60 岁,"4 个菜农 300 岁"已经成为现实。农业劳动力素质不高,虽浦东新区的高素质农民占比已达到 40.7%,但问卷显示大专及以上仅占 3%,农业从业人员学历水平依然较低,新理念、新技术、新模式推广运用受限。乡村振兴人才政策针对性不足,虽然浦东新区推出了"1+1+N"人才新政,且将农业农村人才列为经济社会重点领域专门人才队伍建设序列,但与外区相比,针对性仍显不足,如金山出台《金山区关于加强农业人才引进和激励的实施办法》,其中对引进的符合条件的农业领军人才,给予相应的团队项目资金、岗位津贴等。

(五) 乡村建设水平和统筹力度仍需提升

浦东新区的乡村基础设施、公共服务配套,尤其在示范村,已经得到较大改善,但与城区相比,差距仍然比较明显,主要原因在于建设标准不同和投入不足。比如多数乡村道路实现了硬化、绿化,但没有达到景观道标准;多数乡村河道实现了黑臭整治,但没有达到生态河道标准。现在在郊野公园单元,实现了基础设施的高标准,但其他单元的部分乡村还有待提升基础设施建设标准和投入力度。推动小散分布的农民宅基地如何加快实现相对集中居住,仍

是目前乡村建设中继续攻坚克难的老大难问题。同时，新区需要推进的集中居住体量大，而现在农民对集中居住的利益期望值也越来越高，所以更要攻坚克难、创新推进。另外，在精细化管理方面，当前城乡治理差距比较明显，需要在引进和培养高素质乡村治理人才、更好运用数字化治理平台等方面形成更有针对性的积极举措。

四、浦东新区进一步推进乡村振兴的实施路径

（一）加快构建城乡融合新机制，促进要素向农村流动

强化改革引领力度，发挥乡村振兴先行示范作用。充分发挥社会主义现代化建设引领区的优势，充分利用浦东立法授权，各职能部门要紧密协同，落实好《浦东新区综合改革试点实施方案》提出的"促进城乡深度融合发展"授权改革事项，包括探索建设用地按规划期实施总量管控、探索永久农田精细化管控、探索创新土地二级市场转让方式等。加强区属企业参与乡村振兴建设。推动城区先进要素向乡村流动，引导先进要素支持农业农村现代化建设，特别要在促进优秀人才下乡创新创业、入住乡村方面形成一些更加积极有效的激励机制。建立健全基础设施建设和公共资源配置统筹机制。要建立城乡统一标准、统一规划、统一建设、统一管护机制，优化城乡融合空间布局，构建城市核心功能承载区、新城、强镇、特色镇、乡村振兴五级联动的城乡融合体系，突出强镇建设，把强镇纳入城市更新推进版图，增强强镇的中间层带动功能。支持人工智能项目、科技研发项目及未来产业项目向镇域集聚、向美丽乡村扩散，打造特色产业小镇。

（二）加快构建现代乡村产业体系，促进产业能级提升

构建农业产业新格局，探索农业产前、产中、产后各环节纵向一体，农业与二三产业贯通融合的发展新模式。加快推进全域土地综合整治，破解土地碎片化现状。发展智慧农业、设施农业、精品农业、品牌农业，形成多品种生产协同、高效率集采集配、平台销售紧密链接的产业格局。做大做强农业龙头企业。发挥清美、祥欣等国家级龙头企业的引领示范作用，培育造就更多引领农业全产业链建设和现代农业科技创新的龙头企业；依托农业专业片区和农业科技园区，为龙头企业成长壮大提供更加充分的产业链布局空间和资源集聚支持，促进龙头企业数字化转型，积极推进智慧农业、无人农场、高科技绿色植

物工厂等新技术新业态新模式的创新实践。打造现代农业全产业链。依托上海超大城市的大市场优势和对外辐射优势，加快龙头企业拓展产业链，向终端消费深化，包括了绿色品牌食品、特色农业休闲等，做大做强全产业链。强化产业联合体联农带农作用。探索形成农业经营主体密切分工、有机联结的联合体现代产业组织方式，带动家庭农场、专业合作社转型升级和绿色智慧发展，全面融入现代农业全产业链。

(三) 推进乡村建设提质增能，不断提升农民幸福感

坚持规划引领，加强顶层设计。根据浦东新区区委以"三个圈层"构建现代化城区新格局的部署安排，聚焦"美丽乡村"圈层提质增能，统筹城乡资源，组织实施好新一轮乡村建设行动方案。建立健全人居环境长效管护机制。对标中心城区，对标纽约、东京、伦敦等国际大都市郊区，推动乡村建设高标准规划、高质量建设、高水平运维，并把全生命周期管理理念贯穿到乡村建设全过程。推动示范村建设升级。聚焦乡村风貌改善，建设一批景观式的农村四好道路和村内道路，加强乡村生态河湖建设和小流域系统治理，培育一批体现乡村多元价值的明星村、品牌村，增强示范村发展的后劲。深入推进数字乡村发展行动。打造"一图知乡村、一库汇所有、一网管全程"智能综合管理平台，优化乡村治理流程与规则，将乡村的社会治理、生态治理、家门口服务等更加有效地链接起来，推进乡村治理现代化建设。

(四) 发展壮大农村集体经济，拓宽农民增收渠道

用好用活农村集体建设用地。统筹集体建设用地指标，参考其他地区跨镇跨村统筹的做法，帮助区位优势不明显的村，以"化零为整"方式，在城镇区域、工业园区等形成规模大、效益好的产业项目，提高集体建设用地价值。盘活农村集体资产资金。加大"腾笼换鸟"力度，通过零增地、改扩建，促进集体物业资产二次开发，优化产业结构，增加租金收入，提升集体经济发展潜力；推行农村集体大额（闲置）资金竞争性存放，明确资金限额、存放期限等要求，实现集体资金保值增值。强化集体经济组织发展意识。强化"以工代赈"，鼓励镇、村集体经济组织从事养护、环卫、管护等公共管理服务及物业、农技推广等居间服务，将相关政策转化为集体收入。赋予有条件的农村集体经济组织承担招商引资职能，并获得招商奖励。

（五）发挥浦东立法优势，为率先实现农业农村现代化探索制度创新

率先实现农业农村现代化，是浦东新区建设社会主义现代化引领区的重要任务之一。城乡深度融合、城乡要素畅通流通，是实现农业农村现代化的动力之源、制度基础。要发挥地方立法优势，在促进城乡深度融合、构建新型城乡关系方面积极开展探索，增强制度创新的供给和保障，形成可复制、可推广的制度经验。目前新区人大已经就农业农村领域五年立法规划进行专题论证，明确将"上海市推动浦东新区乡村振兴，保障农村一二三产业融合发展用地若干规定"纳入近期立法计划项目，"上海市促进浦东新区农村集体经济组织高质量发展的若干规定"列入备选项目。条件成熟后，在市、区人大支持下，将率先在农业农村创新发展方面出台浦东法规。

第十六章　浦东新区健全完善居村"三会"制度

【摘要】"三会"作为基层民主协商的有效形式,体现了党的执政理念,发挥了人民群众的主体作用,能有效解决基层治理中居民的"急难愁盼"问题,对于在基层探索全过程人民民主制度具有重要的理论意义和实践价值。上海推广"三会"制度10多年来,浦东根据自身需要,科学继承和创新"三会"制度,形成了一系列符合浦东实际、适应浦东发展的党建引领基层自治和协商民主的经验及理念。浦东实践充分证明,"三会"制度是当下党建引领激发基层自治新活力的重要抓手,是全过程人民民主制度在浦东基层的生动实践。用好"三会"制度,关键是加强党的领导,扩大群众参与,弘扬契约精神,提升干部能力。

【关键词】全过程人民民主;居村"三会"制度;党建引领基层治理

"三会"制度是指在居民区(村)党组织领导下,由居(村)民委员会组织居(村)民参与民主自治议事,化解社区矛盾,解决社区公共事务的制度,具体由听证会、协调会和评议会组成。"三会"制度是基层治理现代化的产物,是上海在城市基层民主的实践创新。

一、浦东新区居村"三会"制度的历程与实践

20世纪90年代末期,随着市场经济的深入发展,新型住宅的大量涌现,第一批商品房拔地而起,大家开始有了"小区"的概念。与此同时,基层治理的理念也在发生变化,原有基层管理模式的行政化弊端逐渐显现,原来在里弄里"一呼百应"的居委会干部纷纷遇上"瓶颈"——有些居委会干部好心办事却得不到好评,甚至引发矛盾;居民需求和想法越来越多元,众口难调,重塑基层民主变得尤为迫切。在这样的社会背景下,黄浦区(原卢湾区)五里桥街道率先开始探索运用"三会"开展民主议事,收到良好效果。

2006年,上海市政府出台《上海市居民区听证会、协调会、评议会制度试行办法》,"三会"制度在全市正式推广。2017年,"三会"制度被写入新修订的《上海市居民委员会工作条例》,在"三会"前置阶段,分别嵌入议题征询、民主恳谈、监督合议等程序,不断发展完善。随着基层民主自治意识不断增强,基层话语权逐渐凸显,居(村)委会征求群众意见的意愿随之强烈,"三会"制度的推广有了更多群众基础。

(一)村居同步实施,体现浦东特色

考虑到浦东农村的实际情况,"三会"制度自实施以来,一直都局限于城市社区和居民区,并未向农村地区推广。随着浦东农村地区"村经分离"和来沪人员的持续倒挂,外来人口融入浦东村居基层治理体系的要求逐渐迫切,"三会"在浦东农村地区推行的条件逐渐成熟。浦东根据2006年上海市相关文件要求,吸收五里桥街道的经验内核,勇于探索和创新"三会"制度推广工作,突破上海市相关文件的原有定位,把"三会"从城市居民区拓展到农村地区,使"三会"成为浦东农村地区综合治理的重要载体和抓手,为上海创新乡村治理提供了鲜活的浦东样本。

(二)制定制度规范,推行标准运作

在"三会"制度的推进过程中,存在着部分基层干部不认同、不想开、不敢开的情况,除了思想认识方面的不足,更多的是由于基层干部对"三会"召开的原则和操作标准不熟悉。为加快完善群众参与基层社区治理的制度化渠道,在浦东新区区委、区政府主要领导的关心下,浦东新区民政局在2020年4月出台了新的关于"三会一代理"制度的文件——《浦东新区民政局关于居民区(村)听证会、协调会、评议会和群众事务代理制度的实施意见》(浦民〔2020〕33号)以及配套指导手册,拍摄"爱美丽"主题视频,打造基层操作"工具包",响应基层呼声,规范"三会"操作流程,"手把手"教基层工作者如何准备"三会",如何开好"三会"。陆家嘴街道和浦兴街道更是在指导手册的基础上,立足本辖区特点,开发了个性化指导规范,为"三会"制度的规范化和科学化贡献了基层智慧。

(三)开展模拟训练,提高操作能力

浦东新区地区工作党委负责街镇"三会"实训室整体标准制定及建设推

进，浦东新区民政局负责"三会"制度及规范流程培训指导，浦东新区区委党校主要负责建设区层面"三会"实训室、理论和实训课件制作等，各街镇是"三会"实训工作开展、"三会"实训室建设、"三会"案例成果运用的主体。截至2021年11月底，36个街镇完成了实训室的软硬件配置。此外，民政局和地工委遴选基层"三会"运用的优秀案例，汇编形成"三会"案例集，让各街镇共享"三会"实训成果。除了配发指导手册，地区工委配合区民政局制作"口袋课件""指尖课件"和"掌上课件"，为基层干部提供"随身"指导，持续抓好提升村居"金牌社工""三会"召开能力的实训工作，通过小班化教学、两两结对实践操作，切实解决一批停车管理、垃圾分类、加装电梯、老旧小区改造等急难愁盼问题，在街镇层面发挥示范带动作用。

二、浦东新区居村"三会"制度彰显全过程人民民主理念

党的二十大报告中关于"全过程人民民主"的新论述和新概括，是基于大量地方推进社会主义民主政治建设探索实践的理论演进与经验总结。居村"三会"制度是浦东根据新时期社会治理形势的新要求，结合浦东实践，对完善基层治理服务作出的积极探索和需求回应，是"全过程人民民主"在基层治理领域中的前期探索与有效实践。在"三会"理念和方法指导下，浦东结合自身实际，不断总结提炼形成了尊重群众意愿、凝聚群众智慧、发挥群众作用的有效方法，逐渐在基层民主实践中积累起有效经验，探索出党建引领基层民主和群众自治的新模式。

"三会"制度的实施有着严格的程序和规则。无论是会前的提请和筹备、会中的把控和决议，还是会后的反馈与监督，都在各种规则下形成了规范动作，保证群众参与社会治理过程的有序性和稳定性。虽然居村"三会"制度内涵和外延小于全过程人民民主，不具有完全一一对应的内在关系，但是浦东实践已充分彰显出全过程人民民主的基本原则，即群众参与的广泛性、民主要素的完整性、民生议题的公共性、权利保障的规范性、基层治理的有效性。

（一）群众参与的广泛性

让每个人都有机会成为国家决策的参与者，正是"全过程人民民主"的应有之义。"三会"从制度层面规定了群众参与的代表性和广泛性，但由于会议协商的结果有多种可能，并不是每一个诉求都能得到多数认同，也并不是所有

协商的结果都能解决问题。因此,群众往往会觉得"说了白说""说了也不算",从而影响参与"三会"的意愿。在基层自治实践中,各类自治力量往往"各自为政",难以形成有效合力。究其原因,主要是缺乏强有力的引领核心融合多方力量,均衡来自居民内部及其他利益团体间的矛盾和权益,将各方资源和精力集合在基层自治的关键环节上。浦东以"三会"制度为抓手,充分发挥各基层党组织及党员的先锋模范带头作用,带动自治骨干力量发挥骨干作用,其他自治力量发挥协同作用,有效激发基层自治活力,为民主协商提供政治保证。

一是在理念上把自治和政务同等重视,特别是在实际的自治实践中,基层党组织充分意识到"三会"制度内含的"权力下放"要求,在广大社区群众中加强宣传社会主义民主,不断扩展社区治理主体,确保协商主体的广泛性、代表性,积极引导居民主动参与公共事务,创造频繁的自治活动,让居民真正"走动"起来、"参与"进来,在体验式协商的过程中交换意见、凝聚共识,逐步建立政府与公众的信任。二是在党组织的支持下,大力培育社区服务性、公益性、互助性社会组织,引导各类社会组织参与社区事务的协商议事,特别是群众广泛参与的各类志愿服务组织,通过"三会"制度,让其成为基层社会治理的重要力量和关键角色,从而促进群众更好自我管理、自我服务和自我教育。三是因地制宜地改进"三会"制度,使其形成适合当地治理特色的自治制度,不断丰富和发展基层党组织领导下的民主自治机制,避免"三会"制度的简单嫁接带来的"水土不服",有效促进所有参与主体实现良性互动,寻求最大限度增进公众利益的动态、可持续的多元主体协作共赢模式。

(二) 民主要素的完整性

无论是听证会、协调会还是评议会,作为一场制度化的会议,流程主要有四步:会议的发起、会议的筹备、会议的召开和会议的后续阶段。看起来程序化的流程,实际上确保了民主决策、民主管理、民主监督等基层民主要素的完整性。

首先,在听证会前设立议题征询机制,完善议事前置程序,将社会矛盾有效化解在基层。根据基层发展需要,针对不同渠道、不同层次、不同对象特点,合理确定协商内容,使自上而下与自下而上有机结合,兼顾自治议题和自治项目的广泛性、代表性和社会性,从源头激发群众参与基层治理的内生动力,从而释放出群众自治的蝴蝶效应。一是通过建立村居事务自上而下的形成和征集机制,由基层党组织主动提出,适用于具有社会性、公共性、群众性的治理议题,广泛听取群众意见,形成议题。二是建立村居事务自下而上的反馈和反映机制,由群众向党组织自行提出,适用于与群众利益相关的公共事务及个人利益纠纷。除传统的收集形式外,还充分借助村居网格员广泛搜集民意,在此基础上形成社区协商议题。

其次,完善议事决策程序,发挥基层民主的协商作用。民主是一个习得过程。"三会"制度由基层党组织起领导核心作用,让群众在这个过程中学习协商民主,大家在讨论中领会少数服从多数的原则,体验最大公约数如何形成,这就是老百姓协商民主意识养成的过程。同时,让群众自我教育,自觉承担在社区治理中应该承担的责任,发挥主人翁精神,从而在不断的试错和问题解决过程中,慢慢知道事情怎么办成本最低、最符合大多数人的利益。例如在召开"三会"之前,居(村)委会需要对听证、协调的事项进行广泛深入的调查摸底,在此基础上,以公开性和代表性为原则,合理确定参会人员身份和人数,并在条件允许的情况下,安排部分居(村)旁听会议,最大限度保证当事人和利益相关方都能参与到"三会"过程中。此外,居(村)委会针对会议过程形成完整记录,并做好材料的归档,以便没有参会的辖区内群众了解和监督会议情况。

最后,建立综合评价体系,发挥基层自治的监督作用。"三会"制度主要通过评议会来发挥基层自治的监督作用。在事项实施完成后,在形成科学评价体系的基础上,通过组织居民参与民主评议,或者引入具有专业资质的第三方力量或社会组织辅助监督,并对存在问题及时通报反馈、督促处理,有效地发挥了基层自治的监督作用,提升了基层自治的实效。在浦东,村居党组织通过评议会实行监督的形式丰富多样,既有听取报告、现场调研、执法检查、现场评议,也有项目票荐、满意度测评(线上+线下)、专题询问、代表约见,实现基层民主监督的效果最大化。

(三) 民生议题的公共性

民生无小事,枝叶总关情。习近平总书记强调要"提高为民服务水平,增强为民服务的精准性和实效性"。以人民为中心,从来不是一个空洞的口号。社区是群众生活的主要空间和活动的重要场所,社区的环境直接影响群众的生活质量。社区治理的内容涉及社区成员社会生活的多个方面,覆盖公共领域的各个范畴,事关社区成员的切身利益。无论是听证会、协调会还是评议会,都将居民普遍关心、涉及居民切身利益的社区公共事务和涉及社区成员间的公益性、社会性事务以及一般矛盾、利益冲突作为核心议题,以解决老百姓身边的现实问题作为出发点和落脚点。大到综合整新、道路美化、二次供水改造、污水纳管、安装智能监控系统、房屋平改坡、外立面粉刷、加装电梯等大型工程项目,中到停车位、健身苑、小区广场、车棚改造、非机动车充电柱的设立、社区花园等微更新项目,小到垃圾分类办法、文明养犬公约、公共空间使用公约、广场舞活动规则、整治破绿占道种菜、清除楼道堆物、窗外晾衣架安全隐患等居民区公共空间的功能规划、管理和服务设置等,都可以通过事前听证、事中协调和事后评议对这些事项进行落实和完善。

(四) 权利保障的规范性

民主权利是以民众的知情权、言论权、参与权、监督权、选举权和被选举权等民众的公共权利为内容的。"人民民主"就是为了确保人民民主权利的全过程、全方位实现。居村"三会"制度通过会前动员、会中引导、会后监督,保证了公民的知情权、言论权、参与权和监督权全流程运行。例如会前,党组织会通过广泛调研确定会议议题并及时告知社区居民,保证大家的知情权,同时通过动员确保居民能够最大限度地参与到"三会"之中。会议中,借用罗伯特议事规则等工具,会议主持人要善于引导群众表达意见,同时通过对会议细节的精准把控,最大化地实现与会者发言的公平和会议效率。任何人发言前须示意主持人,得到其允许后方可发言,先举手者优先。利用这一原则,主持人会尽量让意见相反的双方轮流得到发言机会,保证与会者的发言权利,控制每人每次发言的时间和次数,合理控制会议节奏。在最后的决议形成过程中,主持人利用多数裁决原则,引导大家"少数服从多数",推动会议形成有效决议。

(五) 基层治理的有效性

"三会"制度的运用是浦东推动"现代治理"的科学方法和重要手段,覆盖了社会治理的全环节,为基层的有效治理提供了制度支撑和程序动力。其一,推动多元治理主体的形成。政府不再是治理的唯一主体,政府、社会、市场和群众都成为参与治理的主体。在"三会"制度中,要求充分调动群众参与治理的积极性,提升群众的参与能力,同时,要求基层党组织将社会资源,如第三方的公益组织、物业公司等纳入到社会治理的共同体内,形成多元协同共治的局面。其二,推动治理手段的转变。社会治理不同于带有行政强制色彩的单向度的管理,治理效果的好坏很大程度取决于人民群众是否满意和认同。"三会"制度要求基层干部改变"行政式"的思维方式和"灌输式"的工作方法,解决

"自我感觉良好"但群众却"与我何干"的问题,改变"一厢情愿"做"好事"的观念,将基层党组织的相关权力下放至群众和其他治理共同体的成员手中,实现上下互通和相互联动,使得信息和资源得以在多元共同体之间顺畅流动。其三,推动法治精神的塑造。社会治理现代化理应具有完善的法治治理机制和深刻的法治治理思维与治理理念。"三会"制度同样强调程序规则和制度规范,无论是会前的提请和筹备、会中的把控和决议,还是会后的反馈与监督,都在各种规则下形成了规范动作,保证群众参与社会治理过程的有序性和稳定性。

综上所述,"三会"制度作为民主协商的有效形式,规范和完善了基层自治的操作性制度,构建起一个"群众自治"的"闭环",成功解决了"谁来自治""自治什么""如何自治"的问题,将群众推向基层治理一线,使群众充分享有民主决策、民主管理、民主监督的权利,有效激发起基层党组织领导的群众自治活力,增强了群众的"社区共同体"意识,培育了广泛参与基层治理的多元自治主体,提升了基层群众的自治水平。"三会"制度在推行过程中,重视决议产生的规范性和科学性,重视决议的后续落实和持续推进,真正将民主决策、民主管理、民主监督等重要的民主实践纳入制度框架,在基层社会治理领域形成了全方位、全链条和全覆盖的全过程民主。因此,一场没有形成有效决议的"三会"并不是一场"失败"的"三会",它更像一个汇聚民意、了解民情的窗口,一个连接和沟通政府和基层社区的渠道,一个培养基层民主土壤的平台。居村"三会"制度让"群众的事情由群众商量"变得更加具体,更加真实。

三、完善居村"三会"制度实现全过程人民民主

通过民生事项与主体的全覆盖,民生事项管理、决策、协商等程序的全贯穿等,"三会"制度切实有效地保证了人民群众的权利和自由,保证了群众广泛参与地方治理和社会治理,确保全过程人民民主成为维护人民根本利益最广泛、最真实、最管用的民主。"三会"制度在浦东的创新经验,丰富了全过程人民民主的基层实践,也为接下来更好发展全过程人民民主积累了经验、拓宽了思路。

(一) 理念层面:把人民民主原则充分体现到治理实践中

民主的生命力在于实践。习近平总书记曾经指出:"民主不是装饰品,不是用来做摆设的,而是要用来解决人民要解决的问题的。"发展全过程人民民

主，就是在国家治理和社会治理中，坚持党的领导，切实保障并充分发挥人民民主权利；充分发挥党总揽全局、协调各方的领导核心作用，精准凝聚起最广大人民群众的最大利益公约数，有效避免不同政治力量、利益集团为了维护和争取自己的利益固执己见、排斥异己的弊端，从而提高治理的科学性、合理性、有效性。发展全过程人民民主，就是要通过广泛、真实、生动的基层民主实践，不断激发人民群众参与基层社会治理的内生动力，保障人民群众在基层社会治理中实现民事民议、民事民办、民事民管，从而促进基层社会和谐稳定，推动基层社会治理效能的提升。

"三会"制度作为汇集民意的重要渠道，让群众真正作为"主人翁"参与到了公共事务的讨论中，成功搭建民意"直通车"、公众"议事厅"，真正实现了"众人的事情"由"众人商量"，能有效调动人民群众参与基层治理的积极性、主动性、创造性，是贯彻落实"人民城市"理念的重要举措。对浦东而言，发展全过程人民民主，就是要落实"人民城市人民建，人民城市为人民"理念，培育和增强市民主人翁意识，厚植市民热爱浦东、建设浦东和以浦东为荣、为浦东自豪的情感情怀，强化广大市民对浦东的向心力、凝聚力和认同感、归属感；以社会主义核心价值观为引领，大力倡导、弘扬红色文化和开发开放精神，打造城市品牌，铸就城市气质，提升城市形象，不断增强浦东的魅力和吸引力、影响力；不断激发、充分调动广大市民参与城市建设、发展、治理的主动性、创造性和积极性，自觉自愿为更高水平建设高素质现代化国际化城市作出贡献。

(二) 制度层面：在治理中不断完善全过程人民民主制度

习近平总书记指出："当代中国的伟大社会变革，不是简单延续我国历史文化的母版，不是简单套用马克思主义经典作家设想的模板，不是其他国家社会主义实践的再版，也不是国外现代化发展的翻版。"与全过程的人民民主理念以及理想的制度设计相比，当前的人民民主还有待进一步完善。经过20多年的探索与实践，浦东根据自身发展实际，不断创新和发展"三会"制度，形成了党建引领基层自治和协商民主的一系列经验和理念。为更好地探索超大城市治理新路子，有必要提高"三会"制度的制度性地位，在坚持中求发展，在深化中求创新，进一步扩大"三会"制度在全市乃至全国的影响力，为持续推进国家治理体系和治理能力现代化贡献上海经验和浦东智慧。调研显示，"三会"制度在实施过程中，也出现了"制度上墙"，实际却没有开会的情况；或者自以为开了"三会"，却没有准确完整地运用"三会"制度的科学程序；抑或是教条地按照流程召开"三会",为了开会而开会,缺乏对基层群众需求和呼声的调查了解,缺乏与群众沟通交流的方式方法,导致"三会"现场出现不可控或不理想的局面。这些问题的避免,都需要基层更加深刻地领会"三会"制度背后的"民主深意",更加深刻地领会"三会"制度是基层党建工作的重要抓手,更加深刻领会"三会"制度对于基层治理的重要贡献。

(三) 实践层面:以"三会"制度为抓手打通民主与治理的"最后一公里"

1. 用好"三会"制度,要加强党的领导

"三会"制度是增强党组织与居民的联系,逐步改变自上而下管理方式的一个途径。无论是听证会,还是协调会,抑或评议会,都是社区居民"唱主角",但是,基层党组织并不袖手旁观,而是积极引导,共同参与。党组织不仅要组织群众参与公共事务处理,还要制定规则并且引导群众遵守规则。从会前确定"三会"时间、地点、人员、主题、内容等要素,明确项目责任主体,做好会议准备,调查摸底,广泛征询民意,掌握基本情况,到"三会"中展开民主协商、讨论,形成完整记录和决议,构成民生需求、资源和项目服务精准对接的"三张清单",以及在"三会"后抓好具体落实事宜,这些有序的制度性安排都体现了基层党建在"三会"制度实践规范运作中起引领作用。

此外,"三会"制度要充分发挥各类党组织以及党员的先进作用,带领居(村)民中骨干力量发挥中坚作用,激活业委会、物业公司、驻区单位以及社区志愿者的能动作用,使得各种资源和力量在党组织的引领下汇聚,共同解决群众关心、烦心和揪心的基层治理难题,真正把党的组织优势转化为社区共建共治共享的发展优势。在实施过程中,基层党组织要重视党总支在"三会"制度中的"红色引擎"作用,紧紧抓住人民群众对美好生活的向往这一"轴心",强化政治引领,在社区治理这辆"车身"中把方向、搭框架,不断增强小区居民的认同度和归属感,真正满足人民群众对美好生活的向往。

2. 用好"三会"制度,要扩大群众参与

要想用好"三会"制度,参会群众的代表性和广泛性至关重要。代表的选择需要保证"三会"涉及事项的相关利益方充分参与到会议议题中,最大限度地保证群众对村居事务的知晓权和发言权,争取群众的广泛参与。在此基础上,会议中要保证群众充分发言的机会。

3. 用好"三会"制度,要弘扬契约精神

真正的民主是一个互相妥协的过程。基层党组织需要通过"三会"搭建民主协商平台,让群众在这个平台上说出自己的心声,同时,又让群众在"少数服从多数"的理念下学会倾听、妥协。在每场顺利召开的"三会"结束时,都要形成一个决议,这是由参与人员经过充分讨论和表决后得出的群体意志的反映,某种意义上也可以称作一种"契约",虽然它不具备一般意义上的法律效力,但仍然在村居公共事务治理上具有一定的权威性。因此,决议一旦形成和公布,即使自己的意见没有被决议采纳,也应认可和尊崇决议。在"三会"制度推行过程中,要重视决议产生的规范性和科学性,重视决议的后续落实和持续推进,培养群众在自治过程中的规则意识和契约精神,在"法理"和"情理"之间找到最佳平衡点,让"三会"制度真正融入基层治理体系中,成为基层党组织解决基层治理难题的重要抓手。

4. 用好"三会"制度,要提升干部能力

以党组织为核心,"三驾马车"各负其责、多元主体共同参与的"一核多元"基层社区治理格局下,"三会"制度为基层治理提供了重要抓手和支撑。与此同时,用好"三会"制度对基层干部能力提出了更高的要求。首先,要成功召开"三会",基层干部需要在平时多下功夫,积累深厚的群众基础。"三会"制度看似精力花在会上,实则工作全在会下。在日常工作中,与群众建立良好关系的干部,更容易精准把脉群众的需求,更容易在"三会"获得群众支持和理解,更容易在"三会"后获得群众肯定。其次,用好"三会"制度,基层干部需要增强沟通能力,掌握开会技巧,熟悉会务程序。"三会"制度不同于平时的征求意见,具有标准的操作流程和规范,熟练掌握开会原则是制度的基本要求。但是,能否在制度的实施中,灵活运用这些规则,需要沟通技巧。能否用群众听得懂的语言和方法将原则性的条文贯彻到会议中去,从而引导群众、鼓励群众、启发群众,是基层干部用好"三会"制度应具备的重要能力。最后,用好"三会"制度,基层干部要具备资源整合和协调能力,树立共同治理理念,盘活基层各类资源。"三会"的顺利召开往往需要多方的支持,比如,物业公司、业委会、社区共建单位、政府职能部门等,基层干部要善于同他们打交道,挖掘各类资源,让他们为主动为社区治理出力,这样能大大提升"三会"制度的运用成效。

Ⅳ. 城市治理篇

第十七章　上海践行"人民城市"理念打造现代城市治理新样板

【摘要】美好的城市生活,离不开卓越的城市治理。浦东积极践行"人民城市"理念,推动治理手段、治理模式、治理理念创新,以科技创新推动城市治理智能化,以问题导向推动城市治理精细化,以绿色发展理念推动生态城市建设,以文化传承和创新提升城市软实力,以党建领航打造共建共治共享的治理新格局,多措并举打造出系统完善、科学规范、运行有效的城市治理体系,不断提升城市治理科学化、精细化、智能化水平,探索出一条具有中国特色、体现时代特征的超大城市治理之路,创造更多智慧城市建设的"中国经验"。

【关键词】人民城市;党建引领;科技赋能;精细治理;人文生态之城

2021年7月15日中共中央、国务院颁布《引领区意见》,明确浦东作为社会主义现代化建设引领区的战略定位,赋予浦东五大战略使命,支持浦东打造现代城市治理的示范样板。《引领区意见》要求浦东"构建系统完备、科学规范、运行有效的城市治理体系,提升治理科学化、精细化、智能化水平,提高应对重大突发事件能力,完善民生发展格局,延续城市特色文化,打造宜居宜业的城市治理样板。"[①]《引领区意见》不仅为浦东新征程上推进人民城市建设、提升城市治理水平明确了新的方位,指明了前进方向,也擘画了一张任务清晰、目标精确时间表、路线图,为浦东城市治理和建设指明了前进方向,提供了根本遵循。

浦东牢牢把握中央赋予的使命任务,深入践行"人民城市"理念,持续在"科学化、精细化、智能化"上下功夫,积极探索符合超大城市特点和规律的治

---

① 《中共中央　国务院关于支持浦东新区高水平改革开放打造社会主义现代化建设引领区的意见》(简称《引领区意见》),https://www.chinacourt.org/article/detail/2021/07/id/6151972.shtml,2023年11月6日。

理新路子,把历史使命化为引领全国发展的实践范例,努力成为现代城市化治理的示范样板,打造系统完善、科学规范、运行有效的城市治理体系,探索出一条具有中国特色的超大城市发展之路。

一、以"人民城市"理念为指引,走中国特色城市发展道路

城市是人们生产生活的重要载体,寄托着亿万人民对美好生活的憧憬。提高城市治理现代化水平,开创人民城市建设新局面,一个重要的出发点和落脚点,就是始终坚持人民至上的发展理念,这是做好城市工作的根本遵循和行动指南。

习近平总书记考察上海期间,提出"人民城市人民建,人民城市为人民"重要理念,要求上海不断提高社会主义现代化国际大都市治理能力和治理水平,"人民城市"理念深刻揭示了中国特色社会主义城市的根本特性。如果说绚丽多姿、流光溢彩是城市的颜面,是现代化城市发展水平的标识,那么"人民性"则是中国城市的底色和根本,建成有世界影响力社会主义现代化国际大都市,必须坚持以"人民城市"理念为根本指引。

(一) 深刻把握"人民城市"理念

"人民城市人民建,人民城市为人民",回答了城市建设依靠谁、为了谁的根本问题。其一,"人民城市"理念阐明了城市发展的根本动力。人民是城市的主人,在城市发展中处于主体地位。人民群众不仅是城市发展成果惠及的客体,更是推动城市发展的主体。现代化城市治理必须坚持广大人民群众在城市建设和发展中的主体地位,紧紧依靠广大人民,充分调动人民群众参与城市治理的积极性、主动性、创造性,这是城市善治的内生动力。其二,"人民城市"深刻阐明了城市建设发展的根本宗旨。人民群众既是城市治理的参与者、城市治理的主体,也是城市治理的受益者。解决好人的问题,是城市工作的价值指向。"推进城市治理,根本目的是提升人民群众获得感、幸福感、安全感。"人民城市理念充分体现了共产党人"人民至上"的价值追求。

"人民城市"理念是以人民为中心的发展思想与中国式现代化城市治理的有机融合,从本质上说,就是以人民为中心的发展思想在城市治理理念上的体现。它深刻回答了城市建设发展依靠谁、为了谁的根本问题,深刻回答了建设什么样的城市、怎样建设城市的重大命题,充分彰显了马克思主义政党人民至

上的政治立场和价值追求,对于不断推进城市治理体系和治理能力现代化,具有十分重要的指导意义,为我们新时代推进城市治理提供了根本遵循。

(二) 注重落实"人民城市"理念

城市的核心是人,人民对美好生活的向往,就是城市治理的方向。城市治理关乎城市形象,更关系群众生活质量。围绕人民的需求,重视人民的感受,满足人民的追求,让人民群众在城市生活得更方便、更舒心、更美好是城市治理的宗旨。推进城市治理现代化,提高城市治理现代化水平,需要将以人民为中心的发展思想贯穿到城市治理全过程,构建人民需求为导向、以人民利益为根本、人民参与为主体、人民满意度为动力的城市治理体系。

概言之,落实人民城市理念,就是要实现治理过程由人民参与、成效由人民检验、成果由人民共享,让人民群众有实实在在的获得感、幸福感、安全感。

二、以科技创新为支撑,不断赋能城市治理效能

现代城市是一个复杂巨系统,必须充分借助于大数据、云计算、人工智能等现代科技手段,来破解城市治理难题,提升城市治理效能。

(一) 以"两张网"建设为抓手,推进城市治理智能化

把人民城市理念落到实处,就要牵住智能化这个"牛鼻子",加快建设"城市大脑",推动治理手段、治理模式创新,走"智慧城市"之路,实现智慧化治理。"一网通办""一网统管"是城市治理的"牛鼻子"工作,牵动着城市长远发展的大局,抓好"两张网"是提升城市治理的智能化水平关键。浦东以"两张网"建设为抓手,着眼"高效办成一件事"和"高效处置一件事",加强改革系统集成,发挥改革整体效应,不断提升治理效能,为城市数字化转型打下了坚实基础。

1. 以"一网通办"为着力点,全面提升数字化公共服务

对照最高标准、最高水平,浦东秉持科学治理、系统治理理念,持续在系统集成、数据共享、场景牵引、机制完善等方面下功夫,不断优化提升"一网统管""一网通办"效率和水平,加大环节精简和流程优化再造,强化跨部门协同和前台综合、后台整合,推进全域全量数据汇聚与运用,整合各领域、各部门数据资源,构建万物互联、互联互通的完整系统,力求"高效办成一件事",让群众办事从"能办"向"好办"转变,从"爱用"向"常用"的转变,持续为打造"不打烊"的

"数字政府"、建成全方位数字化政务服务体系而努力。

2. 以"一网统管"为载体，高效提升城市整体治理能力。

"一网统管"是提高城市治理现代化水平的关键。《引领区意见》关于创新完善城市治理体系的论述，明确要求把全生命周期管理理念贯穿城市规划、建设、管理全过程各环节，深入推进城市运行"一网统管"。浦东新区作为上海超大城市的最大行政区，人口规模大、人员构成复杂，人口流量大、功能密集，具有复杂巨系统的特征，城市要顺畅运行、协调发展，必须充分运用数字化手段，以智能化方式探索超大城市社会治理新路子，回应人民群众对美好生活的新期待。

浦东聚焦"高效办成一件事""高效处置一件事"，坚持从群众需求和城市治理突出问题出发，逐步探索超大城市的治理新路。在"管什么"问题上，聚焦群众和市场主体生产、生活的堵点、痛点和难点问题，以满足人民群众的需求为导向，从坚持从群众需求和城市治理突出问题出发，兼顾管理和服务功能的平衡。在"怎么管"的问题上，在科学化、精细化、智能化上下足功夫，充分运用现代科技手段，提升城市管理的科学化、精细化、智慧化水平。

（二）不断迭代升级"城市大脑"，探索数字治理新模式

而今，智慧城市的理念已经渗入浦东这座城市的血脉深处，不断推动着城市的发展和深刻变革。借助大数据、云计算、人工智能、物联网、5G技术、区块链等最新技术，"城市大脑"不断重塑城市治理的手段、治理模式和治理理念，打造出更精细、更完善、更科学、更智慧、更高效的"两张网"。2023年4月18日，浦东"一网统管"城市大脑迎来了5周年生日，过去5年，城市大脑实现从1.0到4.0的迭代升级。2022年，浦东"城市大脑"聚焦全域感知、全数融通、全时赋能和全景响应的目标，完成4.0版部署上线，推进36个街镇智能综合管理平台功能完善，1496个居村联勤联动微平台完成升级。

目前，浦东"一网统管"已打造涵盖日常、专项和应急3种状态、80多个应用场景的场景体系，基本形成全领域、全覆盖的智能治理支撑体系，通过流程再造、场景整合集成，推动了各方业务流程精准衔接，建立高效联动响应机制，增强了城市管理问题的感知能力、研判能力、处置能力，打造出城市治理体系和治理能力现代化的"浦东样板"。

城市发展更智慧的背后是浦东勇于创新、不断自我革命、推动治理流程再造的结果。浦东坚持以群众和市场主体需求为中心，打破部门之间、条线之间、层级之间职责壁垒，进行流程再造，把涉及经济治理、城市治理、社会治理

场景进行整合集成,以数据共享保障大数据高效应用,以多部门联动提升管理效能,重新进行整合后的"城市大脑"更智慧、更聪明,发力更加精准,大到城市规划、决策运行,小到衣食住行、生活娱乐,城市有多"聪明",人们的生活就有多便利。治理模式创新彻底改变粗放型管理方式,实现了从以部门为中心向以服务对象为中心的转变,从传统治理方式向以数字化治理转变。数字技术的广泛应用,深刻改变了人们的生活,带来了娱乐生活多样化、日常生活便捷化、社会交往多元化等影响,使每个人都能感受到城市的温度,极大增强了人民群众的获得感、幸福感、安全感。

三、以"绣花"般的功夫,绣出城市的品质

城市是生命有机体,其治理需要"绣花式"的精心、耐心和巧心。习近平总书记在上海考察时强调,城市治理"既要善于运用现代科技手段实现智能化,又要通过绣花般的细心、耐心、巧心提高精细化水平,绣出城市的品质品牌"。[①] 精细化体现着一个城市的品质和发展水平,越是超大城市,管理越要精细,越要在智慧、精治、精准上下功夫,越要"注重在细微处下功夫、见成效"。

(一)城市是一个生命体,必然要求精细治理

城市是一个复杂的生命体,有复杂的运行机理、特殊的生态系统,需要人们精心治理与呵护,注重科学。梁思成曾说过:"城市是一门科学,它像人体一样有经络、脉搏、肌理,如果你不科学地对待它,它会生病。"[②]这说明城市一个有机的生命体,有其自身机体运行的规律。人们越是善待城市,城市治理越精细城市越有亲和力,经络越畅通,城市越有生命力。反之,城市发展就会出现严重的失调、失衡和失序现象。

"城市是现代化的重要载体,也是人口最密集、污染排放最集中的地方。"[③]城市的快速发展,特别是随着信息化、网络化的发展,城市的开放性、流

[①] 中共中央党史和文献研究院编:《习近平关于城市工作论述摘编》,中央文献出版社 2023 年版,第 156 页。
[②] 中共中央党史和文献研究院编:《习近平关于城市工作论述摘编》,中央文献出版社 2023 年版,第 9 页。
[③] 中共中央党史和文献研究院编:《习近平关于城市工作论述摘编》,中央文献出版社 2023 年版,第 139 页。

动性、多元化加速,不确定性、不平衡性、不可预知性以及不可控性等更为凸显,随之而来的各种城市化问题,人口剧增、职住失衡、交通拥堵、中心城区活力缺失、噪声污染等,以及公共安全各种棘手的社会问题接踵而来,城市问题遍布在城市的各个角落。浦东作为超大城市的超大城区,多元汇聚,生命体征更复杂,城市治理需要更用心、更精细、更科学,更需要细致、精确、有效、差异化和有弹性的治理。推进城市治理现代化,必须在精细度上下功夫。

衡量一座城市的精细化管理水平,就要考量其"落细落小"的能力。精细化即关注细节,重视差异、强调精打细算、精益求精、一丝不苟和追求卓越等。精细化治理既是现代治理模式,也是城市治理目标,又是我们对待城市的一种态度和理念。走精细化治理之路就要将精细化要求贯穿城市工作各个环节、城市工作全过程,覆盖到各个领域、各个空间和所有人群,体现在时时刻刻。精细化治理是城市治理现代化的必经之路。浦东经过30多年高速发展,城市空间结构、生产方式、组织形态和运行机制发生深刻变革,城市的快速发展需要与之相适应的新的治理形态,精细化治理更离不开科技发力,必须引入智能化手段,借助现代科技,为改进城市公共服务管理、提升精细化治理能力提供强有力支撑。

(二) 科技应用,助力精细化治理

精细化治理,体现在"精""细"二字。"精"就是利用现代技术精准掌握城市的动态信息,以提升政府治理能力;"细"就是要了解居民的真实的需求,把管理和服务渗透到城市的每一个角落和空间。概言之,精细化治理就是通过利用现代技术精准把握居民的信息,为其提供个性化、差异化、优质化的服务和管理。

浦东充分利用云计算、大数据、人工智能等科技手段,助力精细化治理。2023年,浦东"一网统管"城市大脑已上线运行5周年,迭代升级版"城市大脑"融合了三大治理要素的"十大标杆场景",形成全领域、全覆盖的智能治理支撑体系。涵盖街面秩序管理、道路管养、产业用地全生命周期共同监管、垃圾分类、城市安全风险综合监测预警、大型饭店综合监管、智慧气象、民情民意智慧感知、数字孪生城市和耕地保护与用途管控各个领域,贯穿城市规划、建设、管理和生产、生活、生态全过程各方面,在全区范围构建起"三大治理"统筹推进和有机衔接的治理体系,实现对数据资源、治理要素的全息全景呈现,使管理变得更精细。"城市大脑"已实现了全覆盖、全过程、全天候运行,最终落脚于执行到位、智联感知,24小时守护城市平安。以数字化信息化赋能治理精细化,极大地提升治理智慧化能力和水平,更好地造福人民群众。

(三) 以问题和需求为导向,推动治理精细化

城市精细化治理的另一个目标,通过全面了解城市居民的真实需求,为民众提供个性化、差异化和智能化的公共服务。浦东坚持问政于民、问需于民、问计于民,着眼满足群众多样化、品质化、个性化需要,始终坚持人民关心什么、期盼什么,城市治理就抓住什么、推进什么,把精细化治理的绣花针每针都落在老百姓个性化的需求上,将人民至上镌刻在城市治理的每个细节,形成了精细化治理的长效率机制。

精细化管理,不仅是一种能力,更是一种态度。做好城市治理工作,应关注群众需求,坚持群众事无小事,把人民群众的小事当作我们的大事。以问题和需求为导向,从细节和小事上作为城市精细化治理的突破口和切入点,把群众操心事、烦心事、揪心事找准摸透,奔着问题去、对着问题改。唯有不放过细微、不错过每个细节,才能让治理的针脚更细更密、城市的运行更顺畅。近年来,浦东着力夯实基层党建,让基层党组织扎根在基层、服务在基层,从人民群众最关心最直接最现实的利益问题入手,把人民利益至上作为贯穿城市治理工作的一条红线。为改善群众的居住条件,实施电梯加装、棚户区改造、居家养老;有效解决城市化快速发展带来的交通拥堵、环境污染、噪声扰民、违法搭建、渣土扬尘等城市治理难题,突出体现了始终坚持以问题和需求为导向,做到民有所呼、我有所应,努力让群众有更多获得感、幸福感、安全感。

未来,浦东发展仍要注重在科学化、精细化、智能化上下功夫,走出一条特色超大城市精细化治理之路,不断提高城市精细化治理水平。久久为功,浦东明天必将更美丽,人民生活定将更美好。

四、打造人文生态之城,打造人民城市的幸福样本

习近平总书记指出:"城市是生命体、有机体,要敬畏城市、善待城市,树立'全周期管理'意识,努力探索超大城市现代化治理新路子。"[1]这就要求在宜居

---

[1] 弘文:《着力完善城市治理体系》,http://www.qstheory.cn/wp/2020-05/10/c_1125964309.htm,2023年11月6日。

城市的治理建设中,还要遵循两个重要的原则:一是要尊重城市的历史人文底蕴,二是要呵护改善城市的自然生态。

(一) 打造人文之城,提升城市软实力

文化是城市的灵魂,是城市内涵、品质、特色的重要标志,[①]体现着城市的温度和气质。一座城市最有品位、最具魅力的就是她的文化。打造现代化城市治理样板,就要为城市营造健康向上的人文环境,提升城市品质。

一是要传承城市历史文化。文化是城市生命的一部分,是城市的独特的记忆和标识。浦东33年的开发开放,留下许多珍贵的历史瞬间,书写了中国改革开放传奇故事,赓续着海派文化的强劲脉搏。建设现代化城市,打造城市样板,就要传承优秀文化基因,保留城市历史文化记忆,让人们记得住历史、记得住乡愁,有一种情怀,有一种士气。浦东要发扬好开发开放之初的"三股气",传承好红色文化、弘扬好海派文化,这是浦东得以不断创新发展的魂和脉,是浦东独特的精神标识。

二是要创新城市现代文化。传统文化需提升"现代表达",以科技赋能历史文化,为其注入时代新鲜血液,永葆生机活力。对标卓越的全球城市,把浦东打造成具有现代气息的人文之城。作为改革开放先行者,近年来,浦东文化建设理念与人民文化需求也跃升至新的阶段,浦东正在努力当好上海文化建设的排头兵,先后提质升级一批文化场所,打造一批重大文化地标,如上海东方艺术中心,做亮一批城市人文景观等,如对标世界顶尖的上海图书馆东馆、致力于成为世界顶级艺术的上海博物馆东馆、"五十年成经典"的上海大歌剧院等为代表的浦东新文化地标,全球建筑规模最大的天文馆,涵养了城市人文精神,打造出城市治理的文化标杆,正是城市治理者、建设者为之所做的努力。除了这些"高大上"的文化设施,浦东还打造了一批"小清新"的公共文化空间。随着一批文化设施的高质量落地、运营,文化成为助力提升城市品质、满足人民品质生活需求、建设社会主义大都市的一张亮丽名片。

(二) 建设生态之城,让人民"诗意地栖息"

中国式现代化走的是一条人与自然和谐共生的现代化道路,"建设人与自

[①] 李文钊:《着力探索超大城市治理新理念》,https://theory.gmw.cn/2021-04/25/content_34793125.htm,2021年4月24日。

然和谐共生的现代化,必须把保护城市生态环境摆在更加突出的位置,科学合理规划城市的生产空间、生活空间、生态空间,处理好城市生产生活和生态环境保护的关系"。[①]

生态城市建设既是建设宜居城市的必由之路,也是实现城市可持续发展的长远战略选择。生态城市建设最为重要的是做好统筹规划,"把绿色发展理念贯穿到生态保护、环境建设、生产制造、城市发展、人民生活等各个方面"。[②] 优化城市生态,提升城市功能和城市品质,就要走低能耗、低污染、低排放为基础的发展模式。浦东以绿色理念引领,在城市治理和建设中突出生态本底、美学呈现,本着城乡一体的发展思路,全面规划生态城市的发展路径,统筹好生产、生活、生态三大空间布局,构建以绿色、生态、低碳、可持续发展为战略布局、和谐自然的生态系统,推动城市人与人、人与自然和谐共生。

生态城市建设最为根本的就是回应人民对美好生活向往,将生态理念融入人民群众工作和生活中,在保护环境与改善民生之间找到平衡点,让人改善生态环境,让生态环境涵养人的素养,形成人与自然和谐发展的良性互动关系,以此提升生态城市软实力。近年来,本着"建设生态之城,构建高品质城市生态环境和高品质生活环境"理念,浦东把"美丽街区"建设作为城市管理精细化的重要抓手,完成第一轮42个"美丽街区"建设,全面提升了新区市容环境面貌。

生态文明建设能够明显提升老百姓获得感,老百姓体会也最深刻。浦东在社会主义现代化引领区建设中,积极践行着"生态城市"重要理念,始终把让人民宜居安居放在首位,持续提升老百姓的幸福感。浦东新区先后实施了两轮"15分钟社区生活圈"建设,一共1092个项目,努力把服务送到离群众最近的地方。到"十四五"末,浦东将建成200座以上城市公园,届时,城市将更加宜居。

使环境更美好、街区更美丽、家园更美丽、乡村更美丽一直是浦东城市治理的目标。从理念到实践,从规划到布局,从路径到实践,形成生态城市建设的组合拳,建设好优质的生态环境基底,以生态助力社会经济发展,以社会经济发展提升城市生态文明,以生态文明造就人民幸福生活的增长点,打造出彰

[①] 中共中央党史和文献研究院编:《习近平关于城市工作论述摘编》,中央文献出版社2023年版,第139—140页。

[②] 中共中央党史和文献研究院编:《习近平关于城市工作论述摘编》,中央文献出版社2023年版,第141—142页。

显美丽中国底色、人民城市理念的幸福样本。

五、以党建为引领，打造共建共治共享的治理共同体

党建引领基层自治与共治，是浦东基层治理体制的亮点，也是浦东精细化治理的重要抓手。打造现代化城市治理样板，向世界展现"中国之治"新境界，浦东要发挥中国特色社会主义的制度优势，展现中国特色社会主义的治理特色。

（一）坚持党建引领，做到科学治理

加强党的政治引领，是超大城市治理实现高质量高水平发展的根本前提和根本保障。习近平总书记指出，要把加强基层党的建设、巩固党的执政基础作为贯穿社会治理和基层建设的一条红线。浦东有今天的发展，靠的是党组织的坚强领导，始终把坚持党的领导贯穿于社会治理的全领域、全过程、全环节，确保社会治理创新工作始终沿着正确方向推进。

一是强化党建引领，织密建强基层组织体系。以党建引领城市治理创新，牢固树立城市大党建的理念，打破领域、条块、层级、单位和系统之间阻隔，推动城市各领域党建共建共享、优势互补，建立上下贯通、执行有力的组织体系。根据浦东"新而特"区位特点、人员"散而杂"特征、服务"大而全"等因素，整合党建、政务和社会服务等各种资源，依托街道、社区、楼宇等，建设覆盖广泛、集约高效的区域性党群服务中心，使之延伸到基层末梢、贯通到基层治理，夯实党领导城市治理的坚强堡垒，提升党组织领导基层治理工作水平。二是要推动治理重心下移、力量下沉，把更多力量、服务、管理资源向基层下沉，激活基层党组织联系群众、服务群众的神经末梢，让基层有更多的精力和力量服务群众、凝聚群众。以党建带动资源集聚，提高民众对基层公共事务的参与度，通过加强基层党组织与群众的密切联系，引导城市居民充分发挥主体能动性，积极主动参与城市治理决策、监督和管理全过程，形成共建共治共享的城市社区治理格局。

通过党建引领治理，充分发挥党组织总揽全局、协调各方、服务群众的作用，凝聚基层政权组织、自治组织、社会组织等的合力，布局好纵向联动、横向互动、融合共治的"一盘棋"，实现服务精准对接、治理精准落地。

（二）广泛动员公众参与，形成共治合力

城市治理的用户是市民，要让市民满意，就要多元参与、多元共治。现代城市结构日益复杂，城市管理千头万绪、对象复杂多变，参与主体日益多元、利益诉求日益多样，面对错综繁杂的治理问题，不仅需要发挥政府的主导作用，还需要企业、社会组织、个人等多元化力量参与其中、共同治理。只有这样，才能形成强大的治理合力。因此，新时代的城市治理，必须依靠人民，动员、组织人民，激发人民群众参与城市治理的积极性，充分发挥广大人民群众在城市建设和发展中的主体作用，形成多元协同共建共治的治理格局。

（三）畅通合作渠道，实施协同治理

畅通人民群众参与城市治理的渠道，汇聚起共建共治共享美好城市的磅礴力量。开发开放33年来，浦东始终以开放包容的姿态积极吸纳各界人士参与城市治理，形成了共享共治的良好格局。近年来，浦东各街镇探索的"直通车"、"听证会"、"建议征集会"、公众"议事厅"、"三会一代理"等，集众思、广众智、聚民需，注重多元互动，使协商通道民意表达机制更加规范化、标准化、程序化，营造"人人都能有序参与治理"的良好氛围，构筑起共建共治共享的社会治理共同体。今后，浦东将更加重视"共建共治"思维，以党建为引领，以共建为根本动力，以共治为重要方式，以共享为最终目的，探索和开拓人民城市建设的新境界。

2023年是全面贯彻落实党的二十大精神的开局之年，在第二个百年的奋斗道路上，浦东要继续拿出开路先锋的勇气、排头兵的锐气、强烈渴望建功立业的心气，加快把以习近平同志为核心的党中央赋予的历史使命转化为引领全国发展的实践范例，努力成为全面建设社会主义现代化国家的排头兵，用鲜活的实践范例，向世界讲好社会主义现代化强国故事，展现社会主义现代化强国作为。

第十八章　浦东新区城市治理中的企业慈善活动与社会责任

【摘要】 参与慈善公益活动是现代企业发展不可或缺的重要内容，是企业践行自身社会责任的有效途径，也是引领城市向上向善前行的关键动力。近年来，在打造社会主义现代化建设引领区背景下，各类企业选择浦东、扎根浦东、建功浦东，主动开展慈善公益活动，回馈社会发展需求，提升公众品牌形象，实现了经济效益和社会效益的深融互促。与此同时，由于慈善公益事业发展的外部环境尚不完善、运行基础有待优化，浦东新区企业践行社会责任也面临一些困难挑战，影响城市治理的能级水平。为此，我们需要发挥政府推进企业社会责任建设的主导作用，发挥企业履行自身社会责任的主体作用，发挥社会力量参与企业社会责任建设的监督作用，努力为打造大城治理的示范样本探索更多"浦东经验"。

【关键词】 城市治理；慈善公益；企业社会责任

2021年7月，《中共中央　国务院关于支持浦东新区高水平改革开放打造社会主义现代化建设引领区的意见》正式发布，提出浦东要打造"现代城市治理的示范样板"，"率先构建经济治理、社会治理、城市治理统筹推进和有机衔接的治理体系"。企业作为社会治理体系的重要组成部分，在现代城市治理进程中发挥着特殊而重要的作用。鼓励引导企业积极承担社会责任，参与生态治理、民生建设、乡村振兴和区域协调发展，对于浦东打造中国式现代化城市治理样板具有重要意义。

一、企业社会责任的内涵

随着我国市场经济的逐步完善和日臻成熟，作为市场主体的企业也在不断成长。外部环境的需求和企业内部成长的内生动力，都需要企业在创造财富、追求利润的同时,还应当承担起必要的企业社会责任。

(一) 企业社会责任的提出及其在我国的发展

企业社会责任思想被认为起源于古典经济学家亚当·斯密,他在《国富论》中指出,"当人们用资本去追求个人利益时,他经常促进了社会利益,其效果比他真正想促进社会效益时所得到的效果为大"。[1] 英国学者欧利文·谢尔顿(1924)第一个正式提出企业社会责任概念,美国经济学家霍华德·波文(1953)在《商人的社会责任》一书中提出企业社会责任概念之余,更进一步提出针对社会责任实施的审计。20 世纪 80 年代后,企业与社会之间日益相互交织、相互影响,企业社会责任从学界概念发展到现实运动,在欧美一些发达国家兴起,主张企业不仅要对赢利负责,也要承担相应的社会责任。

随着我国市场经济的高速发展和经济全球化的影响,企业社会责任的概念从一些跨国公司、外资企业、品牌商等传入国内并日益普及。20 世纪 90 年代起,国内学术界开始关注和研究企业社会责任问题。袁家方主编的《企业社会责任》一书被认为是我国学界最早对企业社会责任的理论研究,他认为企业社会责任是"企业在争取自身生存与发展的同时,为维护国家、社会和人类根本利益,面对社会需要和各种社会问题,必须承担的义务"。[2] 刘俊海认为,企业社会责任是指企业不仅为股东营利,还要努力增进"股东利益之外的其他社会利益。这种社会利益对象包括雇员、消费者、债权人、竞争者、当地社区、环境及整个社会等内容"。[3] 进入 21 世纪以来,随着我国市场经济向纵深推进,企业社会责任的研究范畴不断拓展。卢代富认为:"企业社会责任包括对雇员的责任、对消费者的责任、对债权人的责任、对环境、资源保护与合理利用的责任、对所在社区经济发展的责任、对社会福利和社会公益事业的责任。"[4] 王志民认为:企业社会责任应区别于商业责任,"一般包括遵守商业道德、保护劳工权利、保护环境、发展慈善事业、捐助公益事业、保护弱势群体等"。[5]

2005 年 10 月,企业社会责任被写入新修订的《中华人民共和国公司法》

---

[1] 亚当·斯密:《国富论》,唐日松译,华夏出版社 2005 年版。
[2] 袁家方:《企业社会责任》,海洋出版社 1990 年版。
[3] 刘俊海:《企业的社会责任》,法律出版社 1999 年版。
[4] 卢代富:《企业社会责任的经济学与法学分析》,转引自刘启民《我国企业社会责任建设存在的问题与对策》,《科技信息》2010 年第 7 期。
[5] 王志民:《关于企业社会责任的思考与建议》,《福建论坛·人文社会科学版》2004 年第 1 期。

(简称《公司法》),标志着企业社会责任在我国从学界理论落实到了实践层面。《公司法》第五条明确规定:"公司从事经营活动,必须遵守法律、行政法规,遵守社会公德、商业道德,诚实守信,接受政府和社会公众的监督,承担社会责任。"2021年1月正式实施的《中华人民共和国民法典》(简称《民法典》)在第一编总则的第八十六条也规定:"营利法人从事经营活动,应当遵守商业道德,维护交易安全,接受政府和社会的监督,承担社会责任。"其他诸如劳动法保障职工利益、环境保护法对企业污染排放的规定等,也都体现了国家对企业践行社会责任方面的高度重视。2022年3月,国务院国资委新成立社会责任局,促进国资央企践行社会责任、实现高质量发展。

越来越多的企业在实践中意识到了企业社会责任的重要性,发布社会责任报告的中国企业数量每年都在增加。许多企业认识到,加强企业社会责任建设,实现企业经济责任、社会责任和环境责任的动态平衡,有助于树立良好的企业形象和声誉,吸引优秀人才、增强投资者信心、扩大品牌影响力等,反过来提升企业的核心竞争力。

(二) 慈善与企业社会责任

企业承担的社会责任内容相当广泛,参与公益慈善仅为其中之一。在郭沛源、周文慧、安国俊撰写的《2021年企业社会责任报告》中,将企业履行社会责任分成三个层次:守法层次、慈善层次、战略层次,认为进行公益慈善活动是企业履行社会责任的第二个层次。目前,我国企业在实际运营中,有很大一部分都把参加公益慈善活动作为履行社会责任最重要的部分之一。他们建立基金会、捐助慈善组织、帮扶贫困地区等,在公益舞台上扮演了重要角色。

企业社会责任与公益慈善并不能等同,但不可否认的是,公益慈善是企业社会责任的一个重要内容。在我国分配体系中,尤其是第三次分配中,公益慈善活动扮演的角色举足轻重。党的二十大报告提出要完善分配制度,"坚持按劳分配为主体、多种分配方式并存,构建初次分配、再分配、第三次分配协调配套的制度体系","引导、支持有意愿有能力的企业、社会组织和个人积极参与公益慈善事业"。值得注意的是,这不是第一次把分配体系与公益慈善放在一起提及。早在2019年10月,党的十九届四中全会就明确提出:"重视发挥第三次分配作用,发展慈善等社会公益事业。"相关表述也被纳入国家"十四五"规划和2035远景目标纲要。

(三) 浦东企业投身慈善、履行社会责任的依据和内生动力

作为改革开放的排头兵、先行者，浦东承担了打造社会主义现代化建设引领区的重任。引领区之"引领"，应更多体现在创新、体现在超前、体现在面向未来。履行社会责任是浦东企业高质量发展、投身引领区建设的重要篇章。

企业投身慈善、履行社会责任是浦东落实中央部署、建设人民城市的重要内容。企业的发展是城市发展的重要动力。企业与浦东城市建设紧密嵌合，深度参与城市治理，一方面，可以落实中央部署，完善分配制度，助力民生福祉，帮助社会托底，推进共同富裕的同时参与基层自治；另一方面，也能帮助企业开拓市场，作为市场主体提供服务、参与基层治理等，促进企业自身发展，实现多赢的局面。

投身慈善、履行社会责任也是浦东企业自身高质量发展的必然要求。有一些观点认为，企业履行社会责任其实是由经济利益驱动的，而慈善捐赠、公益活动等，额外增加了企业的支出，看起来似乎与企业"追求利润"的目标背道而驰，但从企业发展的长远来看，要在激烈的市场经济中胜出，除了创新技术、提高产品质量等，优秀的企业文化和良好的企业形象都是企业可持续发展不可或缺的核心竞争力。参与大众关注的公益慈善活动，积极回馈社会，不但可以营造优秀的企业文化氛围，提高员工凝聚力，也会很快赢得消费者和社会大众的认可，树立起良好的社会形象，实现经济效益和社会效益的双丰收。另外，世界许多包括全球500强在内的大企业，都长居慈善公益榜单前列。浦东企业积极投身公益慈善活动、履行社会责任，也是接轨国际、开拓国际市场的有效手段。

二、浦东新区企业参与慈善与履行社会责任的实践

浦东开发开放33年，从仅仅60亿元人民币的地区生产总值到2022年地区生产总值达1.60万亿元，无数的大小企业在这里蓬勃发展，贡献了无比坚实的力量。《2022年上海市浦东新区国民经济和社会发展统计公报》显示，截至2022年12月31日，浦东新区共有市场主体44.8万户。其中，内资企业及分支机构为30.5万户，外资企业及分支机构为2.9万户，个体工商户为11万户，农民专业合作社为0.39万户。[①] 从数据可以发现，浦东现在企业总数已经

---

① 资料来源：《2022年上海市浦东新区国民经济和社会发展统计公报》。

超过30万家,仅上市公司就有228家,占上海全市的1/3,首发募集资金总额4780亿元,占上海市的近1/2。①

数量庞大的企业为浦东经济的腾飞作出了巨大的贡献。随着经济效益的突飞猛进,许多浦东企业也越来越重视社会责任,积极保护和改善生态环境、救助灾害、扶贫济困,展现出一个个负责向上的企业形象。为了解浦东企业参与公益慈善、履行社会责任的现状,笔者先后走访了浦东新区工商联、浦东新区光彩事业促进会、浦东新区企业和企业家联合会等单位和社会组织,了解近年来浦东企业参与公益慈善、履行社会责任的情况,可总结体现为以下几个方面。

(一) 踊跃慈善捐赠

慈善捐赠是企业参与公益活动最直接的方式之一。不少企业或企业家个人会通过建立慈善基金会,或直接向其他非营利性公益组织或慈善项目捐赠钱款或物品的方式,表达爱心,参与公益事业。从大企业到中小企业,从央企、外企到民营企业,浦东新区都不乏在这方面贡献力量的优秀企业。浦东新区每年一届的"慈善公益联合捐",是浦东慈善公益的招牌项目,迄今已举办至21届,累计募款总额达19.87亿元,②每年都有大量的企业和企业家参与。其他如红十字会、浦东新区企业和企业家联合会、光彩会等社会组织、慈善组织,或是慈善项目,每年也都能收到浦东企业的大量爱心捐赠。各类组织和项目归口不一,暂时没有统一的统计数字,但也都在各自的平台上发挥了重要作用。比如,由非公有制企业(民营企业)、非公有制经济人士或在浦东投资的港澳等工商界人士组成的浦东新区光彩事业促进会,2020—2022年三年间,共收到民营企业捐赠达2514万余元,③用于教育、扶贫、乡村振兴等多个方面的多个项目。

(二) 投身志愿服务

除了直接捐赠,浦东的许多企业也会在日常工作中组织慈善项目、宣传公益理念,营造良好的企业文化氛围,吸引员工一起投身慈善公益事业。无论是

---

① 资料来源:《2022年上海市浦东新区国民经济和社会发展统计公报》。
② 资料来源:浦东新区民政局。
③ 资料来源:浦东新区工商联。

区内还是区外,无论是大灾还是小情,经常都有浦东企业和企业员工活跃的身影。比如,2022年3月,上海疫情严峻,浦东新区工商联、浦东光彩会动员了877家民营企业参与村居社区结对,对接36个街镇262个村居的536个封控小区,民企突击队员6 628人,组织发动志愿者13 112人,参与志愿服务近46.3万人次。①一些浦东企业还有自己独具特色的公益行动,有的以行业聚团,有的以商会为导向,也有的从自身企业特点出发,关注特定现象,关爱特殊群体,通过自己的行动向社会传达企业理念,体现企业的社会责任感。比如,摩根士丹利的"净滩有我,呵护蔚蓝"行动,2022年在深圳湾清理了89.16千克的垃圾,传达了保护生态、可持续发展的理念;证券行业的"跑遍中国·2022年中国证券业防范非法证券宣传线上健康跑"将投资者教育与体育健身相结合,等等。

(三)助推乡村振兴

习近平总书记在党的十九大报告中明确提出了"乡村振兴",党的二十大报告继续强调:"全面建设社会主义现代化国家,最艰巨最繁重的任务仍然在农村。坚持农业农村优先发展,坚持城乡融合发展,畅通城乡要素流动。"在乡村振兴中,一个高质量发展的企业或一片兴旺的产业,往往能够带动一个村。有了特色的核心特色产业,一个村就有了农民富裕、集体增收的发动机。在全国许多人印象中,浦东高楼林立,"陆家嘴三件套"更是网红打卡热点,但事实上,浦东还有着广袤的农村地区。浦东地区的农村单个规模较小,许多位于城乡接合部、被道路交通网络分割成一个个小单元,有的缺乏经济支柱产业,有的面临治理难点。部分企业入驻乡村,村企共建模式破解难题,成为乡村振兴的重要助力。比如,宣桥镇腰路村曾是浦东新区经济相对薄弱村,2020年,该村党总支与清美集团党总支开展结对共建。2021年,清美集团在腰路村投资建立"清美鲜食"超市、"清美味道"餐厅,打造"乡村CBD",村民就业机会增加、收入渠道扩展,乡村环境优化,实现了村、企、民的多方共赢,也为全区范围内开展村企共建提供了参考。2023年3月29日,浦东宣布将探索大规模的区属国企参与乡村振兴建设发展,并公布已有16家区属企业与13个镇、51个村对接的现状。②企业带任务、带项目、带人才进乡村,助力乡村振兴,未来可期。

---

① 资料来源:浦东新区工商联。
②《带任务、带项目、带人才!浦东全面推动区属企业参与乡村振兴》,《新闻晨报》2023年3月31日。

(四) 助力对口帮扶

大爱无疆,浦东企业回馈社会、助力乡村振兴,不仅仅局限在浦东区域,更是将希望的种子撒遍全国各地,尤其是上海或浦东对口帮扶地区。2021年,上海市工商联曾会同多家单位共同制定《上海市民营企业参与"万企兴万村"行动暨上海市民营企业"百企结百村"行动实施方案》,浦东新区响应号召,推出《浦东新区"十四五"携手兴乡村行动方案》,大力鼓励和发动民营企业参与对口帮扶地区的村企结对,通过产业协作、展销对接、公益帮扶等各种方式,对云南、西藏、新疆等地展开全方位结对帮扶。比如,2022年9月,上海闽龙实业有限公司在云南怒江绿色香料产业园区投资3000万元成立全资子公司"云南全都有生物科技有限公司",建立9条产线,工厂年产5000吨以上产能,带动当地150人以上就业。同时,浦东企业家还选择通过个人捐赠方式参与结对地区帮扶,体现了"达则兼济天下"的社会责任感。比如,智景规划建筑设计有限公司董事长余建华2022年一年间先后赴西藏江孜县、新疆莎车县、怒江福贡县开展结对活动,向江孜县紫金乡小学捐赠跳绳、文具彩笔、图书绘本,向莎车县阔纳巴扎村捐赠困难学生援助项目5万元用于帮扶50名困难学生家庭,向福贡县捐赠怒族民族民间文化传承项目5万元,等等。

(五) 参与基层治理

坚持党建引领多元参与、创新治理体制和治理模式,是当前基层治理的大趋势。在社区自治共治中,企业是一支不可忽视的力量。一方面,企业通过慈善公益活动助力社区自治,另一方面,企业也可以作为市场主体提供服务获取报酬、参与社区共治。浦东在这方面也有不少探索,有的是街镇村居发力联系企业,有的是企业跨前一步主动进入社区,都取得了一定的成效。比如,潍坊新村街道成立"崂山路街事会",首届共34家成员,吸引了20多家商户企业参与议事,讨论事务、主持街区对话会议、牵头开展商户星级评定等与街区建设、管理、发展、服务相关的各种事项,实现社区的共建共治共享。再比如,陆家嘴街道充分发挥自身楼宇、商圈多的优势,集合楼宇商圈党员和居民区党员志愿者,自发成立了"商圈志愿服务联盟"。联盟成立以来,连续8年举办"陆家嘴公益城""社区大管家""暖楼行动"等主题公益项目,在基层治理中展现出蓬勃的生命力。

三、浦东新区企业社会责任建设存在的困难挑战

(一) 外部因素:企业慈善社责任建设的外部环境有待完善

1. 法规制度体系尚不完善

一方面,慈善法律法规有所缺位。由于我国社会慈善公益事业发展起步晚,相关立法保障工作稍显滞后,国家层面虽已出台《慈善法》,但是相关规定仍然存在模糊地带,还缺乏专门规范公益组织的法律法规,慈善组织的性质定位、运行机制、财务制度、项目救助等方面缺乏权威准确的法律依据,慈善公益活动难以规范统一。近年来,上海积极推进慈善事业相关的法律法规建设,出台了《上海市慈善条例》《上海市慈善组织认定和取消认定暂行办法》等制度规范,但是作为地方性法规,法律效力层次仍然有限,难以对整个慈善事业和所涉及的社会关系进行全面的调整,制约了慈善行业社会环境的整体改善。

另一方面,税收减免制度有待完善。根据我国现行政策规定,企业发生的公益性捐赠支出在年度利润总额12%以内的部分,准予在计算应纳税所得额度时扣除。这体现了政府对发展慈善事业的大力支持,通过多捐少扣的方式,鼓励广大企业参与公益事业。但是,近年来由于受新冠疫情冲击和国际经济形势影响,不少中小企业经营出现困难,慈善捐赠积极性普遍不高,在此背景下12%的捐赠免税比例的支持力度还是不高。同时,由于慈善捐赠制度设计存在一定不足,捐赠退税程序、受赠主体资格等方面不够规范完整,申请退税和免税手续过于繁杂,使一些企业和个人的捐赠热情有所减少。

2. 慈善公益组织能级相对不高

一方面,发展空间相对有限。目前我国慈善公益机构属于非政府组织,社团登记由民政部门负责,日常监管职责由相关领域的主管单位负责。受传统思维观念和管理模式影响,政府角色定位与社会管理职能之间存在错位,影响了市场经济条件下对社会资源的统筹和社会公共问题的解决;慈善公益组织的行政色彩比较浓厚,其民间性、效率性、公益性受到影响,公益组织发展壮大存在诸多困难。

另一方面,运作管理有待加强。随着经济社会的快速发展,公众的法律素养和权利意识明显增强,对慈善组织发展提出了更高要求。目前,浦东新区慈善组织的总体规模不大、效益不高,有影响力的慈善品牌不多,一些慈善组织

的工作规范框架尚不完整;由于社会监督薄弱,一些慈善组织的工作透明度不够,社会公信力不高,影响了慈善公益组织的发展活力。

(二) 内部因素:企业社会责任建设的运行基础有待优化

1. 企业慈善战略规划缺位

一是企业缺乏负责慈善的专职部门。根据世界500强公司的机构设置情况来看,为了提升企业做慈善的能力,许多企业单独设立了企业社会责任专职部门,全面负责包括企业慈善在内的企业社会责任和可持续发展工作。还有一些企业,是将相关职能放到公关、市场等相关部门,虽然没有专职部门,但至少也有专人专岗。从浦东新区不少企业走访调研来看,除了一些国有企业和知名外资企业,大多数中小企业既没有设置专职机构,也没有设立专人专岗,很多企业也没有相关的计划考虑,影响了社会慈善责任的部署落实,社会责任的响应速度和履责能力大打折扣。

二是企业慈善行为缺乏战略规划。从捐赠理念看,很多企业尚未形成科学的捐赠理念,尚未理顺慈善捐赠与企业发展战略的关系,慈善捐助出现随意或跟风等问题;有的企业纯粹将慈善活动当作维护政府关系的方式手段,没有深入谋划如何从捐赠行为中获得合理商业回报,慈善捐赠缺乏可持续性。从捐赠意愿看,许多企业并没有专门的慈善计划和长远考虑,捐赠也往往表现出一种突发性和短期性,企业慈善捐赠行为具有较大的随机性。从捐赠偏好看,慈善活动在很大程度上取决于企业领导人的个人意愿,许多民营企业家喜欢以个人名义捐赠,很多时候出现企业慈善榜与企业家个人慈善榜趋同的现象。在这种背景下,企业慈善事业缺少长久驱动力,工作基础十分脆弱。

三是企业慈善经营人才储备不足。企业参与慈善公益事业,是增加树立自身形象、增强市场亲和力、提升品牌知名度的营销行为,需要一批既懂企业经营又懂公益慈善的专业人才。调研发现,目前浦东企业中从事慈善工作的人员,往往具有随机指派、临时兼任的特点,由于专业化程度不高,没有清晰的职业发展路径,常常感觉孤立无援、被边缘化,来自公司高层的工作认可和政策支持十分有限,慈善工作逐渐陷入尴尬境地。在此背景下,亟须一大批具备跨界知识结构的人才加入进来,有效增加工作活力,不断拓展慈善工作新局面。

2. 企业慈善运营管理能力不足

一是制度化管理体系缺位。调研发现,很多企业尚未建立完善的捐赠制度和有效机制,计划预算不明确,监督管理不规范。慈善活动缺乏机制策略,议题选取、项目选取,往往容易被决策者的个人偏好所左右,或者受一些与慈善无关的外部因素所影响,尚未形成制度化的运作机制。

二是慈善捐赠模式相对单一。调研发现,当前企业捐赠往往需要政府号召,捐赠渠道以公办慈善组织为主,捐赠形式集中于教育助学、扶贫帮困、健康医疗等传统领域,结合企业经营优势进行项目开发的捐赠形式较少,难以形成慈善事业与企业发展互惠互利的多赢局面。

三是慈善基金管理不够规范。近年来,企业热衷于发起设立企业基金会,但是后续如何协同企业慈善和企业基金会的工作,尚缺乏深入思考和周密部署。由于缺乏专职部门或专人专岗负责,且多数企业基金会需要依赖企业持续输血,因此很多企业把慈善工作和基金会工作放到一起,通过"一套人马、两块牌子"的方式进行运作,虽然有一定的现实合理性,但是从长期看会制约企业基金会的独立发展。

四、推进浦东新区企业社会责任建设的若干路径

(一)发挥政府推进企业社会责任建设的主导作用

1. 加强企业社会责任工作的组织领导

一是强化组织推进工作。将推进企业积极履行慈善社会责任工作列入议事日程,切实加强引导,深入调查研究,结合本地实际,明确目标任务,研究解决推进企业慈善社会责任建设中的重大问题。为推进这项工作的开展,明确召集单位,设立企业慈善社会责任建设联席会议制度,合力推动企业社会责任建设工作。

二是开展创新试点建设。在生物医药、集成电路、装备制造等重点产业,现代服务业等行业,选择一批不同规模的企业作为开展企业慈善社会责任建设的试点单位,推出一批政策创新举措,通过试点工作,总结试点经验,不断规范完善,逐步加以推广。

三是加快政府职能转变。逐步改变目前依赖行政动员的认捐方式,推动行政认捐向市场劝捐转变。政府逐步从劝募市场中抽身而出,由劝募者、监管者的双重身份向监管者的单一身份转变,积极与承担社会责任的企业合作,设立政府奖项鼓励企业捐助,提高企业家参与公益事业的积极性。

2. 健全企业社会责任建设的制度保障

一方面,建立激励约束机制。依据国家法律法规和政策,结合实际做好涉

及企业履行慈善社会责任有关配套政策的制定工作,营造有利于企业履行社会责任的制度环境。支持和引导社会资源向积极履行慈善社会责任的企业倾斜。引导金融单位对积极履行慈善社会责任的企业予以优先支持,财政等部门在安排有关项目财政补助资金时给予重点支持,审批等将企业履行慈善社会责任状况作为依法审批办理相关业务的重要依据。

另一方面,加大政策保障力度。强化慈善公益事业的资金、人才政策配套,建立公益慈善人才培养机制,将公益慈善专业人才培养纳入继续教育、职称和就业培训体系。培育发展公益慈善组织,建立和完善公益慈善从业人员补贴政策,重点培育和优先发展社会服务类公益组织和具有扶贫济困功能的慈善组织。

(二) 发挥企业履行自身社会责任的主体作用

1. 加强企业履行社会责任的能力建设

一方面,支持中小企业增强发展能力。引导企业在提升发展实力、扩大经营规模、提升经济效益的基础上,积极依托有利条件和现有优势,结合自身产品或服务特点,大力整合各方力量资源,深度融入浦东经济社会发展体系,延长产业链带动更多投资,提升价值链创造更多效益。

另一方面,促进上市企业成为慈善捐赠的持续主体。总体来说,浦东企业参与慈善项目的领域分布比较分散,一般缺乏整体战略部署,持续性投入。因此,上市企业可以考虑引入企业基金会的模式,发挥其慈善资源蓄水池功能,从长远规划到具体执行都更有策略性地参与慈善,并结合企业和行业特征充分评估自身在某些慈善领域的优势和参与方式,既可以配合企业竞争策略的执行,也可以用更高效的方式长期持续参与慈善捐赠活动。

2. 建立系统性的慈善发展战略

一是加强慈善工作战略布局。企业要从长远出发,量力而行确立科学合理的慈善发展战略,更多地开展互利型慈善活动,塑造形成具有鲜明特色的慈善文化。要与企业经营有机结合,在产品创新、品牌宣传、渠道推广、后续服务等方面进行全方位布局,开展持续性的特色慈善活动,从而赢得社会公众的信赖支持。

二是建立企业做慈善的专业机制。要完善企业慈善工作的组织设置,设立专职部门,或至少有专人专岗负责,确保慈善工作责任到人。要引入科学管理方法,加强建章立制工作,建立社会慈善项目"设计—实施—评估"的规范化流程管理体系,并加强项目的社会效益评价。

三是加强企业慈善工作的绩效评价。参照国内外标准,结合行业特征和企业实际,探索建立企业慈善社会责任的指标体系。加强与国内外先进企业的慈善责任指标的对标对表,查找弱项和短板,不断加以改进。加强企业慈善社会责任的绩效评价,引导企业不断提升慈善社会责任的整体绩效水平。

3. 推动社会责任融入企业日常运营管理

一是融入企业重大决策工作。在重大决策的制定、实施、评估全流程中,不仅要考虑企业自身发展,还要综合考虑利益相关方诉求,全面分析对社会和环境的影响,实现综合价值最大化。

二是融入产业链供应链管理。把企业社会责任理念传导到产业链供应链,对供应商、分销商、合作伙伴的守法合规、安全环保、员工权益、透明运营等方面实施系统管理,实现共同履责。

三是融入企业日常经营管理。将社会责任融入企业的研发、设计、采购、生产、销售和服务等各业务环境,融入人力资源管理、财务管理、物资管理、信息管理、风险管理等各职能体系,对现有各环境、各职能进行全面优化,实现负责任的经营管理。

(三) 发挥社会力量参与企业社会责任建设的监督作用

1. 发挥行业协会的监督指导作用

一方面,加强企业服务引导工作。调研发现,各行业间企业数量和捐赠额度存在较大差异,反映了部分行业的整体慈善活跃程度有待提高。要发挥行业协会在推进企业履行社会责任方面的独特优势,通过制定行业内会员企业的社会责任公约、发布倡议书等形式,凝聚企业广泛共识,提高行业自律水平,形成积极履行慈善社会责任的行业氛围。

另一方面,加强行业内控体系建设。深化行业企业之间的慈善合作,发挥各行业龙头企业作为领头羊的示范效应,提升本行业慈善水平。充分发挥行业协会或社会组织的作用,探索建立第三方评估机制,建立科学合理的绩效评价系统,全面评估企业社会责任的履行情况,督促和指导企业履行慈善社会责任。

2. 完善社会舆论的监督参与体系

一方面,发挥新闻媒体的监督作用。充分发挥报刊、广播、电视、网络等新闻媒体的舆论导向作用,加大对假借慈善名义或者假冒慈善组织骗取财产不法行为的揭露报道,加大社会责任承担不足、履行不力相关企业的曝光力度,在社会形成自觉履行慈善社会责任的氛围。

另一方面,发挥社会公众的监督作用。加强社会各界对企业承担社会责任的约束和监督,督促慈善组织依法履行信息公开义务,鼓励公众提供慈善募捐领域涉嫌违法犯罪线索,引导商会、消费者协会加强企业监督约束,督促企业自觉履行慈善社会责任。

3. 营造崇德向善的良好氛围

一方面,加强企业社会责任的宣传教育。充分运用慈善公益项目、文化艺术交流、大型赛事活动等途径,塑造积极健康的财富观念和慈善文化。注重发挥微信公众号、微博、抖音等新媒体优势,弘扬中华仁爱传统,传播慈善文化,宣传慈善事迹,提高企业社会责任意识。鼓励企业、社区、社会团体开展企业社会责任的宣传教育工作,扩大企业慈善活动的社会认同度,提升公众的参与热情。

另一方面,营造良好的慈善发展氛围。开展积极正面的慈善宣传,树立企业履行慈善社会责任的优秀典范,刊登、播放相关公益广告。坚持企业社会责任与经济责任相符,不能无限放大企业社会责任,反对随意向企业拉赞助,甚至变相摊派的恶劣行为,推动形成有利于企业慈善社会责任建设的良好氛围。

第十九章　浦东新区积极探索基层社会治理转型

【摘要】 市民社会与国家公权力之间的结构性张力下沉到基层社会造成了社区治理的困扰。空间作为社会治理的重要范畴,在我国基层社会发展过程中,以基层社会治理单元的形态参与了社区治理的具体实践。在新时代新征程上,社区治理的精细化提出了下移基层治理单元的要求,楼栋空间作为首位公共空间,具备成为基层治理单元的优势,其与社区治理追求之间的内在契合性,也使得通过楼栋空间改造实现基层社会治理转型成为可能。浦东高度关注基层社会治理,在通过楼栋空间改造推进基层社会治理转型的过程中进行了有益的探索。

【关键词】 楼栋空间;空间改造;基层社会治理;社区治理

"坚持大抓基层的鲜明导向""在社会基层坚持和发展新时代'枫桥经验'"[1],是党的二十大提出的加强基层社会治理的重要方向。社区是基层基础,"基础不牢,地动山摇"[2],加强基层社会治理,必须做实社区治理工作。当前,城市社区治理正经历着一场"空间转向",空间提供了观察社区治理的全新视角,空间再造成为解决社区治理难题的重要路径。浦东在推进基层社区治理的过程中,高度重视楼栋这一最小公共空间在提升社区治理效能中的重要作用,探索实践出一种积极的楼栋空间改造模式。

一、基层社会治理转型的现实必要性

改革开放以来,我国基层社会治理经历了单位制、街居制向社区制的转

---

[1] 习近平:《高举中国特色社会主义伟大旗帜为全面建设社会主义现代化国家而团结奋斗》,人民出版社2022年版,第54—67页。
[2] 《习近平新时代中国特色社会主义思想学习纲要》,人民出版社2023年版,第220页。

型。在这个过程中,基层社会治理呈现出"从秩序固态到秩序啮合以及从自主性阙如到自主性有序"[1]的特征,整体表现为强行政力量的逐步退出与社会自主性的逐步释放。社区制自20世纪90年代出现以来,经过30多年的发展,慢慢演变成我国基层社会治理的长效机制,在有效解决市民身份转变和社会变革中的一系列问题发挥了重要作用。但随着城市社会的深刻演化,社区制的基本功能也面临着越来越多现实治理问题的冲击,基层社会治理转型成为必然趋势。

(一) 社区治理的现实困境

中国式现代化是党的二十大提出的重要理论创新。报告指出,中国式现代化"既有各国现代化的共同特征,更有基于自己国情的中国特色"[2],是现代化文明与中国特色的有机统一。从现代社会形成的一般过程来看,市民社会的崛起具有关键地位。在马克思看来,所谓市民社会,它具有三个基本特征,一是"从国家生活中分离出来的",二是"扯断了一切类联系,代之以利己主义和自私自利的需要",三是将"人的世界分解为原子式的相互敌对的个人的世界"[3]。基于马克思关于市民社会的理解以及市民社会与现代化的关系,可知现代性发展的一个重要脉络就是对市民社会和国家关系的处理。从这个角度来认识我国的基层社会,就能够清晰地看到在基层社会治理中政府与市民之间的结构性张力。

一是权力关系中的公与私的矛盾。在社区治理的权力关系中,"国家"代表一种"公权力",以居委会、基层党组织等为代表;而"社会"强调保护公众的"私权利",并对政府"公权力"进行监督和限制。[4] 新时代,面对社区群体结构复杂化、居民利益诉求多元化以及复杂利益之间的冲突,社区治理如何协调政府"公权力"与居民"私权利"之间的平衡?如何处理不同利益主体的"私权利"诉求?"公权力"在多大程度上介入居民"私权利"的纠纷等问题构成社区治理亟待解决的现实问题。

---

[1] 赵欣、何海兵:《城市基层社会治理的演进轨迹与变迁动力》,《华东理工大学学报(社会科学版)》2022年第1期。

[2] 习近平:《高举中国特色社会主义伟大旗帜为全面建设社会主义现代化国家而团结奋斗》,人民出版社2022年版,第22页。

[3] 《马克思恩格斯文集》(第1卷),人民出版社2009年版,第54页。

[4] 夏伟、李琼英:《"国家—社会"关系范式下党建引领基层治理的理论逻辑研究》,《行政与法》2022年第9期。

二是治理过程中"法治"与"德治"的矛盾。在社区治理中,国家以法律、规范等正式的制度给予社区治理者以治理合法性,要求处理社区事务严格遵守"法治"要求;而基层社会则内在地包含社区居民的行为习惯、生活习俗、朴素道德等不成文、非正式的伦理规定,要求处理社区事务时要体现"德治"要求。"德治"与"法治"既相互支持,又相互独立,社区治理需要平衡好"德治"与"法治"之间的关系。

三是治理效能中的秩序与活力的矛盾。在社区治理中,国家与社会的关系还内在地表现为秩序性与自主性的动态调整。当国家力量强于社会力量时,社会力量就会被严格控制,国家力量就有可能伸向社区的各个领域,全面干预社区治理,这样城市社区虽然表现为高度的有序化但容易趋向"死气沉沉、一潭死水";而当国家力量不足以约束、规范社会力量时,社会力量就会全面掌控城市社区,挤压国家力量的作用空间,弱化国家力量的合理性,这样城市社区虽表现为高度的自主性,但容易导向"暗流涌动"的无序状态。可见,无论是"强国家—弱社会"还是"弱国家—强社会",都不是社区治理的最佳状态,社区治理既不能依靠单一的国家力量,也不能依靠单一的社会力量,而要实现"强国家—强社会"的联合。

(二) 空间视角的观察

在基层社会治理从单位制向社区制转型的过程中,基层社会治理单元这一空间要素被凸显出来:从最初的单位,到居民区再到社区,基层治理单元的变化也昭示着基层社会治理越来越从单一的行政性管理向行政性管理和自主性管理平衡发展转向。

单位是新中国成立以来我国城市社区"一种特殊的社会生活空间"[1],它涵盖了政治、经济与社会三位一体的功能,以行政性、封闭性、单一性为特征。在这一空间内,人们的全部生活内容,如衣食住行、教育医疗都在行政性力量的规划之下,国家掌握一切社会资源,城市居民通过单位组织的渠道获得必备的生活资源。在生产力水平很低的情况下,通过单位这一空间单元,整个城市社会形成了高度组织化的社会生活,建立了高效率的政治动员机制,保障了国家资源按战略意图统一调配;但相应地也形成了封闭、狭隘的社会生活空间以及"等靠要"的依附性人格,不利于社会发展。随着单位制的逐渐瓦解和个人身

---

[1] 揭爱花:《单位:一种特殊的社会生活空间》,《浙江大学学报(人文社会科学版)》2000年第5期。

份从单位人向社会人的转变,居民区逐渐取代单位,成为基层社会的基本治理单元。在居民区内设置居委会,作为连接政府和民众的主要管理机构。居委会具有双重性质,既是国家行政力量的派出机构,又是基层群众的自治组织,呈现出"半行政半自治"的属性。这一时期行政性管理力量有所松动,自主性力量有所萌发。改革开放以来,为应对流动性、多元化、个体化、民主化和市场化挑战,实现社会整合,激发社区自治活力,国家把基层社会治理的重心转向以居民空间为基础的城市社区,社区成为新的基层治理单元。社区是聚居在一定地域范围内的人们所组成的社会生活共同体,是行政性力量和社区自身力量共同作用的场域。

新时代以来,城市社区继续推进精细化治理,在社区基本治理单元的基础上,形成了"双属性社区治理单元"与"次级社区微单元"的格局。①"次级社区微单元"包括三类:一是治理网格,以网格为基本单元明晰各类主体的工作责任,实现格内资源共享;二是小区或邻里,以小区为基本单元,营造生活共同体,以提升社区治理的社会性;三是在超大社区内根据治理尺度重构基本治理单元,整合行政性力量和社会性力量。调整或重构社区治理的基本单元,是应对社区治理复杂性的必然选择,一方面在更小的治理单元中更容易平衡行政性力量和社会性力量,另一方面更易挖掘社区治理的潜在资源,解决社会治理困境、提升社区治理效能。

从空间视角观察基层社会治理转型的历史过程,可以发现:一方面,空间作为治理行为的承担载体,在基层社会治理中必不可少;另一方面,不同的治理空间在平衡"国家—社会"之间关系的过程中发挥着不同的作用。为解决社区治理困境和提升社区治理精细化水平,有必要将社区基本治理单元下移到楼栋空间,探索社区治理转型的方向。

二、楼栋空间与基层社会治理的关系

以空间为基础,建立多元治理单元,是社区治理改革创新的重要方向。楼栋空间作为社区治理空间的重要组成部分,是社区居民进行日常生活、居民自治、社区管理有机统一的综合空间,将楼栋空间视为社区的基本治理单元,能

---

① 梁敏玲:《治理单元重构视角下城市基层治理的困境与进路——基于历史脉络的思考》,《探索与争鸣》2022年第2期。

够推动社区成为服务周全、生活便利的生活家园，成为居民参与、活力满满的社会共同体，成为利益协商、有序安定的安全空间。

（一）楼栋空间的选择

楼栋空间是社区公共空间中的第一空间，是"首位公共空间"[1]，在居民日常生活和社区治理中占据特殊位置——是居民进入公共空间的第一区位和进入私人空间的最后区位，是实现社区精细化治理和居民美好生活的重要抓手。

楼栋空间上接社区、中承邻里、下联家庭，是社区治理的空间末梢、社区居民自发参与社区治理活动的终端。[2] 与社区其他治理空间相比，楼栋空间成为社区基本治理单元具有三大优势：一是，楼栋空间是距离居民最近的社区公共空间。距离近、方便是居民主观参与社区治理的重要考量因素，楼栋空间则是居民日常进出家门必经的公共空间，利用好这一空间能够激活居民参与社区治理的热情，强化社区关系。二是，楼栋空间中最容易生成稳定的居民关系。楼宇天然地通过住宅私有将社区中的居民划分到不同的空间中，同一楼宇中的居民也更容易通过相对稳定的左邻右舍、楼上楼下关系形成更亲密的强关联。三是，楼栋空间是最容易培育共同体意识的社区公共空间。楼栋空间为社区居民提供了抬头不见低头见的长期刺激，更容易催生居民之间的交往活动，形成关于邻里交往的基本共识。

楼栋空间能够成为社区基本治理单元的另一充分条件在于，它是生活空间、自治空间和管理空间的有机统一体。其一，从生活空间属性来看，楼栋空间是承载居民生活"必需性"和"层次性"需要的空间。必需性需要要求楼栋空间中必须具备满足居民日常生活的物质条件，如楼梯、消防设施、高层建筑的电梯等，缺少这些物质条件就会扰乱居民的日常生活；层次性需要要求楼栋空间能反映居民生活的品质与形象，楼宇文化、楼宇景观是其中的重要组成。其二，从自治空间来看，楼栋空间既为居民自治活动提供空间基础，又被居民自治活动所塑造。楼栋空间首先是物理空间，它的空间范围和空间结构"框定"了居民的自治活动注定不能是大型活动，必须适应它的空间包容性；其次，楼栋空间也是社会空间，也会因着居民特殊的自治活动而"生产"自身，如浦东新

---

[1] 蒋艳、郭强：《社区治理的公共空间维度——以上海市Y社区"首位公共空间"治理为例》，《同济大学学报（社会科学版）》2022年第5期。

[2] 宋道雷：《城市文化治理的空间谱系：以街区、社区和楼道为考察对象》，《福建论坛（人文社会科学版）》2021年第8期。

场镇锦汇城社区打造的"亲子文明楼""党建特色楼"等特色楼组。其三,从社区管理空间来看,楼栋空间是社区基层党组织进行社区管理和服务的场所。管理解决问题,服务聚焦需求,将管理和服务延伸到社区治理的"空间末梢",就要打通社区精细化治理的"最后一米"。

可见,在构成社区的所有空间组成中,楼栋空间是推进社区治理现代化必不可少的空间条件。

(二) 社区治理的追求

基于"国家—社会"关系研究框架,社区治理的最佳状态既不是政府作为社区治理单一主体全面管控社会的状态,也不是完全排除政府主导的社会自治的状态,而是"强国家"与"强社会"之间关系平衡的状态。对此,社区治理应当具有三方面的追求:

一是多元主体协同共治的追求。社会治理的复杂性和艰巨性决定了处理社区事务单靠一方是不行的。党的十八届五中全会指出,要完善"党委领导、政府主导、社会协同、公众参与、法治保障的社会治理体制,推进社会治理精细化,构建全民共建共享的社会治理格局"。[1] 社区治理追求多元主体协同共治,就是坚持在党委领导下,发挥好政府、社会、公众等多元主体的力量,各司其职、整体协作。具体而言,在城市社区治理中,着力健全完善以社区党组织为核心,居委会为主导,居民为主体,业委会、社会组织、物业公司、群众团体等共同参与的社区治理架构,打造多元共治的良好格局。

二是筑牢社区治理基础的追求。习近平总书记强调指出:"我国国家治理体系的一个优势就是把城乡社区基础筑牢。"[2] 社区的基础在于管理和服务,管理和服务能力强了,社区治理的基础就实了。筑牢社区治理的基础,一方面要回应社区治理的问题和困境。社区治理的问题包括两类:一类是在社区治理实践中遇到的实际问题,如垃圾分类问题、停车难的问题;另一类则是在推进治理重心下移社区时,出现的过度行政化与自治性相对欠缺的问题。这两类问题都是亟须解决且必须解决的问题,社区治理需要做好回应。另一方面要提升社区服务能力。以便民服务为导向,最大限度地实现居民的需要和期盼,

---

[1]《十八大以来重要文献选编(中)》,中央文献出版社2016年版,第819页。
[2]《习近平在湖北武汉考察时强调把科技的命脉牢牢掌握在自己手中不断提升我国发展独立性自主性安全性》,《求是网》2022年6月29日,http://www.qstheory.cn/yaowen/2022-06/29/c_1128787432.htm,2023年11月20日。

做精、做细、做实基本公共服务。

三是建设和加强社区共同体的追求。社区共同体是在党建引领下,社区成员相互联系,通过参与共同的实践活动,拥有共同价值规范,实现社区公共利益的主体形态。党的十九届四中全会将其描绘成"人人有责、人人尽责、人人享有"的图景。建设和加强社区共同体,需要在增强社区居民的共同体意识、增进社区内部凝聚力上下功夫。如何让不同身份、地位、文化、宗教的异质性个体对所在社区形成认可?一方面,从社区的基本功能——宜居性出发,营造生态宜居、方便温馨的宜居环境,完善社区内部的服务保障条件,提供便利化的生活服务,让社区居民长期住下去;另一方面,发扬全过程人民民主形式,激活社区自治活力,扩宽居民向上表达意见的渠道,让居民能够对社区事务的处理有全过程的了解。同时,鼓励社区居民围绕社区公共事务和公共秩序,通过民主协商,制定本社区的居民公约和文明公约,规范和约束居民的言行举止。

(三) 楼栋空间的空间属性与社区治理追求的内在契合

社区治理追求需要介入公共空间才能实现。楼栋空间的空间属性与社区治理追求的契合,表明楼栋空间在与社区多元主体的联结过程中对自身空间属性的"生产",能够为实现社区治理的目标提供基础和现实条件。

1. 楼栋空间是多元主体协同共治的前沿阵地

楼栋空间作为社区治理的"空间末梢",是多元主体共同发挥作用的前沿阵地。社区基层党组织经由楼栋空间,衔接自治与共治,打造楼栋空间内部的"一核多元"的共治格局:在基层党组织的带领下,通过对楼栋空间强化管理和深化服务,以政府行政性力量的主导实现对管理空间的重建;通过将文化、制度等"层次性"需要引入楼栋空间,激活居民群众自治活力,引导其自发重构生活空间,进而实现楼栋空间的全面改造,实现楼栋空间的有效治理。反过来,由于楼栋空间上承社区、下联家庭,楼栋空间的有效治理也必将助推社区治理效能提升。

2. 楼栋空间发挥着筑牢社区治理基础的作用

楼栋空间是最直接与居民生活相联系的社区治理空间,楼栋空间的状况最直接反映着居民的所需所求。如以物品堆放这一问题为例,为何这一问题总是清而复返、难以根治,其反映了居民的何种诉求?楼道物品堆放原因有:一是,有的居民闲置物品太多,家里没地可放;二是,部分居民对社区的归属感不强,没有形成"主人翁"意识;三是,有的居民认为楼道空间是公用的,公用就是大家都可以用的意思……基于这些原因分析可知:一是,居民需要有处理闲置物品的渠道;二是,居民需要强化社区共同体意识;三是,居民需要强化安全意识,毕竟楼道空间在危急状态下就是"生命通道"。对此,解决这一问题需要:首先,联合多方力量对物品堆放这一问题进行清除;其次,通过组织各种活动或与社会组织联系,将居民闲置的物品流通起来;再次,通过文化活动强化居民的共同体意识、强化安全警示教育,提升居民的文明素养;最后,建立长期的监督机制,从根本上解决这一问题。

3. 楼栋空间助推社区共同体的形成

社区居民的集体行动有助于推动社区共同体的形成,但集体行动的困境则表明集体行动的规模并不是越大越好。要么存在"搭便车"现象,只愿分享利益而不愿承担风险;要么在获得任何集体物品前就花费过高的成本,得不偿失。相对于社区这一完整的自治共同体而言,楼栋空间所组织起来的共同体则可以避开大规模的集体行动弊端,凸显自治的优势。相对稳定的治理空间和人际关系,使得楼栋空间能够组织起常态化的、小规模的集体活动,强化居民邻里之间的联系,具有以和谐的邻里关系带动建立和谐的社区关系的可能。

三、浦东新区社会治理转型中楼栋空间改造探索

楼栋空间作为社区基本治理单元,在现存社区治理背景下,实行楼栋空间改造是破解社区治理难题、打造社区高品质生活空间的重要一环。浦东新区自开发以来,高度关注基层社会治理,创新社区治理经验。近年来,浦东新区在社区治理领域中深入贯彻落实习近平总书记提出的"精细化"治理理念,不断涌现创新做法,取得了一系列创新经验。其中,楼栋空间改造是浦东推进社区治理转型的重要探索。

(一)楼栋空间改造是实现社区治理转型的重要途径

社区是基层社会治理的基础,楼栋空间则是社区治理的基础,提升社区治理的效能,楼栋空间改造要在更好满足居民生活需要、提升高品质生活方面下功夫。楼栋空间改造不是要将楼栋拆了重建,也不是破坏楼栋原有的空间构造,而是在保留居民原有的生活、自治、管理空间的基础上,对楼栋空间进行合理的微改造,让居民生活得更方便、更舒心。

在有限的楼栋空间融入更多的管理功能、服务功能，引入更多的社会主体力量满足居民生活所需，是进行楼栋空间改造的关键问题，这也意味着楼栋空间改造远非环境翻新那么简单，它更是一项涉及广泛的社会治理工程。楼栋空间改造是最靠近居民私域空间的改造，改得好不好直接影响居民日常生活。因此进行楼栋空间改造应充分尊重居民意愿，改造前问需于民，改造过程请居民监督，改造后问效于民。同时，还要将精细化、信息化、科学化能力建设融入空间改造过程中，在改造硬件设备的同时，实现"软件"的同步升级，增强居民的获得感和幸福感，并在此基础上不断激发居民参与社区治理的主动性和积极性。

（二）浦东楼栋空间改造的实践案例

浦东推进楼栋空间改造的实践案例很多，这里介绍两个典型案例：

1. 浦东潍坊街道潍坊四村社区"睦邻角"建设

潍坊四村社区建成至今已有30多年，小区具有房屋老式、公共社区老化、人员结构老龄化"三老"特征，是典型的老旧小区。楼栋内居民住房面积狭小、楼道堆物严重、活动空间小，居民迫切希望在楼栋内有一个落脚休息的地方。

2012年，在居民杨泰来的建议下，潍坊四村开始组建"歇心角"，一开始就是将底楼楼梯旁乱堆物、乱停自行车的脏乱"死角"清理出来，放上桌子、椅子、爱心橱，让居民在这里歇息，后来这里还发展成为居民聊天、开展睦邻文化活动的"新天地"。"歇心角"广受好评。居民区党总支、居委会认识到这一创新举措的典型示范作用，符合居民改善楼道环境的热切期望，也是推进居民自治的极好机会，便在全小区内开展以"歇心角"为样板，各楼组共同创建睦邻角的"邻里1+1"自治特色项目活动。到现在，已有43个楼组先后建立了各有特色的睦邻角，如绿色角、贴心角、温馨角等。

随着睦邻角的影响越来越大，居民区党组织和居委会顺势建立了提升居民自治活力的"三项机制"，即睦邻沙龙机制、运行管理机制、资源整合机制，进一步推动居民高效参与社区自治，促进社区融合。随着特色睦邻角的增加，潍坊四村的邻里情也在不断增强，"邻里1+1"也成了潍坊四村居民自治的特色品牌。

2. 新场镇汇锦城社区文明楼道自治项目

汇锦城社区是个较为成熟的社区，入住率高、二孩家庭较多，居民家中闲置物品不舍得丢掉，楼道乱堆物的现象一直存在。为根治这一难题，2023年初始,在镇社建办的指导下,汇锦城社区开始尝试以居民自治为核心的楼栋空间改造。汇锦城社区楼栋改造过程如下:一是通过"三会"制度,引导居民参与讨论楼组发展方向、楼组活动主题等内容,评选商议出"亲子文明楼""党建特色楼"等特色楼组发展方向。结合楼组特色,组织开展的睦邻、节庆、亲子等活动,打造和谐友好的楼组氛围。二是整合多方力量对堆物进行集中清理。由社区志愿者协助物业,对于楼道中常见的堆物以上门劝说和强制执行联合的方式进行清理,必要时请民警共同参与。对于助残车等特殊堆物,则由居委会、户主与物业进行调解,采取合理化、人性化的措施处理。三是组织志愿团队定期对楼道进行巡逻。积极引导楼组骨干,形成楼组公约。四是组织开展各类活动,将居民闲置的物品通过"义卖"或"以物换物"的形式流转起来,对那些无主闲置物品则鼓励社区能人进行改造加工,变为楼栋空间的装饰物或便民服务设施。五是以楼道为平台,设立楼道议事厅,积极打造居民议事阵地,建立楼道居民议事厅,引导居民常态化开展楼道议事会。

(三) 浦东推进楼栋空间改造的经验总结

满足居民日常需要和解决社区治理难题是上述两个社区开展楼道空间改造的出发点。为了满足社区内老年人"想要在楼道休息一下"的需要,潍坊四村社区将底楼楼梯旁的脏乱"死角"进行改造,添置了一些基本的便民设施,形成了一个可供居民聊天、开展活动的新空间,并将这一改革举措由楼组这一个点覆盖到了全小区这个面,实现了社区治理方式的转型。为了解决"楼道堆物"这一"老大难"问题,汇锦城社区充分尊重居民意愿,激活居民自治动力,打出了一套楼栋空间改造的"组合拳",有效保障了楼道清理的效果,提升了居民的生活品质。这两个案例虽然有不同的出发点,但都遵循"楼栋空间改造—空间功能性重构——社区治理效能提升"的内在逻辑。

首先,实行楼栋空间的综合性改造。正如前文所说,楼栋空间改造并不是简单地翻新一下楼道空间环境、清除楼道堆物那么简单,浦东在推进楼栋空间改造的过程中实际上发生了三重变化:一是发挥居民自治力量,实现生活空间的改造。如潍坊四村社区从无到有建构睦邻角时,一方面通过提供桌子、椅子等物质条件为居民提供基本生活所需;另一方面,睦邻文化依托睦邻角"嵌入"楼栋空间中,内在地强化了居民之间的联系,改变了居民的公共生活。二是激活多元主体协同共治,实现自治空间的改造。如汇锦城社区以楼道为平台,设立议事厅,鼓励社区达人、居民共同参与,群策群力,共同致力于社区治理问题的解决。三是强化管理和服务力度,实现管理空间的改造。

其次,推进楼栋空间的功能重组。楼栋空间形式的变化,必然也导致空间功能的变化。改造后的楼栋空间承担着满足居民日常生活需要、进行社会交往、提升居民生活品质的功能。

最后,实现社区治理效能的提升。楼栋空间改造是一种积极的社会治理模式,可以有效提升居民的生活品质,能够加强邻里之间的关系,建立更有活力的社会文化,有助于社区居民形成共同合作、互帮互助的良好风尚。

第二十章　浦东新区加强新时代国企基层党建工作

【摘要】 本章针对新时代浦东国企基层党建工作面临的新挑战，以对陆家嘴集团系统60个党支部专题组织生活会的质量作为调研切入口，通过问卷调查、访谈座谈、资料查阅等方式，联系上海浦东实际，对新时代浦东国企基层党建工作面临的新情况作了深入的思考，从中得出三点重要启示：第一，突破传统企业党建的思维局限，推动党建工作创新与企业发展深度融合，加强党的领导，建立完善具有中国特色的现代企业制度；第二，加快建设党群服务工作平台，发挥基层党组织与经济组织有机融合的集群效应，厚植发展优势，推动企业高质量发展；第三，打造"双强双优"党建品牌，促进党建工作目标与企业发展目标紧密结合，确保浦东国企党建工作全面融入，引领企业改革发展；第四，建设区域党群工作联盟，创新企业党政群团协同工作机制，提高基层组织组织力，创新国有企业基层党建工作。

【关键词】 新时代；浦东国企；基层；党建工作

一、新时代浦东新区国企基层党建工作面临的新挑战

（一）对浦东国企党建工作存在认识上的偏差，导致"两张皮"现象

主要表现为认为经营管理是"硬指标"，党建工作是"软指标"，虽有融合引领的意识，但"两张皮、两脱节"的现象一定程度上仍然存在。有的支部书记不擅于将学习内容、活动内容与中心工作融合（或是浅层次的表面融合），组织生活（包括"三会一课"和主题党日）的初衷和目的偏离、虚化、边缘化，外出活动多、静心学习少（学习效果有限），看似热闹，不少为"盆景式"组织生活（到活动地点拉党旗摆拍，不走心）。

(二) 机制不够完善,现行单一的管理模式,使得党建与业务融合度还不够高

现行的依国有(控股)企业党组织功能定位设置的单一管理模式,难以对不同类型企业党组织进行分类指导。由于投资运作方式、主营业务的不同,不同类型企业党组织发挥政治核心作用和加强党的自身建设的方法和路径各有侧重。而目前国有企业及企业内设机构一对一设置党组织架构的管理方式,难以适应现代企业制度下各投资企业营运方式变化带来的党组织架构的变化。

(三) 党员队伍的能力不尽适应,先锋模范作用需要进一步发挥

部分党员党性观念、政治意识还不够强,党纪党规意识尚待进一步提升。目前集团系统的支部书记普遍为"兼职",党务工作者均为兼职,存在不同程度的能力短板,加上工作任务繁重,时间和精力有限,对党建工作的时间分配和精力投入不足。兼职党务工作者缺乏熟知或掌握党务工作相关知识和能力,也缺乏对党建工作的认识和热情;独立法人单位型党组织书记基本都是"党政一肩挑",大多缺乏党务工作经验,忙于行政工作;内设型党组织书记兼职党务工作者,缺乏话语权,党务培训零打散敲,能岗适配度均有待提高。

(四) 导向不够鲜明,有的党组织缺乏对青年的主流价值引领

一方面,有些年轻浦东国企员工对政治进步的追求已经热情不再,特别是部分业务拔尖人才跨入党组织大门的主动性不强。另一方面,市场经济和生活双重压力冲击年轻员工对浦东国企的向心力,跳槽的现象屡见不鲜,其中也包括党员和团干。加上信息网络对青年的价值观念、人生追求和心理世界潜移默化的影响,党组织对青年员工思想动态的洞察力、掌控力有所弱化,有些员工对作为集团一员的荣誉感和参与程度不强,感受不到集团这么多年来取得的辉煌成绩,导致年轻的浦东国企员工对单位和组织的依附性减弱,在一定程度上也影响了党员对组织的归属感和向心力。

(五) 支部的工作不同程度地存在形式主义现象,发挥政治功能不足,自身建设有待加强

有的支部现有的活动方式方法如"三会一课"形式比较单一,与党员日渐

增长的对组织活动多样性需求之间存在差距。政治理论学习时间配比较低，缺乏持久性和常态化；缺乏广度深度系统性，流于浅层次；学习自觉性和主动性欠缺，表现为"要我学"而非"我要学"；欠缺学习后的思考讨论交流，学习成效有限；与工作实际结合度不足，缺乏用以指导实际、解决问题的能力，学习成果难以巩固和深化。社会资讯的丰富和传播方式的快捷，催生了广大党员对党内活动多样性的需求，他们对传统的党内活动，照本宣科的政治学习、程式化的领导讲话、预先安排好的体会交流缺乏热情，而更喜欢互动式的主题活动、辩论式的观点交锋、考察式的红色之旅、娱乐式的业余文化。此外，组织建设方面有时表现为惯用老眼光、老方法，缺乏新思路、新理念、新方法，缺乏对支部特色和品牌孵育的挖掘和探索；联建共建方面缺乏与系统内外各级党组织、群团组织的交流互动。党内生活方面，廉洁教育、警示提醒不够经常；作风建设方面，谈心谈话频次不够、不广泛，与群众联系沟通、听取党群意见的渠道有限，宣传群众、服务群众的意识还有待提高，党的政策理论和党的活动在群众中的知晓度和影响力较低，参与社会志愿活动不够等。

二、进一步推进国企基层党建"融合＋引领"的路径

（一）突破传统企业党建的思维局限，推动党建工作创新与企业发展深度融合，加强党的领导，建立完善具有中国特色的现代企业制度

1. 加强党的领导与完善公司法人治理的融合统一，将党的领导融入生产经营、服务中心工作

只有围绕中心、服务大局，落实好国家战略，浦东国企党建才能获得党员、群众的认可，永葆生机和活力。为此要把浦东国企党建工作放到工作大局中去谋划、部署和推进，不断增强浦东国企各级党组织的政治领导力、思想引领力和群众组织力。

一是严格执行"三重一大"决策制度。进一步修订完善决策制度，细化相关决策事项，确保涉及重大事项决策、重要干部任免、重要项目安排和大额资金使用的事项，必须经过集体讨论、民主决定，进一步将党组织前置审议工作做实做细。

二是全面推进党建入章工作。按照"全面推进、分类指导"的原则，推动国有企业的党建工作入章程工作。做到"党建入章"应进必进，坚持党对国有企业的领导。做到"党建入章"全覆盖，把加强党的领导和完善公司治理统一起

来,确保国有企业在追求经营效益最大化的同时,党的主张、意志、方针政策和上级决策部署在国有企业得到坚决贯彻落实。重点推进有党组织建制的实体运作企业,特别是国有资本参股和混合所有制企业的党建入章工作。加强沟通协调,在注意方式方法的同时对三层面实体运作企业存在的一些"空白点"抓紧推进,并从"量"的和"质"的方面层层推进"双向进入、交叉任职"。

三是要不折不扣地抓好党建工作责任制考核。要明确抓党建工作的主体责任和具体任务,坚持问题导向,专题研究制定整改方案和具体措施,细化分解任务,分层分类地明确书记第一责任、副书记直接责任、其他班子成员"一岗双责"的履职清单和工作要求,所有整改问题都要落实到人、责任到位,坚持开展党建责任制年度考核,形成年初部署考核、日常工作督查、年底现场考核、反馈考核结果、推动问题整改"五位一体"的党建考核工作布局,并逐项逐级落实整改,不折不扣地将巡察发现的问题整改落实到位,推动企业健康发展。党建考核内容实施指标化运作,党建考核结果与企业领导人员业绩考核、综合考评直接挂钩。

2. 加大党建要素保障投入,推动实现浦东国企党建工作与业务工作的整合

这包括以下几个方面:

(1) 提供党建专项资金的投入,组织培养培训专职、兼职党务工作者队伍,提升党组织的自我造血功能。提供党建智库,加强对理论学习、主题教育、活动策划等方面的资源支持和共享力度。

(2) 加强对入党积极分子的培养,真正把思想觉悟高、政治素养好、工作能力强的优秀员工吸收到党的队伍中。

(3) 加强阵地建设,通过党组织的统筹,打造功能多元的党建阵地和活动空间,并采用"线上"＋"线下"、固定与流动相结合的方式,确保党员活动、服务群众有场所。

(4) 给予业务经费的支持,以优化运作为核心,与人力资源的培训经费、行政办公经费相结合,推动实现国企党建工作与业务工作的整合。

3. 区分功能定位,实施分类指导

(1) 优化组织设置,落实党建工作全覆盖

一是梳理组织体系。对现有投资企业和党组织覆盖情况进行梳理,根据企业股权变动,建立、调整或转移各级基层组织。

二是规范隶属关系。浦东国企内设机构依据各业务部门工作相近或相邻

原则,设置相对固定的内设联合支部,参照机关类型党组织管理;国有(控股)企业党组织、持大股的企业党组织纳入系统统一管理;非控股企业的党组织,或划转到相应控股企业党组织或社区(街道)党组织,或归入浦东国企下辖党组织管理。浦东国企在外投资企业党组织探索体系内和属地化双重党建工作模式。

三是因"企"制宜全覆盖。党员不足3人,或没有党员的,或即使党员数超3人,但暂不适宜建立独立党组织的国有(控股)或持大股的投资企业,依据业务相近或地域相邻原则,设立联合支部,落实党建工作。

(2) 区分功能定位,强化各类组织职能

根据中央及市委、区委对加强国有和国有控股企业党建工作的明确要求,依据企业性质、投资纽带,将浦东国企所属党组织区分为两种类型,实施分类指导。

第一种类型:参与决策型党组织。包括国有全资、国有控股公司党组织。其党组织功能主要是保证党组织参与决策、带头执行、有效监督。其主要功能:一是参与重大问题决策,并要求"建立健全党组织依法参与、整体参与和全过程参与重大问题决策的有效体制机制";二是履行党管干部、党管人才重要职责;三是深化"凝聚力工程";四是推进企业文化建设;五是推动企业的改革发展。

第二种类型:监督保证型党组织。浦东国企系统合资企业党组织、多元投资企业党组织为该类型党组织。多元化投资企业党组织主要功能是以围绕中心、建设队伍为重点,加强党组织的自身建设,党组织在围绕企业生产经营开展工作时,通过政策法律、舆论宣传、党组织号召力、凝聚力、党员先锋模范作用影响力、思想政治工作等非权力化和有效服务的途径发挥作用,在尊重市场经济规律和企业管理特点的过程中发挥示范引领作用,团结凝聚职工群众、维护各方合法权益、促进企业健康发展。

(3) 明晰目标责任,提升党建工作质量

一是党委抓总,通过目标设定,确保重点明晰。

二是企业抓实,通过结合实际,确保各显特色。

三是党建考评组抓细,通过目标考核,确保有效落实。

(二) 加快建设党群服务工作平台,发挥基层党组织与经济组织有机融合的集群效应,厚植发展优势,推动企业高质量发展

加快建设党群服务工作平台体现了全心全意为人民服务的宗旨,只有加快党群服务工作平台的建设，才能发挥基层党组织与经济组织有机融合的集群效应，推动企业高质量发展。

1. 注重政治引领，建设政治平台

一是履行好基层党组织的政治责任，除了"双培"外，还要进一步加强对经济组织和员工的思想教育和政治引领，引导各类人才把党的正确主张变为他们的自觉行动。二是拓宽参政议政渠道，从优秀党务干部、企业高管、行业领军人物、民主党派和杰出人才中选拔、推荐先进人物，当选各级党代表、人大代表、政协委员，激发他们参政议政的热情。三是畅通归国留学人员落户创业的路径。

2. 注重服务引领，建设创业平台

人才是企业发展的第一要素，浦东国企基层党组织要从营造有利于人才创业的环境做起，特别是针对高新技术攻关难度大、创新风险高，要大力营造"鼓励成功、服务创新"的氛围，积极为经济组织的人才创业提供政策咨询、产业导向、市场信息、融资协调等扶持措施，激发人才创业创新的积极性。同时，浦东国企基层党组织要从提供无微不至的关怀做起，千方百计为经济组织的人才提供服务、排忧解难，如通过"阳光驿站"等党群服务平台，积极为经济组织的人才解决生活住房、出行、用餐等问题，对子女入学、入托、就业、教育、法律咨询等需求开展协调和服务等。

3. 强化价值引领，建设文化平台

这就要求浦东国企基层党组织将党的理念有机融合到经济组织的企业文化，使其在设计企业文化内涵、建立企业文化形象、形成被企业成员所共同认可并自觉遵守的价值观念和群体规范，充分发挥基层党组织与经济组织有机融合的集群效应，进一步增强企业的凝聚力和竞争力，促进企业高质量发展。

第一，着力推行"双培"机制。浦东国企基层党支部要打破条条框框，把符合入党条件的积极发展入党，并培养成骨干，也要努力将骨干发展培养成党员，着力推行"双培"机制。

第二，提高党员培训的针对性和有效性。针对党建工作与业务工作"两张皮"的现象，浦东国企基层党支部和经济组织的行政人事部要共同协商，努力将党员的日常学习教育与员工的业务培训紧密结合，做好培训需求分析调研，推出不同类型的主题课程，切实提高党员培训的针对性和有效性。

第三，积极处理好浦东国企文化主导和不同事业板块文化包容的关系。在此过程中，凡用浦东国企冠名的各投资企业要在浦东国企的"核心价值观"

主导下，形成具有浦东国企特色、符合本企业实际的企业文化群。同时，通过党群联动，落实企业文化的宣传执行和企业文化建设的保障措施，包括组织保障、机制保障和经费场地保障，坚持以党建带工建、党建带团建、党建带群建，以增强浦东国企全系统员工的认同感、荣誉感和责任感，内部形成较为完整的企业文化体系，外部进一步打响企业品牌。

第四，组织开展创建学习型党组织活动，培育企业精神。一是采取中心组扩大会带领学，发挥引导效应；二是不同党组织之间联合学，发挥互动效应；三是围绕主题交流学，发挥示范效应；四是围绕文件精神出题学，发挥以考促学效应。内容上，突出学习理解中国特色社会主义理论体系、学习实践社会主义核心价值体系、学习掌握企业发展、转型所必需的各方面知识等方面，并提出必读书目书单；机制上，要坚持常抓不懈，将学习融入工作、融入生活，变成习惯，固化为可操作的制度，将创建学习型党组织纳入支部达标创优考核的重要指标。

第五，强化意识形态阵地建设，弘扬主旋律。浦东国企基层党组织要将意识形态工作作为党委中心组学习的重要内容，并把意识形态工作纳入重要议事日程，并结合企业实际，深入组织开展好"不忘初心、牢记使命"主题教育，继续推动"两学一做"学习教育常态化制度化，引导党员干部深刻学习领会习近平总书记治国理政新理念、新思想、新战略，牢固树立"四个意识"，坚定"四个自信"，落实"两个维护"，为企业转型升级、改革发展再出发注入精神力量。

第六，进一步发挥党委的桥梁作用。通过跨党委、跨支部的交流，加强信息互通、思想沟通、文化融通，加强党建联建，促进区域开发、中心工作，促进党员之间形成更强发展合力，可通过微党课等形式宣传公司战略与企业文化，也可以借助重大工程立功竞赛平台，将人才培养和项目建设紧密结合。

（三）打造"双强双优"党建品牌，促进党建工作目标与企业发展目标紧密结合，确保浦东国企党建工作全面融入，引领企业改革发展

打造"支部建设强党员队伍强、党建质量优服务发展优"（简称"双强双优"）的党建品牌，是促进党建工作目标与企业发展目标紧密结合的必然要求。通过打造"双强双优"党建品牌，确保浦东国企党建工作全面融入，引领企业改革发展。

1. 打造"双强双优"党建品牌必须始终坚持政治引领和服务中心

浦东国企党组织在打造"双强双优"党建品牌过程中，要把品牌创建放到企业创新发展的战略中来定位和把握,从强化引领、整合资源、服务群众入手,推动国有企业的创新创业,为企业转型发展提供保障。

2. 持续创新是保持基层党支部品牌建设活力的源泉

浦东国企党组织要根据形势发展变化的需要,发扬改革创新精神,不断调整工作目标和方式方法,创新党建工作与企业发展、职工权益的结合方式,大胆除旧布新,使党建工作始终紧跟时代步伐。将品牌理念植入基层党建工作,通过创建党建品牌、提升党建品牌的内在价值、引入先进的管理方法来加强党建工作,可以使基层党建工作的方式方法更加科学,更加富有生机和活力,从而充分发挥基层党组织推动发展、服务群众、凝聚人心、促进和谐的作用,不断提升浦东国企党建工作的整体水平。

3. 党建品牌创建需要建立长效机制

党建品牌创建是长期的探索过程,也是战略规划的成果,需要做到以长远规划的指引,搭建相应制度体系,保障其按目标要求开展创建活动,从而取得实质性的成效和进展,在持续优化中,不断提炼特色、彰显亮点,确保浦东国企党建工作全面融入,引领企业改革发展。

4. 开展创先争优活动

这是浦东国企党组织打造"双强双优"党建品牌的重要抓手。开展创先争优活动就要坚持党建工作目标与企业发展目标紧密结合,把提高企业效益、增强企业竞争实力、实现国有资产保值增值作为国有企业党组织工作的出发点和落脚点,以企业改革发展成果检验党组织的工作和战斗力。

(四)建设区域党群工作联盟,创新企业党政群团协同工作机制,提高基层组织组织力,创新国有企业基层党建工作

1. 国有企业基层党建工作要具备"开放"的视野

国有企业基层党建工作不能就党建抓党建,一定要具备"开放"的视野,工作范围和内容要从传统的党的基层组织向基层群众组织延伸和扩大,工作的着力点要从党的自身组织建设、组织覆盖向党的群众工作、工作覆盖转变,群众在哪,党的工作就跟到哪;从体制内的小循环到体制外的大循环、从体制内部的权威到体制外部的整合,成为整体的合力,为经济发展、社会和谐提供开放式、社会化服务,扩大党的影响力和渗透力,体现有效性。

2. 建设区域党群工作联盟,跳出支部搞党建

国有企业基层党支部与属地化的政府和其他企事业单位构建和谐的邻里

关系,通过与所在辖区街道、公安、交警、城管、出入境、社区党校、艺术中心等单位的共建共治,彼此分享资源,着力解决公司业务发展中的社区邻里关系、交通拥堵、市容管理、外籍人员办证、党员学习、企业文化交流等业务工作中的难点、痛点和关注点的问题,将党建工作的成果转化为推动业务中心工作发展的动力。

3. 以项目化服务助推区域党群工作联盟的建设

国有企业党组织通过项目化服务,突出服务载体多元化、服务形式社会化、服务内容多样化。

第一,以群众需求为导向,通过抽样调广泛征询基层意见建议,了解群众需求,寻找社区服务的空白点和薄弱点,最后总结出群众最直接、最关心、最需要的需求项目。

第二,广泛搭建社会组织党建联合会、在职党员理事会、文化团队党员理事会等组织作为党建载体,依托业委会沙龙、物业经理联谊会、商务楼联谊会等社会组织作为平台,通过物业党建联建、先锋社等社会组织及其品牌活动,服务民生需求,与社会治理紧密结合,通过浦东国企党组织建设营造社区共同体建设,共建美好家园。

第三,与市委、区委重点工作相结合,提升治理水平,促进融合。构建企业、社会组织、广大人民群众等多元主体协商参与的公共治理平台,提升社区公益"软实力"。畅通社区居民反映需求、了解信息、监督管理的渠道,引导社区各级各类组织、群体,特别是普通百姓,都能通过有序参与成为公益的主体和主角,增强社区发展活力和认同,促进社区融合。

4. 创新企业党政群团协同工作机制

这包括优化组织运行机制、深化队伍建设机制、坚持联系常态机制、回应群众需求机制、拓展民主参与机制、健全党内关怀机制、完善监督评价机制、强化荣誉激励机制、落实服务保障机制等,创新企业党政群团协同工作机制。同时,充分利用大数据技术,建立统一的党政信息资源库。信息共享,一方面,建立完善浦东国企党员信息网络管理平台,打造党员信息资源库。另一方面,建立民意诉求、网络舆情数据库,联通政府部门信息资源,整合各类门户网站、新媒体平台,尤其是留言板、评论区,构建数据分析模型,掌控网络舆论,为党的相关工作提供数据支持。

5. 打铁必须自身硬,提高浦东国企基层组织组织力

第一,加强政治理论学习。结合浦东国企实际,开展形式多样的党性教

育,组织党员认真学习党的理论、党的知识、党的历史,坚定理想信念,牢记党的宗旨。同时,对各级领导干部,提高政治站位,强化思想保证。

第二,以支部建设为依托,夯实基层党组织建设,将全面从严治党的要求落实到基层终端末梢。按照《中国共产党支部工作条例(试行)》和《中国共产党党员教育管理工作条例》的要求,进一步规范支部建设、规范党员教育、规范党员管理、规范党员发展、规范主题党日,着力把浦东国企基层党支部建成坚强战斗堡垒。同时,认真贯彻落实"四个责任制""四责协同"机制,改进工作作风,认真执行中央"八项规定"精神,维护和发展职工利益,落实党务公开,密切党群关系,确保浦东国企党组织的公信力和凝聚力。

第三,建立健全激励保障机制,加速复合型党务工作人才的培育。组织培养培训"忠诚、干净、担当"的专兼职党务工作者队伍,把党务干部培养成为既精通党务工作又熟悉企业生产经营和管理工作的企业复合型人才,为浦东国企长远健康发展提供坚强的人力资源保障和支撑。为此,按照"双强"原则即"把后备培养成书记、把书记培养成业务带头人"的原则配强支部书记,不断提高支部书记的履职能力和基层党组织的战斗力,着力打造一支政治过硬、党建业务能力强的基层党组织书记和党务干部队伍。同时,规范干部选拔任用,进一步优化干部队伍。

第二十一章 浦东新区探索破解新就业群体党建难题

【摘要】 新业态组织平台化运营模式和新就业群体灵活化就业方式、多元化构成样态、复杂化群体特征等对党组织实现组织功能和政治功能带来挑战。浦东新区通过健全领导架构、创新设置模式、增强服务效能和引领新就业群体融入城市基层治理等举措推进新就业群体党的建设有形覆盖和有效覆盖。其实践启示有：以多样化组织设置策略严密新业态领域党的组织体系，以针对性、智慧化策略加强新就业群体党员教育管理，以多方资源共享策略增强新就业群体党组织的服务效能，以促进业态规范、融入城市治理为重点发挥党组织政治引领作用。

【关键词】 新业态新就业群体；党的建设；实践探索；经验启示

近年来，以平台经济为代表的新兴业态蓬勃发展，新就业群体大量集聚，成为城市发展的最新社会空间。2018年全国组织工作会议上，习近平总书记首次提出："要高度关注新业态发展，坚持网上网下结合，做好新就业群体的思想引导和凝聚服务工作。"[1]党的二十大报告进一步强调，"加强新经济组织、新社会组织、新就业群体党的建设"。毫无疑问，新业态新就业群体已经成为新时代城市基层党建的重大课题。本章以浦东新区为研究样本，剖析新业态新就业群体党建工作面临的挑战，总结实践探索和经验启示，以期提供借鉴。

一、新就业群体特征及其对党建工作的挑战

人社部印发的《关于维护新就业形态劳动者劳动保障权益的指导意见》指出，新就业形态劳动者指的是在线上接受互联网平台根据用户需求发布的配

---

[1] 习近平：《在全国组织工作会议上的讲话》，《当代党员》2018年第19期。

送、出行、运输、家政服务等工作任务,按照平台要求提供平台网约服务,并获取劳动报酬的劳动者。① 中国劳动和社会保障科学研究院院长莫荣认为,新就业形态是指依托互联网等现代信息科技手段,实现有别于正式稳定就业以及传统线下灵活就业方式的,灵活性、平台化的组织用工和劳动者就业新形态。② 2020 年,国家发改委印发的《关于支持新业态新模式健康发展 激活消费市场带动扩大就业的意见》明确,新业态主要包括共享出行、餐饮外卖、电子商务等经济新业态,互联网医疗、在线教育等线上服务新模式,多点执业、共享生活生产及数据要素流通的新生产和就业方式等。③

综合现有关于新形态新就业群体的定义,笔者认为,新业态是指,以数字技术促进不同产业融合并实现产业链价值链重塑,以"互联网平台"为主要呈现方式的新型产业形态。新就业群体是指,以快递外卖配送员、网约车司机等为典型代表的按照互联网平台企业的要求提供网约服务并获取劳动报酬的就业者。新兴业态新就业群体呈现出一系列新特征,给党的建设带来诸多挑战。

(一)新业态组织"平台化"运营模式,对党的组织覆盖带来挑战

国家信息中心发布的《2023 年中国共享经济发展年度报告》指出,2022 年我国共享经济市场规模持续扩大,以外卖、网约车为代表的生活服务和共享医疗两个领域市场规模同比分别增长 8.4% 和 8.2%,从业的骑手、司机等超过 8400 万人。④ 新业态不仅在吸纳就业方面呈现出快速发展趋势,其"平台化"运行模式也显著区别于传统企业。如,以饿了么为例,已覆盖全国 670 个城市逾千个县城,在其平台上开展经营活动的在线餐厅超 340 余万家,注册的外卖配送员超 300 万人,与平台直接签约的物流承包商就有 24 家,下游还有诸多大大小小的人力资源服务企业。

不同于传统意义上组织边界较为清晰的"两新"组织,新业态企业"平台化"运营模式,使其呈现出显著的组织边界无限性、组织内部叠加性特征,这给党组织的设置模式、运行方式等均带来巨大挑战。

---

① 人力资源和社会保障部:《关于维护新就业形态劳动者劳动保障权益的指导意见》,https://www.gov.cn/zhengce/zhengceku/content_5626761.htm,2021 年 7 月 22 日。
② 莫荣:《新就业形态的概念、现状与协同治理》,《新经济导刊》2020 年第 3 期。
③ 国家发改委:《关于支持新业态新模式健康发展 激活消费市场带动扩大就业的意见》,https://www.gov.cn/zhengce/zhengceku,2020 年 7 月 14 日。
④ 国家信息中心:《2023 年中国共享经济发展年度报告》,2023 年 2 月。

（二）新就业群体"灵活化"就业方式，对党的工作覆盖带来挑战

从实践看，新就业群体只需按照平台企业的要求，在其网站完成"注册"即可实现就业。以快递外卖和网约车平台为例，除顺丰、盒马等少量平台企业对骑手实行统一招录、单一专职管理外，大量平台企业的骑手和司机是专兼职混合，即骑手和司机可在多个平台注册、跨平台就业。这就意味着新就业群体的就业方式十分灵活，具有高度的自主性：其一，除部分专职管理的平台企业外，大部分新就业群体可根据自身的时间决定"何时接单上岗"；其二，同时在多平台"注册"的新就业群体，可自由选择在"哪个平台上岗"；其三，"注册式"就业方式意味着"准入"与"离职"的条件均较为宽松，使得新就业群体可随时决定"是否更换工作"。

毫无疑问，这种高度灵活化、自主性的就业方式不仅意味着新就业群体的流动性大大增强，且与平台企业之间仅仅只是"微弱关联"，传统意义上依托"单位"或"工作空间"实现党的组织覆盖和工作覆盖的建设策略的有效性将大大降低，需要党组织创新把党员和群众"组织起来"的路径和举措。

（三）新就业群体"多元化"构成样态，对党组织的服务凝聚带来挑战

从新就业群体的构成情况看，具有"三高一低"的特征，即男性比例高、年轻人比例高、工作时间长、党员数量少。调研显示，浦东区域内从业的骑手和网约车司机中男性比超过90%，这与该就业领域以体力劳动为主且工作强度大的特征有着紧密关联；超过80%人群每天工作时间高于10小时，其中，工作时间在10—12小时的占50%，12小时以上的占24%；45岁及以下的骑手数量约占骑手总人数的89%。同时，新就业群体中党员数量仅占就业人群的约1%。个别参与访谈的快递外卖小哥和网约车司机党员表示，"每天都在路上根本没有时间参加活动，尤其是线下活动"。

这就意味着，党组织要对高流动性、长时间处于工作状态且劳动强度较大的新就业群体实现针对有效的服务凝聚，必须要深入把握群体特征，创新服务供给方式，否则，实际效果将大打折扣。

（四）新就业群体"复杂化"群体特征，对党组织的政治引领带来挑战

选择高度自主性和灵活化为就业方式的新就业群体，以年轻人为主，其群体特征鲜明。其一，组织归属感较低，新就业群体大都以"单打独斗"的方式开展工作，团队协作要求不显著，"组织"概念相对淡漠。其二，职业归属感较低，

新就业群体尽管工作时间长、劳动强度高但薪酬待遇并不十分理想,加之该领域的职业发展前景和升职空间较小,从业人群的职业归属感较低。其三,生活满意度较低。这在年轻的新就业群体中更为明显,他们的就业地点以城市为主,且在一、二线城市分布更为密集,高企的生活成本让就业群体普遍感到"生活压力大""留在城市的希望十分渺茫"。

以上特征迫切需要党组织给予新就业群体关心关怀,但在客观和主观上,这一群体均缺乏自主学习和主动寻求党组织的强烈意愿,再加之新就业群体中党员数量较少、环境氛围较弱等实际,使得党组织发挥政治引领面临较大挑战。

二、浦东新区探索新就业群体党建的工作实践

浦东是上海市新就业群体党建工作的试点区,区域内主要有美团、饿了么、叮咚买菜、盒马等新业态平台企业以及顺丰、韵达、申通、中通、圆通等快递企业。截至2023上半年,区域内约有注册骑手超过5万人,日均活跃骑手超3.5万人。近年来,浦东按照2022年全国组织部长会议强调的"要紧紧抓住谁负责、怎么建、力量弱、起作用这四个关键问题,推动新业态新就业群体党建工作"[①]的要求探索新就业群体党建,其做法主要有:

(一)构建多方联动的工作责任体系

探索新业态运营模式与新就业群体就业方式相契合的领导方式,实现对党建工作的有效领导,这是加强这一领域党建工作的重中之重。基于这一认识,浦东新区把相关行业管理、监督执法和党建工作力量整合起来,形成一体推进、协同发力的工作格局。其一,建立领导机构,理顺管理机制。2022年4月,浦东新区成立了上海市首家快递行业综合党委,领导新就业群体党建工作。同时,建立由区委组织部牵头抓总,区商务委、市场监管局、邮政管理局、公安分局以及群团部门参与的快递外卖群体党建工作联席会议,通过定期例会、走访调研、项目化运作等工作机制,推进党建工作落实落细。其二,建立工作规范,明确工作职责。2023年6月,浦东新区制定并实施《关于深化新就业

---

① 中共江苏省委组织部、省委两新工委:《加强快递行业党建工作的创新探索》,《党建研究》2022年第8期。

群体党建工作的若干措施(试行)》,明确了党建工作责任落实、党员教育管理、引领新就业群体参与城市治理等方面的具体举措。

(二) 创新党的组织"嵌入"新业态新就业群体的设置模式

实现党的组织全覆盖是增强组织功能和政治功能的基础,浦东新区立足新兴业态的组织形态、运行方式和新就业群体就业方式的新变化,探索党的组织覆盖新路径,让党的组织体系有效进入新兴领域。其一,将组织建在新业态的"经络上"。在平台企业、分支机构、分拨中心、仓储基地、基层网点等新业态运行的"关键节点"设置党的组织。如,针对快递小哥的工作半径与社区网格高度重合的特点,依托社区党群服务站点组建流动党员党支部;针对部分新就业群体党员党组织关系不在浦东的情况,建立快递外卖群体流动党员党委,由辖区交警担任书记、社区党群服务中心人员担任指导员、骑手党员担任联络员,形成"三合一"团队,让流动党员都能找到组织、找到家。其二,推进以群建带党建。在新业态组织中推动建立工、青、妇组织,以此实现党的工作全覆盖。如,区总工会成立快递外卖群体工会工作指导站、外卖行业工会联合会,通过提供法律维权、开展劳动竞赛、心理健康咨询等服务,把骑手们吸纳到工会组织中;团区委成立快递外卖群体青年中心,通过青年志愿服务、青年人才岗位建功等项目,把新就业群体中的青年人凝聚在组织周围。

(三) 探索灵活高效的管理教育模式

加强对新就业群体的思想政治教育,让党的思想、党的声音进入新业态之中,是党组织增强组织功能和政治功能的重要路径。浦东新区通过探索灵活高效的教育模式,实现对新就业群体的有效凝聚。其一,配强队伍与政治吸纳同步推进。推进企业党组织班子成员与管理层"双向进入、交叉任职",选优配强平台企业党组织书记。注重政治吸纳,在平台企业管理层和新就业群体骨干中做好组织发展工作。在行业主管(监管)部门、属地街镇开发区中选派干部担任重点平台企业党组织兼职委员,加强联系指导。其二,创新教育方式和优化管理机制同步推进。探索"组织生活积分激励办法",通过开发VR党史学习课、学习强国擂台赛等形式和积分激励的办法,激发党员学习积极性。开展"找党员、亮身份、做表率"活动,在站点驿站、物流中心、服务端口等建立党员先锋岗、党员责任区,发挥先锋模范作用。建立与流出地党组织双向管理机制,定期向流出地党组织反馈党员表现情况,推动流出地党组织做好走访关爱、跟踪管理工作。其三,探索党组织发挥作用的新路径。试点平台企业党组织与管理层共学共商机制、前置研究会商机制,引导平台企业遵纪守法经营、履行社会责任。

(四)提升服务新就业群体的能级

高质量服务就是最大的政治。浦东新区立足新就业群体生产生活和发展的实际,全面整合服务资源,优化服务供给,让党建工作成为看得、见摸得着的事实项目。其一,推出关爱实事项目。整合各条线资源、集成各项政策,每年推出一批新就业群体关爱项目,解决新就业群体急难愁盼问题。如,针对新就业群体的实际,设立保险保障专项、法律援助专项、安全培训专项以及为新就业群体提供学历教育、技能培训和专业职称评审等。其二,建立需求反馈机制。建立"新就业群体—党员—基层党支部—企业党组织/街镇和开发区综合(社区)党委—行业党委/流动党员党委"五级需求反馈机制,各行业党委和流动党员党委指定专人定期收集需求,由相关单位认领,形成办理反馈工作闭环。其三,优化服务阵地体系。结合"15分钟生活圈"建设,面向新就业群体全面开放各类党群服务阵地。优化"红色加油站"功能,完善工作保障和运行机制,让网点覆盖更广泛、标识更清晰、服务更贴心。

(五)让新就业群体融入城市基层治理

快递外卖骑手等新就业群体是保障城市正常运行的重要力量,引领其融入城市基层治理不仅可以激发群体的归属感,更是推动快递行业高质量发展的必然要求。基于此,浦东新区以双向奔赴、共治共享为理念,引领新就业群体在城市及基层治理中发挥其独特作用。其一,融入网格治理单元。加强与平台企业、分支机构、加盟企业和网点站点的沟通,鼓励新就业群体党员到党群服务中心、辖区相关党组织报到。发挥新就业群体熟悉居民了解社区的优势,把骑手志愿者编入社区治理网格并担任兼职网格员。通过开展"志愿者服务队""小哥议事会""城市随手拍""流动宣传车"等做法,引导新就业群体参与文明创建、应急救助、安全宣传等治理活动,当好社情民意信息员、精神文明宣传队和服务群众的志愿者。其二,注重典型示范引领。开展"先锋骑手"典型选树活动,挖掘培育一批遵纪守法经营、履行社会责任的平台企业代表和规范履职、积极向上的群体典型,在新业态新就业群体中营造诚实守信、安全守纪、干事创业的良好氛围。

三、进一步完善新就业群体党建工作的路径

2018年11月,习近平总书记在上海考察时指出:"党建工作的难点在基层,亮点也在基层。基层党建既要发扬优良传统,又要与时俱进,不断适应新形势,拓宽基层党建的领域,做到党员工作生活在哪里、党组织就覆盖到哪里,让党员无论在哪里都能找到组织找到家。"[①]新业态新就业群体构成当前最新的社会空间,党的组织必须进入其中并发挥有效的引领作用。浦东新区近年来的实践,为创新新兴领域党建工作带来启示。

(一)以多样化组织设置策略严密新业态领域党的组织体系

严密的组织体系是党的优势所在、力量所在,新业态新就业群体的特征要求党组织基于该领域的生产组织形式、社会组织形态、人群生活方式的新变化创新组织设置模式。浦东实践给出的启示是,以多样化组织设置策略严密党的组织体系。一是将党的组织建在"业态枢纽"上。立足平台企业的各类总部、业务板块、分支机构、枢纽站点等组织运行管理的关键节点,将党的组织"嵌入"其中,发挥"牵头抓总、以点带面、全面辐射"的作用,确保组织有效覆盖。二是将党的组织建在"关键节点"上。"关键节点"指的是新就业群体的工作范围、服务领域和生活空间,将组织建在这些新就业群体生活工作的"必由之路"上,确保随时随地能够将党员组织起来。

(二)以针对性、智慧化策略加强新就业群体党员教育管理

有效实现对党员的教育管理是增强党组织政治功能和组织功能的基础要件,浦东实践给出的启示是,采取针对性、智慧化策略实现对新就业群体的思想教育和政治引领。一是在教育方式上,突出便捷化。立足新就业群体工作时间长、劳动强度高的实际,设计了一系列契合群体特征、活泼多样、线上线下相结合的学习平台、学习材料等,以灵活便捷的方式确保学习教育的全覆盖。二是在教育内容上,突出针对性。立足新就业群体的工作生活实际,除政治学习内容外,同步设置交通规范、安全警示、食品安全技能培训、生活服务等学习

---

① 《沿着总书记的足迹·上海篇:加快建设具有世界影响力的社会主义现代化国际大都市》,《人民日报》2022年6月29日,第1版。

内容,以针对契合的学习内容增强学习教育的"热度"和"黏性"。三是在教育评估上,激发积极性。鼓励骑手党员佩戴党徽上岗,对作用发挥突出的党员给予表彰;探索学习积分制度,按照积分情况给予相应的奖励。

(三) 以多方资源共享策略增强新就业群体党组织的服务效能

有效的服务是最大的政治,这也是服务型政党的本质要求。浦东实践给予的启示是,要立足新就业群体工作生活诉求,整合多方资源供给高质量服务,增强其城市归属感。其一,服务获取的便捷性。通过建立线上线下相结合的全覆盖全领域的服务阵地体系,让新就业群体随时随地能够获得相关服务。其二,服务内容的针对性。有效的服务一定是群众"所需要的服务",浦东通过供给契合新就业群体的最大关切、符合新就业群体的生活和工作习惯的服务项目,增强服务效能。其三,服务引领未来发展。新就业群体以年轻人为主,发展潜力大、转型空间也大,党组织立足当下做好服务、立足未来赋能发展,在全方位、前瞻性服务中实现党组织的政治功能和组织功能。

(四) 以促进业态规范、融入城市治理为重点发挥党组织政治引领作用

有效发挥党组织的政治引领是实现政治功能的重中之重。浦东的实践给出的启示是,引导新业态企业规范运营、激励新就业群体发挥其在城市治理中的独特作用,是该领域党组织发挥政治引领的主要方向。一是引领新业态企业规范运营。新就业群体与新业态组织之间"去雇佣化"的合作方式,意味着劳动权益的维护存在缺陷,通过探索党组织参与平台企业决策,引导企业履行相关责任,保障新就业群体合法权益,促进新业态良性发展。二是引领新就业群体参与城市治理。发挥新就业群体身处基层一线的独特优势,激励其成为城市基层治理的新力量。通过组建新就业群体志愿服务队、社区网格员等方式,鼓励新就业群体在走街串巷中收集反馈道路安全、环境整治等方面的信息,成为城市平安创建、社区服务和文明宣传的不可或缺的力量。

作者分工

主编、统稿　沈开艳　上海社会科学院经济研究所所长、研究员
　　　　　　邢　炜　中共上海市浦东新区委员会党校常务副校长
第一章　　　王　畅　中共上海市浦东新区委员会党校讲师
第二章　　　南剑飞　中共上海市浦东新区委员会党校教授
第三章　　　徐全勇　中共上海市浦东新区委员会党校副教授
　　　　　　孙晴娟　中共上海市浦东新区委员会党校助教
第四章　　　俞晓波　中共上海市浦东新区委员会党校副教授
第五章　　　周　婷　上海社会科学院经济研究所副研究员
第六章　　　罗　翔　浦东新区规划设计研究院研究中心主任、高级工程师
第七章　　　胡云华　中共上海市浦东新区委员会党校副教授
第八章　　　张伯超　上海社会科学院经济研究所副研究员
第九章　　　周　静　中共上海市委党校上海发展研究院副研究员
第十章　　　孙　兰　中共上海市浦东新区委员会党校讲师
第十一章　　许建标　中共上海市浦东新区委员会党校副教授
第十二章　　周海成　中共上海市浦东新区委员会党校讲师
第十三章　　毛栋英　中共上海市浦东新区委员会党校讲师
第十四章　　桂家友　中共上海市浦东新区委员会党校副教授
第十五章　　李泽众　上海社会科学院经济研究所助理研究员
第十六章　　王鲁亚　中共上海市浦东新区委员会党校讲师
第十七章　　张雯琪　中共上海市浦东新区委员会党校讲师
第十八章　　徐　凌　中共上海市浦东新区委员会党校副教授
　　　　　　王　昊　中共上海市浦东新区委员会党校副教授
第十九章　　孙晴娟　中共上海市浦东新区委员会党校助教
第二十章　　王晓斌　中共上海市浦东新区委员会党校副教授
第二十一章　鲁月棉　中共上海市浦东新区委员会党校副教授

图书在版编目(CIP)数据

中国式现代化与浦东高水平改革开放 / 沈开艳等著.—上海：上海社会科学院出版社，2024
ISBN 978-7-5520-4368-6

Ⅰ.①中… Ⅱ.①沈… Ⅲ.①现代化建设—研究—中国②改革开放—成就—浦东新区 Ⅳ.①D616②D619.51

中国国家版本馆 CIP 数据核字(2024)第 077330 号

中国式现代化与浦东高水平改革开放

著　　者：	沈开艳　邢炜　等
责任编辑：	应韶荃
封面设计：	李　廉
出版发行：	上海社会科学院出版社
	上海顺昌路 622 号　邮编 200025
	电话总机 021-63315947　销售热线 021-53063735
	https://cbs.sass.org.cn　E-mail: sassp@sassp.cn
照　　排：	南京前锦排版服务有限公司
印　　刷：	苏州市古得堡数码印刷有限公司
开　　本：	710 毫米×1010 毫米　1/16
印　　张：	15.5
字　　数：	266 千
版　　次：	2024 年 5 月第 1 版　2024 年 5 月第 1 次印刷

ISBN 978-7-5520-4368-6/D·719　　　　定价：80.00 元

版权所有　翻印必究